复旦大学“985工程”二期、三期整体推进人文学科研究项目资助（项目批准号：2011RWXKZD007）

杜威中期著作

1899—1924

复旦大学杜威与美国哲学研究中心 组译

杜威全集

Collected works of John Dewey

《哲学的改造》
1920年间的论文及杂记

第十二卷

1920

刘华初 马 荣 郑国玉 译
马 荣 校订 刘放桐 审定

华东师范大学出版社

The Middle Works of John Dewey, 1899 – 1924
Volume Twelve: Essays, Miscellany, and *Reconstruction in Philosophy* Published during 1920
By John Dewey
Edited by Jo Ann Boydston

Published by agreement with Southern Illinois University Press, 1915 University Press Drive, SIUC Mail Code 6806, Carbondale, IL 62901, USA

上海市版权局著作权合同登记　图字:09－2004－377号

《杜威全集》中期著作(1899—1924)

《杜威全集》中文版编辑委员会

目　录

中文版序

《杜威全集》中文版终于由华东师范大学出版社出版了。作为这一项目的发起人，我当然为此高兴，但更关心它能否得到我国学界和广大读者的认可，并在相关的学术研究中起到预期作用。后者直接关涉到对杜威思想及其重要性的合理认识，这有赖专家们的研究。我愿借此机会对杜威其人、其思想的基本倾向和影响以及研究杜威哲学的意义等问题谈些看法，以期抛砖引玉。考虑到中国学界以往对杜威思想的消极方面谈论得很多，在这方面大家已非常熟悉。我在此主要谈其积极方面，但这并非认为可以忽视其消极方面。

一、杜威其人

约翰·杜威(John Dewey, 1859—1952)是美国哲学发展中最有代表性的人物。他不仅进一步阐释并发展了由皮尔士创立、由詹姆斯系统化的实用主义哲学的基本理论，而且将其运用于社会、政治、文化、教育、伦理、心理、逻辑、科学技术、艺术、宗教等众多人文和社会科学领域的研究，并在这些领域提出了重要创见。他在这些领域的不少论著，被西方各该领域的专家视为经典之作。它们不仅对促进这些领域的理论研究起过重要的作用，在这些领域的实践中也产生过深刻的影响。杜威由此被认为是美国思想史上最具影响的学者，甚至被认为是美国的精神象征；在整个西方世界，他也被公认是 20 世纪少数几个最伟大的思想家之一。

杜威出生于佛蒙特州伯灵顿市一个杂货店商人家庭。他于 1875 年进佛蒙特大学，开始受到进化论的影响。1879 年，他毕业后先后在一所中学和一所乡村学校教书。这时他阅读了大量哲学著作,深受当时美国圣路易黑格尔学派刊物《思辨哲学杂志》的影响,1882 年在该刊发表了《唯物主义的形而上学假定》和《斯宾诺莎的泛神论》二文,很受鼓舞,从此决定以哲学为业。同年,他成了约翰·霍普金斯大学的哲学研究生,在此听了皮尔士的逻辑讲座,不过当时对他影响最大的是黑格尔派哲学家莫里斯(George Sylvester Morris)和实验心理学家霍尔(G. Stanley Hall)。两年后,他以《康德的心理学》论文取得哲学博士学位。

1884 年,杜威到密歇根大学教哲学,在此任职 10 年(其间 1888 年在明尼苏达大学)。初期,他的哲学观点大体上接近黑格尔主义。他对心理学研究很感兴趣,并使之融化于其哲学研究中。这种研究,促使他由黑格尔主义转向实用主义。在这方面,当时已出版并享有盛誉的詹姆斯的《心理学原理》对他产生了强烈的影响。杜威对心理学的研究,又促使他进一步去研究教育学。他主张用心理学观点去进行教学,并认为应当把教育实验当作哲学在实际生活中的运用的重要内容。

1894 年,杜威应聘到芝加哥大学,后曾任该校哲学系主任。他在此任教也是 10 年。1896 年,他在此创办了有名的实验学校。这个学校抛弃传统的教学法,不片面注重书本,而更为强调接触实际生活;不片面注重理论知识的传授,而更为强调实际技能的训练。杜威后来所一再倡导的"教育就是生活,而不是生活的准备"、"从做中学"等口号,就是对这种教学法的概括。杜威在芝加哥时期,已是美国思想界一位引人注目的人物。他团聚了一批志同道合者(包括在密歇根大学就与他共事的塔夫茨、米德),形成了美国实用主义运动中著名的芝加哥学派。杜威称他们共同撰写的《逻辑理论研究》(1903 年)一书是工具主义学派的"第一个宣言",它标志着杜威已从整体上由黑格尔主义转向了实用主义。

从 1905 年起,杜威转到纽约哥伦比亚大学任教,直到 1930 年以荣誉教授退休。他以后的活动也仍以此为中心。这一时期不仅是他的学术活动的鼎盛期(他的大部分有代表性的论著都是在这一时期问世的),也是他参与各种社会和政治活动最频繁且声望最卓著的时期。他把两者有机地结合在一起。他对各种社会现实问题的评论和讲演,往往成为他的学术活动的重要组成部分。从 1919 年起,杜威开始了一系列国外讲学旅行,到过日本、墨西哥、俄罗斯、土耳其等国。"五四"前夕,他到了中国,在北京、南京、上海、广州等十多个城市作过系列讲演,1921 年 7 月返美。

杜威一生出版了40种著作，发表了700多篇论文，内容涉及哲学、社会、政治、教育、伦理、心理、逻辑、文化、艺术、宗教等各个方面。其主要论著有:《学校与社会》(1899年)、《伦理学》(1908年与塔夫茨合著，1932年修订)、《达尔文主义对哲学的影响》(1910年)、《我们如何思维》(1910年)、《实验逻辑论文集》(1910年)、《哲学的改造》(1920年)、《人性与行为》(1922年)、《经验与自然》(1925年)、《公众及其问题》(1927年)、《确定性的寻求》(1929年)、《新旧个人主义》(1930年)、《作为经验的艺术》(1934年)、《共同的信仰》(1934年)、《逻辑:探究的理论》(1938年)、《经验与教育》(1938年)、《自由与文化》(1939年)、《评价理论》(1939年)、《人的问题》(1946年)、《认知与所知》(1949年与本特雷合著)等等。

二、杜威哲学的基本倾向

杜威在各个领域的思想都与他的哲学密切相关。它们不只是他的哲学的具体运用，有时甚至就是他的哲学的直接体现。我们在此不拟具体介绍他的思想的各个方面和他的哲学的各个部分，仅概略地揭示他的哲学的基本倾向。杜威哲学的各个部分，以及他的思想的各个方面，大体上都可从他的哲学的基本倾向中得到解释。这种基本倾向从其积极意义上说，主要表现为如下三点:

第一，杜威把对现实生活和实践的关注当作哲学的根本意义所在。

在现代西方各派哲学中，杜威哲学最为反对以抽象、独断、脱离实际等为特征的传统形而上学，最为肯定哲学应当面向人的现实生活和实践。如何通过人本身的行为、行动、实践(即他所谓以生活和历史为双重内容的经验)来妥善处理人与其所面对的现实世界(自然和社会环境)，以及人与人之间的关系，是杜威哲学最为关注的根本问题。杜威哲学从不同的角度说有不同的名称，例如，当他强调实验和探究的方法在其哲学中的重要意义时，称其哲学为实验主义(Experimentalism);当他谈到思想、观念的真理性在于它们能充当引起人们的行动的工具时，称其哲学为工具主义(Instrumentalism);当他谈到经验的存在论意义，而经验就是作为有机体的人与其自然环境的相互作用时，称其哲学为经验自然主义(Empirical Naturalism)。贯彻于所有这些称呼的概念是行动、行为、实践。杜威哲学的各个方面，都在于从实践出发并引向实践。这并不意味着实践就是一切。实践的目的是改善经验，即改善人与其自然和社会环境的关系，一句话，改善人的生活和生存条件。

杜威对实践的解释当然有片面性。例如，他没有看到人类的物质生产活动在人的实践中的基础作用，更没有科学地说明实践的社会性；但他把实践看作是全部哲学研究的核心，认为存在论、认识论、方法论等问题的研究都不能脱离实践，都具有实践的意义，则在一定意义上是合理的。

值得一提的是：与胡塞尔、海德格尔等人通过曲折的道路返回生活世界不同，与只关注逻辑和语言的意义分析的分析哲学家也不同，杜威的哲学直接面向现实生活和实践。杜威一生在哲学上所关注的，不是去建构庞大的体系，而是满腔热情地从哲学上去探究人在现实生活和实践的各个领域所面临的各种问题及其解决办法。在杜威的全部论著中，关于政治、社会、文化、教育、心理、道德、价值、科学技术、审美和宗教等各个领域的具体问题的论述占了绝大部分。他的哲学的精粹和生命力，大多是在这些论述中表现出来的。

第二，杜威的哲学改造适应和引领了西方哲学由近代到现代转向的潮流。

19 世纪中期以来，西方哲学发展出现了根本性的变更，以建构无所不包的体系为特征的近代哲学受到了广泛的批判，以超越传统的实体性形而上学和二元论为特征的现代哲学开始出现，并越来越占主导地位。多数哲学流派各以特有的方式，力图使哲学研究在不同程度上从抽象化的自在的自然界或绝对化的观念世界返回到人的现实生活世界，企图以此摆脱近代哲学所陷入的种种困境，为哲学的发展开辟新道路。西方哲学由近代到现代的这种转折，不能简单归结为由唯物主义转向唯心主义、由进步转向反动，而包含了哲学思维方式上一次具有划时代意义的转型。它标志着西方哲学发展到了一个新的、更高的阶段。杜威在哲学上的改造，不仅适应了而且在一定意义上引领了这一转型的潮流。

杜威曾像康德那样，把他在哲学上的改造称为“哥白尼革命”(Copernican revolution)。但他认为康德对人的理智的能动性过分强调，以致使它脱离了作为其存在背景的自然。而在他看来，人只有在其与自然的相互作用中才有能动作用，甚至才能存在。哲学上的真正的哥白尼革命，正在于肯定这种交互作用。如果说康德的中心是心灵，那么杜威的新的中心是自然进程中所发生的人与自然的交互作用。正如地球或太阳并不是绝对的中心一样，自我或世界、心灵或自然都不是这样的中心。一切中心都存在于交互作用之中，都只具有相对的意义。可见，杜威所谓哲学中的哥白尼革命，就是以他所主张的心物、主客、经验自然等的交互作用、或者说人的现实生活和实践来既取代客体中心论，也取代主体中心论。他也是在这种意义上，既反对忽视主体的能动性的旧的唯物主义，也反对忽视自然作为存在的根据和作用的旧的唯心主义。

不是把先验的主体或自在的客体、而是把主客的相互作用当作哲学的出发点；不是局限于建构实体性的、无所不包的体系，而是通过行动、实践来超越这样的体系；不是转向纯粹的意识世界或脱离了人的纯粹的自然界，而是转向与人和自然界、精神和物质、理性和非理性等等都有着无限牵涉的生活世界，这大体上就是杜威哲学改造的主要意义；而这在一定程度上，也正是多数西方哲学由近代到现代转向的主要意义。杜威由此体现和引领了这种转向。

第三，杜威的哲学改造与马克思在哲学上的革命变更存在某些相通之处。

西方哲学从近代到现代的转向与马克思在哲学上的革命变更的政治背景大不相同，二者必然存在原则性区别；但二者发生于大致相同的历史时代，具有共同的历史和文化背景，因而又必然存在相通之处。如果我们能够肯定杜威的哲学改造适应并引领了西方哲学从近代到现代转向的潮流，那就必须肯定杜威的哲学改造与马克思在哲学上的革命变更必然同样既有原则区别，又有相通之处。后者突出地表现在，二者都把实践当作哲学的根本意义而加以强调。马克思正是通过这种强调而得以超越旧唯物主义和唯心主义辩证法的界限，把唯物主义和辩证法有机地统一起来，建立了唯物辩证法。杜威在这些方面与马克思相距甚远。但是，他毕竟用实践来解释经验而使他的经验自然主义超越了纯粹自然主义和思辨唯心主义的界限，并由此提出了一系列超越近代哲学范围的思想。

杜威的经验自然主义并不否定自然界在人类经验以外自在地存在，不否定在人类出现以前地球和宇宙早已存在，而只是认为人的对象世界只能是人所遭遇到(经验到)的世界，这在一定程度上类似于马克思所指的与纯粹自然主义的自在世界不同的人化世界，即现实生活世界。杜威否定唯物主义，但他只是在把唯物主义归结为纯粹自然主义的唯物主义的意义上去否定唯物主义。杜威强调经验的能动性，但他不把经验看作可以离开自然(环境)而独立存在的精神实体或精神力量，而强调经验总是处于与自然、环境的统一之中，并与自然、环境发生相互作用。这与传统的唯心主义经验论也是不同的，倒是与马克思关于主客观的统一和相互作用的观点虽有原则区别，却又有相通之处。

杜威是在黑格尔影响下开始哲学活动的。他在转向实用主义以后，虽然抛弃了黑格尔的绝对唯心主义，甚至也拒绝了黑格尔的辩证法，但是在他的理论中又保留着某些辩证法的要素。例如，他把经验、自然和社会等都看作是统一整体，其间都存在着多种多样的联系；他在达尔文进化论的影响下，明确肯定世界(人类社会和自然界)处于不断进化和发展的过程之中。他所强调的连续性(如经验与自然的连续、人与世界的连续、身心的连续、个人与社会的连续等等)概念，在一定程度上就是统一整体的概念、进化和发展的概念。这种概念虽与马克思的辩证法不能相提并论，但毕竟也有相通之处。

三、杜威哲学的积极影响

杜威实用主义哲学对现实生活和实践的强调，对西方哲学从近代到现代转向的潮流的适应和引领，特别是它在一些重要方面与马克思哲学的相通，说明它在一定程度上体现了时代精神发展的要求。正因为如此，它必然是一种在一定范围内能发生积极影响的哲学。

实用主义在美国的积极影响，可以用美国人民在不长的历史时期里几乎从空地上把美国建设成为世界的超级大国来说明。实用主义当然不是美国唯一的哲学，但它却是美国最有代表性的哲学。实用主义产生以前的许多美国思想家(特别是富兰克林、杰斐逊等启蒙思想家)，大多已具有实用主义的某些特征，在一定意义上为实用主义的正式形成作了思想准备。实用主义产生以后，传入美国的欧洲各国哲学虽然能在美国哲学中占有一席之地，其中分析哲学在较长时期甚至能在哲学讲坛上占有支配地位；但是，它们几乎都毫无例外地迟早被实用主义同化，成为整个实用主义运动的组成部分。当代美国实用主义者莫利斯说：逻辑经验主义、英国语言分析哲学、现象学、存在主义同实用主义“在性质上是协同一致的”，它们“每一种所强调的，实际上是实用主义运动作为一个整体范围之内的中心问题之一”①。就实际影响来说，实用主义在美国哲学中始终占有优势地位。桑塔亚那等一些美国思想家也承认，美国人不管其口头上拥护的是什么样的哲学，但是从他们的内心和生活来说都是实用主义者。只有实用主义，才是美国建国以来长期形成的一种民族精神的象征。而实用主义的最大特色，就是把哲学从玄虚的抽象王国转向人所面对的现实生活世界。实用主义的主旨就在

① Morris, Charles W. *The Pragmatic Movement in American Philosophy*. New York: George Braziller, 1970, p. 148.

指引人们如何去面对现实生活世界，解决他们所面临的各种疑虑和困扰。实用主义当然具有各种局限性，人们也可以而且应当从各种角度去批判它，马克思主义者更应当划清与实用主义的界限；但从思想理论根源上说，正是实用主义促使美国能够在许多方面取得成功，这大概是一个不争的事实。

在美国以外，实用主义同样能发生重要的影响。与杜威等人的哲学同时代的欧洲哲学尽管不称为实用主义，但正如莫利斯说的那样，它们同实用主义“在性质上是协同一致的”。如果说它们各自在某些特定方面、在一定程度上体现了现代西方社会的时代特征，实用主义则较为综合地体现了这些特征。换言之，就体现时代特征来说，被欧洲各个哲学流派特殊地体现的，为实用主义所一般地体现了。正因为如此，实用主义能较其他现代西方哲学流派发生更为广泛的影响。

杜威的实用主义在中国也发生过重要的影响。早在“五四”时期，杜威就成了在中国最具影响的西方思想家。从外在原因上说，这是由于胡适、蒋梦麟、陶行知等他在中国的著名弟子对他作了广泛的宣扬；杜威本人在“五四”时期也来华讲学，遍访了中国东西南北十多个城市。这使他的思想为中国广大知识界所熟知。然而，更重要的原因是：他在理论中所包含的科学和民主精神，正好与“五四”时期中国先进知识分子倡导科学和民主的潮流相一致。另外，他的讲演不局限于纯哲学的思辨而尤其关注现实问题，这也与中国先进分子的社会改革的现实要求相一致。正是这种一致，使杜威的理论受到了投入“五四”新文化运动和社会改革的各阶层人士的普遍欢迎，从而使他在中国各地的讲演往往引起某种程度的轰动效应。杜威本人也由此受到很大鼓舞，原本只是一次短期的顺道访华也因此被延长到两年多。胡适在杜威起程回国时写的《杜威先生与中国》一文中曾谈到：“我们可以说，自从中国与西方文化接触以来，没有一个外国学者在中国思想界的影响有杜威先生这样大的。我们还可以说，在最近的将来几十年中，也未必有别个西洋学者在中国的影响可以比杜威先生还大的。”①作为杜威的信徒，胡适所作的评价可能偏高。但就其对中国社会的现实层面的影响来说，除了马克思主义者以外，也许的确没有其他现代西方思想家可以与杜威相比。

尽管杜威的实用主义与马克思主义有原则区别，但“五四”时期中国马克思主义者对杜威及其实用主义并未简单否定。陈独秀那时就肯定了实用主义的某

---

① 引自《胡适哲学思想资料选》(上)，华东师范大学出版社 1981 年版，第 181 页。

些观点，甚至还成为杜威在广州讲学活动的主持人。1919 年，李大钊和胡适关于“问题与主义”的著名论战，固然表现了马克思主义与实用主义的原则分歧，但李大钊既批评了胡适的片面性，又指出自己的观点有的和胡适“完全相同”，有的“稍有差异”。他们当时的争论并未越出新文化运动统一战线这个总的范围，在倡导科学和民主精神上毋宁说大体一致。毛泽东在其青年时代也推崇胡适和杜威。

“五四”以后，随着国内形势的重大变化，上述统一战线趋向分裂。20 世纪 30 年代后期，由于受到苏联对杜威态度骤变的影响，中国马克思主义者对杜威也近乎于全盘否定了。20 世纪 50 年代中期，为了确立马克思主义在思想文化领域的主导地位，从上而下发动了一场对实用主义全盘否定的大规模批判运动。它在一定程度上达到了预期的政治目的，但在理论上却存在着很大的片面性。当时多数批判论著脱离了杜威等人的理论实际，形成了一种对西方思潮“左”的批判模式，并在中国学术界起着支配作用。从此以后，人们在对杜威等现代西方思想家、对实用主义等现代西方思潮的评判中，往往是政治标准取代了学术标准，简单否定取代了具体分析。杜威等西方学者及其理论的真实面貌就因此而被扭曲了。

对杜威等西方思想家及其理论的简单否定，势必造成多方面的消极后果。其中最突出的有两点：一是使马克思主义及其指导下的思想理论领域在一定程度上与当代世界及其思想文化的发展脱节，使前者处于封闭状态，从而妨碍其得到更大的丰富和发展；二是由于扭曲了马克思主义哲学和现代西方哲学的关系，忽视了二者在某些方面存在的共通之处，在批判杜威哲学等现代西方哲学的名义下扭曲了马克思主义哲学一些最重要的学说，例如关于真理的实践检验、关于主客观统一、关于个人与社会的关系等学说都存在这种情况。这种理论上的混乱导致实践方向上的混乱，甚至在一定程度上导致实践上的挫折。

需要说明的是：肯定杜威实用主义的积极作用并不意味着否定其消极作用，也不意味着简单否定中国学界以往对实用主义的批判。以往被作为市侩哲学、庸人哲学、极端个人主义哲学的实用主义不仅是存在的，而且在一些人群中一直发生着重要的影响。资产阶级庸人、投机商、政客以及各种形式的机会主义者所奉行的哲学，正是这样的实用主义。对这样的实用主义进行坚定的批判，是完全正当的。但是，如果对杜威的哲学作具体研究，就会发觉他的理论与这样的实用主义毕竟有着重大的区别。杜威自己就一再批判了这类庸俗习气和极端个人主义。如果简单地把杜威哲学归结为这样的实用主义，那在很大程度上就是把杜威所批判的哲学当作是他自己的哲学。

四、杜威哲学研究在当代中国的积极意义

改革开放以来，中国政治和思想文化上的“左”的路线得到纠正，哲学研究出现了求真务实的新气象，包括杜威实用主义在内的现代西方哲学研究得到了恢复和发展。以1988年全国实用主义学术讨论会为转折点，对杜威等人的实用主义的全盘否定倾向得到了克服，如何重新评价其在中国思想文化建设中的作用的问题也越来越受到学界的关注，对杜威等人的实用主义的研究由此进入了一个新阶段。“五四”时期，由于杜威的学说正好与当时中国的新文化运动相契合，起过重要的积极作用；今天的中国学界，由于对马克思主义哲学和现代西方哲学都已有了更为全面和深刻的理解，对杜威的思想的研究也会更加深入和具体，更能区别其中的精华和糟粕，这对促进中国的思想文化建设会产生更为积极的作用。

对杜威哲学的重新研究在当代中国的积极意义，至少包括如下三个方面：

第一，有利于对马克思主义哲学有更为全面和深刻的理解。

这是因为，杜威哲学和马克思的哲学虽有原则性区别，但二者在一些重要方面有相通之处。这主要表现在二者都批判和超越了以抽象、思辨、脱离实际等为特征的传统形而上学；都强调对现实生活和实践的关注在哲学中的决定性作用；都肯定任何观念和理论的真理性的标准是它们是否经得起实践的检验；都认为科学真理的获得是一个不断提出假设、又不断进行实验的发展过程；都认为社会历史同样是一个不断发展的过程，社会应当不断地进行改造，使之越来越能符合满足人的需要和人的全面发展的目标；都认为每一个人的自由是一切人取得自由的条件，同时个人又应当对社会负责，私利应当服从公益；都提出了使所有人共同幸福的社会理想，等等。在这些方面将马克思主义与杜威的实用主义作比较研究，既能更好地揭示它们作为不同阶级的哲学的差异，又能更好地发现二者作为同时代的哲学的共性，从而使人们既能更好地划清马克思主义和实用主义的界限，又能通过批判地借鉴后者可能包含的积极成果来丰富和发展马克思主义。

第二，有利于对中国传统文化的批判继承。

杜威哲学和中国传统文化有着两种不同的联系。以儒家为代表的中国传统文化是一种前资本主义文化，没有西方资本主义文化的理性主义特质，不会具有因把理性绝对化而导致的绝对理性主义和思辨形而上学等弊端；但未充分经理性思维的熏陶又是中国传统文化的缺陷，不利于自然科学的发展，更不利于人的个性的发展和自由民主等意识的形成。正因为如此，以儒家为代表的中国传统文化往往被历代封建统治阶级神圣化和神秘化，成为他们的意识形态，后者阻碍了中国科学技术的发展、人民的觉醒和社会历史的进步。"五四"新文化运动的主要矛头就是针对儒家文化作为封建意识形态的方面，以此来为以民主和科学精神为特征的新文化开辟道路。杜威哲学正是以倡导民主和科学为重要特征的。杜威来到中国时，正好碰上"五四"新文化运动，他成了这一运动的支持者。他的学说对于批判作为封建意识形态的儒学，自然也起了促进作用。

但是，儒家文化并不等于封建文化；孔子提出的以"仁"为核心的儒学本身并不是统治阶级的意识形态。直到汉武帝实行"罢黜百家，独尊儒术"的政策以后，儒学才取得了独特的官方地位，由此被历代封建帝王当作维护其统治的精神工具。即使如此，也不能否定儒学在学理上的意义。它既可以被封建统治阶级所利用，又能为广大民众所接受，成为他们的生活信念和道德准则。历代学者对儒学的发挥，也都具有这种二重性。正因为如此，儒学除了被封建统治阶级利用外，还能不断发扬光大，成为中华民族宝贵的思想文化遗产。儒学所强调的"以人为本"、"经世致用"、"公而忘私"、"以和为贵"、"己所不欲，勿施于人"等观念，具有超越时代和阶级的普世意义。新文化运动的代表人物并不反对这些观念，而这些观念与杜威哲学的某些观念在一定程度上是相通的。杜威哲学在"五四"时期之所以能为中国广大知识分子接受，在一定程度上正是因为中国文化传统中已有与杜威哲学相通的成分。正因为如此，研究杜威的实用主义思想，对于更清晰地理解儒家思想，特别是分清其中具有普世价值的成分与被神圣化和神秘化的成分，发扬前者，拒斥后者，能起到促进作用。

第三，有利于促进对各门社会人文学科的研究。

杜威的哲学活动的一个突出特点，是他非常自觉地超越纯粹哲学思辨的范围而扩及各门社会人文学科。我们上面曾谈到，在杜威的全部论著中，关于政治、社会、文化、教育、道德、心理、逻辑、科学技术、审美和宗教等各个领域的具体问题的论述占了绝大部分。他不只是把他的哲学观点运用于这些学科的研究，而且是通过对这些学科的研究更明确和更透彻地把他的哲学观点阐释出来。反过来说，他对这些学科的研究都不是孤立地进行的，而是通过其基本哲学观点的具体运用而与其他相关学科联系起来，从而把对这些学科的研究形成为一个有机整体，并由此使他对这些学科的研究可能具有某些独创意义。

例如，杜威极其关注教育问题并在这方面作了大量论述，除了贯彻他对现实生活和实践的重视这个基本哲学倾向、由此强调在实践中学习在整个教学过程中的决定作用以外，他还把教育与心理、道德、社会、政治等因素紧密地结合在一起，从而使教育的内容更加丰富、全面。他的教育思想也由此得到了更为广泛的认同，被公认为是当代西方最具影响的教育学家。值得一提的是：无论在中国还是在苏联，杜威在教育上的影响几乎经久不衰。即使是在政治和意识形态影响极为深刻的年代，杜威提出的许多教育思想依然能不同程度地被人肯定。陶行知的教育思想在中国就一直得到肯定，而陶行知的教育思想被公认为主要来源于杜威。

我们这样说，并不是全盘肯定杜威。无论是在哲学和教育或其他方面，杜威都有很大的局限性，需要我们通过具体研究加以识别。但与其他现代西方哲学家相比，杜威是最善于把哲学的一般理论与其他人文社会学科密切结合起来、使之相互渗透和相互促进的哲学家，这大概是不可否认的事实。在这方面，很是值得我们借鉴。

五、关于《杜威全集》中文版的翻译和出版

要在中国开展对杜威思想的研究，一个重要的条件是有完备的和翻译准确的杜威论著。中国学者早在“五四”时期就开始从事这方面的工作。当时杜威在华的讲演，为许多报刊广泛译载并汇集成册出版。“五四”以后，杜威的新著的翻译出版仍在继续。即使是杜威在中国受到严厉批判的年代，他的一些主要论著也作为供批判的材料公开或内部出版。杜威部分重要著作的英文原版，在中国一些大的图书馆里也可以找到。从对杜威哲学的一般性研究来说，材料问题不是主要障碍。但是，如果想要对杜威作全面研究或某些专题研究，特别是对他所涉及的人文和社会广泛领域的研究，这些材料就显得不足了。加上杜威论著的原有中译本出现于不同的历史年代，标准不一，有的译本存在不准确或疏漏之

处，难以为据。更为重要的是，在杜威的论著中，论文（包括书评、杂录、教学大纲等）占大部分，它们极少译成中文，原文也很难找到。为了进一步开展对杜威的研究，就需要进一步解决材料问题。

2003年，在复旦大学举行的一次大型实用主义国际学术讨论会上，我建议在复旦大学建立杜威研究中心并由该中心来主持翻译《杜威全集》，得到与会专家的赞许，复旦大学的有关领导也明确表示支持。2004年初，复旦大学正式批准以哲学学院外国哲学学科为基础，建立杜威与美国哲学研究中心，挂靠哲学学院。研究中心立即策划《杜威全集》的翻译。华东师范大学出版社朱杰人社长对出版《杜威全集》中文版表示了极大的兴趣，希望由该社出版。经过多次协商，我们与华东师范大学出版社达成了翻译出版协议，由此开始了我们后来的合作。

《杜威全集》(*Collected works of John Dewey*)由美国杜威研究中心（设在南伊利诺伊大学）组织全美研究杜威最著名的专家，经30年（1961—1991）的努力，集体编辑而成，乔·安·博伊兹顿(Jo Ann Boydston)任主编。全集分早、中、晚三期，共37卷。早期5卷，为1882—1898年的论著；中期15卷，为1899—1924年的论著；晚期17卷，为1925—1953年的论著。各卷前面都有一篇导言，分别由在这方面最有声望的美国学者撰写。另外，还出了一卷索引。这样共为38卷。尽管杜威的思想清晰明确，但文字表达相当晦涩古奥，又涉及人文、社会等众多学科；要将其准确流畅地翻译出来，是一项极其庞大和困难的任务，必须争取国内同行专家来共同完成。我们旋即与中国社会科学院哲学研究所、北京大学、清华大学、中国人民大学、北京师范大学、南京大学、浙江大学、武汉大学、北京外国语大学，以及华东师范大学和上海社会科学院哲学研究所等兄弟单位的专家联系，得到了他们参与翻译的承诺，这给了我们很大的鼓舞。

《杜威全集》英文版分精装和平装两种版本，两者的正文（包括页码）完全相同。平装本略去了精装本中的“文本的校勘原则和程序”等部分编辑技术性内容。为了力求全面，我们按照精装本翻译。由于《杜威全集》篇幅浩繁，有一千多万字，参加翻译的专家有几十人。尽管我们向大家提出在译名等各方面尽可能统一，但各人见解不一，很难做到完全统一。为了便于读者查阅，我们在索引卷中把同一词不同的译名都列出，读者通过查阅边码即原文页码不难找到原词。为了确保译文质量，特别是不出明显的差错，我们一般要求每一卷都由两人以上参与，互校译文。译者译完以后，由复旦大学杜威与美国哲学研究中心初审。如无明显的差错，交由出版社聘请译校人员逐字逐句校对，并请较有经验的专家抽查，提出意见，退回译者复核。经出版社按照编辑流程加工处理后，再由研究中心终审定稿。尽管采取了一系列较为严密的措施，但很难完全避免缺点和错误，我们衷心地希望专家和读者提出意见。

复旦大学杜威与美国哲学研究中心的工作是在哲学学院和国外马克思主义与国外思潮创新基地的支持下进行的，学院和基地的不少成员参与了《杜威全集》的翻译。为了使研究中心更好地开展工作，校领导还确定研究中心与美国研究创新基地挂钩，由该基地给予必要的支持。《杜威全集》中文版编委会由参与翻译的复旦大学和各个兄弟单位的专家共同组成，他们都一直关心着研究中心的工作。俞吾金教授和童世骏教授作为编委会副主编，对《杜威全集》的翻译工作作出了重要的贡献。汪堂家教授作为常务副主编，更是为《杜威全集》的翻译工作尽心尽力，承担了大量具体的组织和审校工作。华东师范大学出版社的编辑人员一直与我们有着良好的合作，她们默默无闻地在组织与审校等方面做了大量的工作，在此一并表示衷心的感谢。

刘放桐

2010 年 6 月 11 日

导　言

拉尔夫·罗斯(Ralph Ross)

I

小霍尔姆斯[①]在关于《经验与自然》(*Experience and Nature*)写给弗·波洛克[②]爵士的书信中说:"虽然杜威的书在写作上相当糟糕,但是,我在重读几遍之后,倒有一种与世界深处之间的无与伦比的亲切感。所以,我想,如果上帝口齿不清但仍然热切渴望告诉你那种感觉时,上帝将会如此言说。"小霍尔姆斯是与威廉·詹姆斯(William James)一起长大的,詹姆斯在信件中称他为"亲爱的温迪(Wendy)",他也是一位实用主义的先驱。杜威在其实用主义的基础上,在《经验与自然》中提出了一些在《确定性的寻求》(*The Ouest for Certainty*)中找不到的思想。但是,比那还要早得多的是:杜威在此卷中的《哲学的改造》(*Reconstruction in Philosophy*)里,概述了他的实用主义思想,或如大家所称谓的工具主义;而且,他的阐述是把这种实用主义放置在西方思想和西方文明的历史中来进行的。 ix

《哲学的改造》是一本激进的书,也是一位温文尔雅者所写的好战的书。其中一部分,看起来就像是无所拘束的、非教条但好骂人的马克思。他可以不再相信历史唯物主义,但他知道,观念——与其时代相关联的观念——可以使人行动或者让人心安理得。杜威对他这里所表达的思想怀有坚定的信念。他认为,其

① 小奥利弗·温德尔·霍尔姆斯(Oliver Wendell Holmes, Jr., 1841 - 1935),美国著名法学家。——译者

② 弗里德里克·波洛克(Frederick Pollock, 1845 - 1937),英国法理学家、作家。——译者

他哲学要么是错误的，要么就是反映一个过去的社会，因而在今天已经没有什么意义了。杜威对它们的攻击非常尖锐，这些攻击必须得到解释；他把传统的社会理论称作是一种"虚妄的奢侈"，而且认为"理性由于被历史上的唯理论所利用，而趋向于粗心、自负、不负责任，以及苛刻——总之，即绝对主义"。如此等等，不一而足。杜威为什么有如此多出人意料、异乎寻常的攻击言语呢？

答案可能是——我说不出任何比这更确切的回答——唯理论者和绝对论者对待威廉·詹姆斯的态度与方式，引起了杜威的愤怒；于是，他在书中对他们进 x 行了严厉的批评和嘲笑。正是那种态度，以及对待席勒(F. C. S. Schiller)、杜威和所有表述同样思想的人的那种态度，可能激起了杜威的反击。在我看来，就杜威在那时已经接受并推进了的詹姆斯哲学来说，《哲学的改造》是一种理论上的发展，也是对社会与历史领域的一种拓展。的确，那种哲学受到了辱骂和嘲弄。詹姆斯曾经一度向他的"敌人"伸出"和好的橄榄枝"，但他们却将这个礼物踏在脚下了。他这样描写他们："我对他们的善良意志指望太多了——啊！普天之下基督教的慈善为何如此之少，日常世俗的理智为何也如此之少啊！"早期的时候，人们认为，实用主义在哲学上所倡导的是：什么令我们快乐什么就是可信的，(这)就是真理。这就是他对詹姆斯在《实用主义》(*Pragmatism*)中用斜体字①表述的"*真观念就是那些我们可以吸收、证实、确证和检验的观念*"这句话的理解之一。把"我们"引入一个像真理一样令人敬畏的东西中去，这在现在看来显然是十足的异端。就如每个诚实的思想者所知道的，一种真观念就是一种与实在相符合的观念，或者一种与逻辑上融贯的整个体系相洽的观念。然而，只有诸如证实或检验的活动才能帮助我们发现真理，这样的活动与自作聪明的恶作剧(monkey tricks)是毫不相干的。

詹姆斯把杜威和席勒称为"人本主义者"，这个名称是恰当的，因为他们是有着新的着重点和新的视野(horizons)的实用主义者。所以，詹姆斯认为他们不是单纯的追随者。杜威是站在皮尔士(Peirce)和詹姆斯的肩膀上进行着一场哲学上的革命的，但他直到写《哲学的改造》时才意识到这一点。人本主义是将"人"引入哲学之中的。而哲学现在还像是用大理石砌成墙而盖起的房子，里面只有传统的形式、本质、原型和现实，而没有人类的活动。杜威要把那些传统的东西

① 英文原版书中的斜体，在中文版中改为楷体。——译者

都驱赶出去。因为它们是从古代和中世纪遗留下来的“租客”，必定要被那些用科学理智的力量来行动的人所取代。因此，哲学需要变化，这种变化的意义将会是非常深远的。

杜威的措辞是“哲学中的改造”，而不是“哲学中的革命”。如果不小心的话，杜威的改造会被一般人当作就是康德以前曾主张的那种革命（对康德来说，那就是所谓“哲学上的哥白尼革命”）。我猜测，这就是为什么杜威对于康德处处都很苛刻的原因。毫无疑问，他说过与康德同样的话，但可能说得不是那么激进。康 xi
德认为知识依赖于人们的心灵，而这在某种意义上就是实用主义似乎要得出的结论。康德的革命仍然被人铭记：对于许多当代人来说，我们都栖息于一个后康德主义的理智世界之中——我们认为，所有的判断都要受到我们心灵本性的制约。但是，对于杜威来说，康德主义却是一个有问题的革命。他认为，它走在一个错误的方向上，因为它坚持经验世界只有被放置到精神范畴中才能构成完整的知识。而且，杜威对詹姆斯的“彻底经验主义”持一种同情的立场。彻底经验主义与康德主义的方向正好相反：经验本身是可以理解的，一个哲学家能考虑的所有事情都可以由经验中抽出的术语来界定；而且，事物之间的关系可以被直接经验到，就像（我们能够看见）事物本身一样。

詹姆斯曾抱怨道：“在当代精神中，彻底经验主义的巨大障碍是这样一种根深蒂固的理性主义信念，即经验作为直接被给予的东西处于分离状态而没有结合为一体。为了从分离的经验中构成一个世界，必然需要一个更高级的统一力量（agency）。”而这个更高级的统一力量，无论是人类心灵的结构，还是无所不包的绝对，却都是詹姆斯和杜威所不能容忍的。因为这样的力量只有在人们拒绝接受眼前的事实时才是必要的，眼前的世界是理智能够很好把握的世界，但理智并不创造它。的确，认为理智创造世界，就是硬把上帝的权力归属于人。

经验这个概念对杜威来说，要比它对于詹姆斯包含了更加丰富而复杂的内容。人们的观察既不外在于思考，也不先于思考。即使数学也是基于观察的，把思考从观察中分离出来，是一种“理智的梦游症”。这就是说，我们不仅在经验的过程中思考，还使用经验提供的材料来思考。詹姆斯在评论席勒、杜威和他自己的思想时说：“如果我理解杜威这位同事的话，他的视野（panorama）是我们三者之中最宽阔的。”这时候，他所想到的或许就是我上面所说的。

正如在《哲学的改造》里所展示的，杜威的视野包含了思想的历史与发展，以

及思想是如何在后来取得“文化”这个神圣地位的。杜威总是试图对哲学进行重
xii 新定义，因为他不把哲学看作是认识实在或者沉思存在的一种努力，而是把它看作人类力争理解自己及其环境，以便改善其处境的努力的一个重要组成部分。后来，哲学对他来说，就变成为一种批判的批判、一种评价的评价。在1920年，杜威曾经对哲学能够作为富有成效地处理人与社会重大问题的一种方法颇感兴趣；但是，他从来没有为了一种定义而放弃另一种定义，他只是拓展并澄清自己的用意。对于詹姆斯来说，哲学要求人们非同寻常地进行清晰的思考。杜威不仅对清晰思考感兴趣，而且想运用哲学来创造一个新的时代。但那显然已不是哲学了，而只不过是他的哲学；杜威希望它可以成为每一个人的哲学，因为它是我们时代的一种哲学。

亚里士多德认为，哲学的起源在于惊奇(wonder)；而杜威则认为，哲学起源于人们对社会传统和理性的协调。对于杜威来说，社会的传统是以历史记忆(关联、启示、生动的想象)为基础的一种信念，而理性则是事实和推理方法的结合。哲学家们对于这两者都是忠诚的，所以不可能反对它们；相反，他们试图提炼出传统中核心的道德信念，并为其进行辩护。故而，哲学就变成对传统的理性辩护，或者就像哲学家们所理解的那样，是对其本质的辩护。这使得哲学部分是忠诚于传统的[想想《克里托篇》(*Crito*)里的苏格拉底即可知]，部分是批判的[如《申诉篇》(*Apology*)和许多其他篇章所显示的那样]，因为本质与事实不能完全契合。即使是理性的部分，也与传统的态度纠缠不清，这种情况也是经常发生的；而且，理性的功能本身也被其热衷者按照描述社会的术语来解读。哲学不是烤面包，理性也不染指面粉。思想是属于贵族和自由人的；实践是工匠和工人的，当然也是奴隶的事情，他们的职责虽低下，却维持着社会的运转。理论、纯粹的理智活动是哲学的高级职能，其终极目标就是对善或真的沉思。但是，沿着这条道路，它能够提供智慧以至高的技艺，即统治技艺，这是上等阶层的职责。在意大利文艺复兴时期，人们认同这种区分，列奥纳多(Leonardo)[①]就贬低出力流汗的雕刻家，因而把米开朗琪罗(Michelangelo)看得很低，而赞颂相对体面的画家。

xiii 在古典哲学里，宇宙具有一种贵族制的结构；在中世纪，它又变成封建制的。

① 即达·芬奇(Leonardo da Vinci，1452－1519)，意大利伟大的画家，文艺复兴代表人物。——译者

类与种既不相互流动，或者重叠，也不平等；它们很容易形成一种等级结构。如果善是多种多样的，那么总有一个最高的善，即至善(*summum bonum*)。政治的类比并不总是无意识的，古代的解剖分析家们就能够使用政治术语来描述有机结构。公元前 6 世纪，克罗顿(Croton)的阿尔克米翁(Alcmaeon)就把身体健康当作是一些质的平衡、平等(isonomia)，这是一个表达政治权利平等的词语。疾病(弊病)的出现是由于一种质占据了统治地位，阿尔克米翁把这种情况称为君主政体。甚至到了 19 世纪，认为细胞是生命基本单位的鲁道夫·微尔和[①]还在说，身体“是由许多拥有平等权利的个体组成的自由状态，尽管每个个体的禀赋不同”。

最后，在中世纪的天堂里超自然的秩序也是一种封建等级制度，它有着从低到高等级森严的秩序。不仅天堂模仿世俗；世俗也模仿天堂。在古代世界里，许多国王都变成了神；而在封建世界里，国王则具有神性，他为神所挑选，并且只对神负责，而不是对人民负责。莎士比亚在《理查德二世》(*Richard II*)中写道：

> 再波涛汹涌的海水，也冲刷不尽君权的神圣；
> 世俗人的呼吸，决不能吹倒上帝所选择的代理人。

莎士比亚很了解这一点，但在此情此景中却有一个讽刺，因为理查德[②]就要被世俗的人赶下台了。莎士比亚当然知道国王们需要什么，人们对他们的要求又是什么。

当杜威说，现代的科学就是用人人平等的民主制度代替以阶级之间不平等的等级秩序为特征的封建制度；这时候，他所秉持的观念即为等级社会是旧哲学的基础，这口气听上去就像是阿尔克米翁。在这一点上——甚至在此之前——这个观念可能有矫饰感，因为哲学与作为其来源的社会政治秩序之间的关系看起来可能并不密切到给人如此印象深刻的地步。然而，在更民主的今天——最能说明问题的，还是一个人在其自己时代的交谈和思考——我们已经发展出一

---

① 鲁道夫·微尔和(Rudolf Virchow, 1821 - 1902)，德国病理学家和医生，因对细胞理论的贡献和疾病研究而著名。——译者

② 理查德二世(Richard II)，英格兰国王(1377—1399 年在位)。他镇压了 1381 年的农民革命，但其剩下的统治时期一直处于议会里反对党的争端中。——译者

种用日常语言来表达的哲学。"日常语言"不是学者的专业词汇,也不是诗人的
xiv 趣言妙语,而是老百姓的日常用语。当一个人使用词语时,他所意味的东西就变成意义解释的基础。这些观点能够轻易地在一个普通人的日常语言受到嘲笑而不被尊重的贵族政治时代发展起来吗?如果"日常语言"更可能被一个教授在非专业场合下使用,而不是被一个裁缝使用,这只能说明那个教授也是一个普通的百姓。

当现代科学打碎中世纪的宇宙观时,它不只带来了一个关于物理世界的全新图景。太阳不再比地球更重要,人在宇宙中的位置似乎也已改变,正统宗教遭遇到麻烦,而且因果关系取代了象征性的"自然之书"(Book of Nature)。哲学家们试图解读这个新宇宙,并将其意义运用于政治、道德和宗教之中。杜威赞扬这种意义重大的努力,特别是体现在其《哲学的改造》出版 25 年之后第二版的导言中。笛卡尔、斯宾诺莎、霍布斯、洛克和莱布尼茨都是一些伟大的名字。然而,哲学对科学的批判性反应是一个经验的知识理论,这个理论认为,所有认知的基础都是基于感觉之上的人类经验。17 世纪的洛克,以及英国、法国的许多启蒙思想家,都发展出了一种精致的感觉论哲学。它不可避免地会坠入怀疑论,但在哲学史上却一再出现。

杜威对感觉论与其对唯理论一样蔑视,但他对前者表现出更多的不快,因为它被认为是经验的,而且被称为经验学派。各种感觉被认为是强加于被动的心灵;它们不是经验本身,而是经验的建构材料——"原子",这很像是 20 世纪人们经常遇到的原子论。对于杜威来说,注意力在经验之流的过程中点亮了各种感觉,这些感觉与其他感觉彼此相关。譬如,我们从热量的转换过程中感觉到冷,但同样的冷与更冷相比较起来,就是温暖一些的。它们是"行动转向的信号",而不是知识;它们最多引起人们导向知识的探究;它们只在这个意义上,才是知识的开端。

对于杜威来说,经验是与感觉完全不同的另一回事(matter);它发生于有机
xv 体与环境之间的交互作用之中。在这种交互作用中,一个有机体的适应或者另一个有机体的调节(当然也可能是两者都有),都要和环境发生关系。从根本上来说,经验是行动以及对行动的意识,是一个动作(doing)、一个动物对其周围环境的行动。在事物的本性上,变化来自行动,而它们反过来又对动物及其活动产生反作用。所以,每个动物都会经历或者遭受其行动的后果。经验就是这种做

(doing)与受(undergoing)之间的紧密关联[参见《作为经验的艺术》(*Art as Experience*),那本书提供了一种对生物的行动和承受更圆满的解释]。当然,行动和承受也可以相隔很远,但是,那样的话,就没有指导,没有学习,没有积累的过程,也就没有经验了,除非“经验”这个词是以散漫的形式被使用的,并且说明不了什么重要的东西。杜威自己举的例子是:一个人在他睡着时被接触到他的火所烧伤,而这个人却没有任何反应;相反,当一个小孩将手指放到火焰上时,他就被烧伤了,但他(可以因此而)学会躲避火了。杜威说,前者不能“在任何指导性的意义上”被称为经验,而后者可以是。

从这个解释,我们可以清楚地看出,杜威把“经验”看作是评价,而不是单纯的指称。在有些情况下,杜威区分了这样两种经验:一种是作为简单的意识的经验,它没有重要的意义;另一种是做与受紧密关联的经验,是重要而有价值的。从这些经验各自包含的因素来看,在第一种经验里没有学习,而第二种则有。那么,经验在其完整的意义上,应该包含学习,包括持续的、满含思想的观察,故而意义丰富。所以,它是由动作和承受两者之间紧密的关联所构成的。这就是杜威的教育理论中知(learning)与行(doing)之间关系的基础。多年以来,它已经变成一个战斗口号,也变成一个被嘲笑的对象;而这两种情况都常常是由于误解所致。也是由于这个原因,杜威将艺术当作经验(不是把经验当作艺术),因为艺术是有意义的,其意义不仅体现在观众的反应中,而且体现在经验本身之中。从杜威所理解的经验概念来看,哲学上的二元论是不成立的。他认为,二元论是一种社会等级结构的残留,因为心与物、理论与实践、精神与身体等等,都是对连续性经验的抽象。我们可以发现经验的连续性,并把它称作品质(qualities)或者功能 *xvi*
(functions),但并不存在孤立的、封闭的经验。

杜威在写作中很少流露出自身的感受或者自己的经历。人们时不时评论说,他在写作时就好像是在描述世界的本来面目(hang),但自己却隐而不现。当这个特征被看作是杜威缺乏反思精神的时候,情况确实是这样,因而杜威的特点也就被忽视了。杜威也许不喜欢把“反思”这个词用于自己身上,因为他曾说,“智者沉于反思,大盗横行天下”①。不过,当一个人观察经验时,他是在观察自己的经验;别人的经验对于他来说是不可触及的,或许只有在艺术中才能触及一

① 原文是:“while saints are engaged in introspection, burly sinners run the world”。——译者

点儿。当然，一个人也可以从别人的行为中推断出与其经验相关的某些东西。杜威对艺术怀有深深的兴趣，他自己也写诗；他曾经是一个职业心理学家、一个人类行为学者，阅读了大量的历史著作。关于经验，无论杜威从这些行动中学到什么，必定用惊人的细致和洞察力对自己的经验进行仔细审查，考察其范围和结构，并且准确地描述它们。他一旦具备一种洞察力，就决不让它闲着，而是琢磨它，推动它，并在新的情境中运用它。同样的，如果他认为它是真的，就决不让它溜掉，这样，当他需要时，它就会随时出现。因此，他常常在同一本书中的不同地方论述同一个话题，这种论述方式是有缺陷的，但这种缺陷却被那种鲜活的思想所弥补，鲜活的思想在他的书中无处不在；它不是已经完成的思想，不是过去的发现，也不是对当下秩序的系统展现。对此，杜威的实践与埃德蒙·伯克[①]关于教育的忠告是一致的，即展示发现的过程本身。

杜威不仅在他的职业生涯中——而且就在这同一本书中——不断地返回到经验中的思想与观察的关系，就是这种实践的一个例子。现在，他面对的是在经验过程中遭遇到的问题情境，一个观察到和感知到的情境，它需要新思想去应对。这种思想在产生时要基于观察，而且包含了问题意识的最初观察对问题的意义已经有了一个模糊的洞察。也就是说，对问题的认知及其意义的感知，并不
xvii 等待思想来解决问题，进而指导我们行动，就像车站里的旅客消极地等待火车一样，问题只是在于，意义丰富的观察需要更直接的思想去澄清和扩展。在一场赛马比赛中，一位骑手可能看到一匹马从他的旁边奔跑过来，也许就要碰到他自己的马了，如果那样，那么，他就会失去节奏或平衡；在那一瞬间，假如位于他前面的一群马中间有一个空隙，他就会立即策马前进，跑到那个空隙中去，从而避免可能发生的碰撞。在反思之中，我们可以努力把骑手的观察与其思想区分开来；但是，在事件的实际发生过程中，两者却彼此渗透。骑手的观察是有意义的，而不是没有意义的空洞观察。而且，他的思想一直是与观察相关联的。观察和思想是一个持续经验中的诸多重点，而不是经验中相联系却分离的元素。

思想与观察在行动紧迫时，比没有紧急事情从而可以让我们沉思的时候更加不可分离。杜威认为，思想是用来应对一种我们可能解决的困难的。他告诉我们，当困难太大而压倒了我们的时候，我们就陷入失望或者白日梦之中，思想

---

① 埃德蒙·伯克(Edmund Burke, 1729 - 1797)，爱尔兰政治哲学家、教育家、社会活动家。——译者

于是被麻痹了。如果我们是全知全能的,那么就没有思考的必要了。因此,思考是属于人类的,也许还是属于动物的,但不是神圣的。的确,亚里士多德的纯粹思想,一个神灵的属性,将不会以我们的方式思考,因为它不是有关任何东西的。这不过是对亚里士多德一个含蓄的批评,事实上,杜威经常明确地批评他。然而,即使撇开鼓动他们两者的生物学灵感不说,在某些方面,杜威也是非常亚里士多德式(very Aristotelian)的;他们两人都是强烈的功能主义者。而且,凡是杜威认为真的东西,经常可以解释为极端之间的中道(mean),就如亚里士多德的德性(virtues)。要看他们两者之间相似的地方,比较一下杜威的《人类的本性与行为》(*Human Nature and Conduct*)与亚里士多德的《尼各马可伦理学》(*Nicomachean Ethics*)就可以知道了。

思想产生于问题情境之中,它本身不是目的,而是应对生活的重要工具。同时,它对我们有一种内在的、审美的魅力,因此人们热心并投身于它。当我们思考时,一种新范式就产生了,杜威在其他著作中(非此卷)对此有更详细的描述。我认为,它可以像这样来陈述:我们在日常经验或思想中遭遇到困难,期望中的简单事件之流受阻,事物不能与之符合,道路出乎意料地变化了。我们经常不知 *xviii*
道是什么地方出错了;虽然感觉到困难,也似乎理解到它的意义,但意义模糊。我们竭力要看清楚究竟发生了什么事情,想澄清它,把它陈述出来。简言之,我们思考以便能够将感觉到的困难明确地表达为一个问题。一个真正的问题能够或多或少地得到解决;而对问题阐述得越好,答案也就越接近。从这个意义上说,我们暗淡的经验变得更清晰、更理智了。然后,我们沿着杜威在《我们如何思考》(*How We Think*)一书中所指示的方向前进。这本书为无数有关逻辑与科学方法的书本提供了基础,但在那些书里,杜威的名字却从未被提过。通过推论和检验,我们迅速地提出一个**解决问题**的方案,只要程序正确,这就是可能的。下一步是将我们的**解决**方案运用到起初的**困难**中并解决它,而且其运用是一种新的检验。即使我们在行动上正确地解决了问题,如果在思想上对行动理解不对的话,那仍然无助于我们面对一开始的困难。这其中主要的原因,是问题本身没有把困难很好地阐述出来。

一个被广泛接受的传统信念是:人不能跟问题较劲;因为它是问题,所以无所谓真伪。当然,问题有难有易,甚至也有回答不了的。如果有人不喜欢它,也可以回避之,除非是出于实践的原因必须面对。但是,问题作为要被解决的困惑，并不能在经验中直接被遭遇到。为了揭示遭遇到的一个困难或麻烦的结构或者意义，它们就要被阐述出来；这样，问题可能被揭示、也可能不被揭示那些困难的结构或者意义，如果不能被揭示，那么，问题本身可能就是错的。在《哲学的改造》一书中，杜威偶尔也使用“问题”这个词语来指称经验中的一个困难，或者基于那个困难的某个问题：但是，当他更专业地写作时，他就清楚地区别了它们。总之，杜威论证的要点是这样的：“思想产生于带来困惑与麻烦的经验中特定的冲突。”

把事物看作如其所是，把行动看作在经验之中，这不是我们理解事物、应对事情唯一的行动方式。对此，我们还必须添加上一种工具主义的观点，杜威正因此而成为一个对美国社会科学的功能给予极大关怀的先驱。作为知识关键点
xix 的，不是变化过程背后一种固定的形式、本质或者结构，而是在我们将事物放进不同的环境中，并对它们进行实验时变化所显现出来的方式。我们要引起的变化，有些是刻意的，有些则不是。有些事物是在我们的影响下发生变化的，有些情况则不是。知识不是一件发现事物“真的是”什么的事情，好像它们是永恒地居住在独立于我们的宇宙中似的。“它们是它们所能够做到的，是能够用它们来做到的”。而且，它本身也不是终极的，或者静态的；在一个变动的世界里，能够用事物做到的东西变化着，故而在某种意义上，它们所能做到的也在变化着。按照杜威的理解，凡是“普遍的”东西，都是过程——这个发现将会使科学发生革命性的变化。

按照我的说法，杜威的工具主义哲学并不是此书标题中所说的“哲学的改造”，而是对那个改造的一个引言。改造在这本书中得到了鼓吹，但没有被实践，虽然杜威确实在其他地方实践了这种改造。改造意味着把理性（不是传统意义上的理性，而是在物理科学中使用的**那种**观察、实验和反思）运用到与人相关的道德问题之中。早期的哲学是前科学的、前技术的和前民主的。现在，我们可以为我们自己的时代塑造一种新的哲学，一种科学的、技术的以及民主的哲学。或许在17世纪就开始的早期近代（modern）哲学推动并澄清了对物理学与生理学条件的科学探究，今天的哲学就必须探究人类事务、制度安排以及——最重要的——各种道德问题。

杜威在这里并没有提出一套道德理论，但他为我们敲响了警钟：我们要么是盲目地运用发达的科学技术，要么是培育前科学的道德态度。科学（the scientific)与道德(the moral)[1]之间的这种分裂,鼓舞了物质与精神的二元论;而且,它将科学作为手段从属于固定的道德目的之下,这回应了传统的划分,即把人分为需做服务性的必要性工作的人和不需劳动的人两种。哲学中的改造必须使用我们所有的理智方法(历史的、发生的、逻辑的和经验的)来处理社会中管理的、经济的、家庭的和道德方面的问题。但是,这里不仅仅涉及方法。我们既生活在一个需要处理技术与科学问题的环境里,又生活在一个需要处理最亲近的 xx 人文关怀的氛围中。哲学提供了一座桥梁和一种普遍性的观念。它的假设比科学的假设更宽广,而且更根本一些。它更关注对过去生活的理解与运用,甚至在批判的时候也是如此;它可以为生活的各个方面带来新鲜的空气。杜威需要的正是哲学中的改造,它对哲学的历史与传统既不是解构(deconstruction),也不是毁坏(destruction),虽然杜威的修辞有时过于激烈(看起来像是这样)。对于已经建构起来的,我们要重构和复原;对于现存的组织,我们要进行重组。

在一些个别段落里,杜威呼吁这样或那样的改造;但把它们放在一起来看,他是在要求我们重新思考我们的整个状况,并把这个状况带进我们的批判意识中去。他在《哲学的改造》里仅仅暗示了:意义不同于存在,价值不同于事件。而且,科学最多也只是以意义来丰富我们生活的一种想象上的作用,他还在其他地方对此进行了更详细的论述。实践科学必须与艺术(art)和解,否则,它就停留于片面状态。他在这里论证到,我们需要在我们的道德和心理生活上进行改造。各种道德状况不像沙粒,而更像雪花:在不经意的、恍惚的眼睛看来,它们可能是相仿的;但在检验时,每种却又是独一无二的。所以,在某种意义上,每种道德情境都有它自己的善,满足它的独特条件,并具备特有的心理品质。那些被我们看作是自然善的东西——正义、节制、诚实、勤奋、富裕、好学、美丽——都是一般化的术语,它们不能作为固定不变的目的而被占有。相反,它们是经验性质上各种不同的变化方向。不存在至善或者最高的善,即使有,也不能一劳永逸地抵达它。我们能够当作一种道德或者心理的"目的"(end)来思考的就是生长(growth),它也许是对自然过程一个人文性质的类比。

杜威用理智指导世界的崇高希望来结束他的这本薄书。他谈到诗、艺术和

---

① 杜威常常使用形容词而非名词,以表达所指称的事情不是一成不变的。例如,他使用"the scientific"而非"the science"。——译者

宗教的一种可能的新生，他还谈到与各种社会力量和谐共处的智慧(intelligence)。交往和共享的经验也许能够变成日常奇迹，丰富滋养我们的心灵。杜威从不认为这样的事情是容易的。像詹姆斯一样，他相信并实践着奋发
xxi 有为的生活。但是，他后来因为乐观主义而受到了非常严厉的指责；而如果他有什么著作给了其批评者以口实的话，那就是《哲学的改造》。在其晚期著作中，这种乐观消失了一些。诚然，他并没有变成一个悲观主义者，但是，他宁愿写那些能够做到的，而不写那些只能暗示将会做到的。与那些培育了一种无法摆脱的绝望的存在主义者相比，杜威坚持一个具有各种开放的可能性与远大的前景的世界，并认为在这个世界里，人人都是可以有所作为的。

II

杜威究竟在什么程度上把他在《哲学的改造》中形成的一般的观念运用到在当时他仔细考察的一些具体的事情上呢？在实践事务中，他又在多大程度上是一个朴素的乐观主义者呢？他在此卷中的一些短文或许能够为我们提供答案。

仅从《我们国家的困境》(Our national Dilemma)这一篇文章，我们就可以看到，杜威在处理实践事务时坚持他自己的观点，而且一点也不是愚蠢的乐观主义。在这篇文章中，杜威谈论了第一次世界大战以后美国在国际事务中的参与。他看到美国的孤立主义结束了，我们的内政“被外交事务所侵入”；他还看到，我们在欧洲的投资越多，欧洲就越亲近。除了门罗主义[①]之外，我们已没有外交政策；而且由于时间的紧迫，我们无法确保它是一个民主的政策，因为我们没有开发出任何对外交事务进行广泛控制的技术。这是符合《哲学的改造》里表达的精神的。此外，至于对什么都可以做的乐观主义来说，我们的困境是：我们放弃了孤立主义，也仅仅是为了以一种前民主的方式管理国际事务，“这个困境如此严重”，杜威说，“以致我们目前看不到出路”。

杜威关于美国的其他一些文章都充满着魅力和洞察力，与之相比，他关于中国所写的一些文章影响力更大。所有这些文章，都与第一次世界大战之后的政

① 门罗主义(Monroe Doctrine)，1823年，美国第5届总统J·门罗在国情咨文中提出的美国对外政策的原则：美国不干涉欧洲列强的内部事务，也不容许欧洲列强干预美洲的事务。——译者

治与经济的洪流密切相关。国际联盟[1]是一个引起分歧的问题，紧随着俄国革命的是美国的红色恐怖(Red scare)，它威胁到了公民自由。欧洲与日本之间对于有关中国的事情发生了争执，他们都想控制远东贸易。当杜威想要在各种各样的观点中找到他自己的影响的时候，他需要不断重申和详细表达他的一般观 *xxii*
点。他对公民自由的评论虽然简短，但有穿透力。仅仅为公民自由辩护，这对于他来说非常自然，但是还不够。我们的《人权法案》[2]产生于特定的历史阶段和情境之中，当在新的危机中需要采取新的行动因而产生争论时，它要生存下来是有困难的。杜威当然知道，没有言论自由，是不大可能解决问题的，而他所维护的是自由的探究与交往。但是，他很快就走得更远了，因为允许说出你所相信的是一回事，而允许相信任何值得说的却是另一回事。虽然他轻轻地触及这个话题，说自由是精神上和思想上的事情；但他并不是说我们在想到自己是自由的时候，我们就是自由的；而是说当我们自由地思想时，我们才是自由的。对这一点的回应，看上去很简单：自由地思考并不够，我们还必须能够自由地言说和书写我们所思考到的。

有关杜威更全面的立场，就不在此赘述了。但是，我认为，它实际上已经被包含进来了。人喜欢说话，因此他需要自己思考；如果不思考，那就是鹦鹉学舌。因此，说他思考就足够了。但是，没有自由而开放的交流，思想就会窒息，思想就不能得到培育发展，就不能被表达出来、被聆听到，而所有被表达的和被听到的都是被控制的或者官方的。当一个人可以说他所想、听别人说他们所想的时候，思想就在进行着。否则，即使一个人并不模仿他所听到的，而是在秘密地思考，他的思想并没有受到批判和检验，那么，他就很容易走歪。我们要记住米尔顿(Milton)的禁令：对错误的审视，是证实真理所必需的。这也是杜威所赞成的。此外，他坚持认为，思想就像人本身一样，是社会的而非孤立独居的。我们可以推断思想与言说在某种形式上是不可分离的，所以对思想的维护也就是对公民自由的维护。

当我们考虑公民自由时，其实，我们就在假定政治上的保证是一个**必要条件**

---

① 国际联盟(The League of Nations)，是1919年第一次世界大战后组成的国际组织，其宗旨是减少武器数目，平息国际纠纷及维持民众的生活水平。第二次世界大战后被联合国取代。——译者

② 《人权法案》(*Bill of Rights*)，美国宪法中第一至第十条宪法修正案。——译者

(*sine qua non*)。除非国家限制它本身的权力，并在私有机构或个人行动妨碍了大家的自由时准备进行干预，否则，我们是不能指望拥有这些自由的。在美国历史上，《独立宣言》中的文字燃烧着自由之火，但是，直到《人权法案》作为宪法修正案被采纳之时，宣言中的自由才成为现实的法律。没有民众的共识而实现它，
xxiii 是多么地艰难啊！只是显示于书本上的法律将会枯萎凋谢，或许它会被引用，但终会因为不用而遭废弃。更难的是，要在法律缺乏的地方实现——深刻而广泛的共识促成法律不能促成的事情。人类学的研究结果告诉我们，文字出现以前的人没有成文法，但他们可以把法律铭记在心，而且其“法律”很少受到侵犯。文明看起来在很大程度上就是一件有关法律的事情，这些杰出的立法者的名字——摩西(Moses)、梭伦(Solon)、汉穆拉比(Hammurabi)——几乎与文明的出现是同义词。所以，令人吃惊的是，外国记者在20世纪80年代把共产主义中国缺乏清晰的法律解释为中国人是——而且一直是鄙视西方人对法律的信赖，因为这种依赖表明西方缺少一种内化于人心的人们可以按其行动的道德。正是因为对他们自己的道德怀有信心，中国人才很少感到需要我们这样的法律体系。

1920年，在一个被地方军阀割据而不是中央政府所统治的中国，杜威发现了中国人的舆论与道德的威力。在其《中国政治中的新催化剂》(New Leaven in Chinese Politics)一文中，他这样写道：“中国是否将会完全屈服于西方国家所实践的法律主义和形式主义(legalism and formalism)，这是值得怀疑的。”当然，“永久”(ever)是一个长时间的尺度，而且杜威并不经常使用这样的词语；他之所以在这里使用这个词，是要表明他对此的印象是多么深刻。而且，他补充道，“这可能是中国对世界的一大贡献”。它是一种模式和观念上的贡献，因为它指出了法律形式主义(legal formalism)与一种活生生的道德之间的一种关系或关系系列。我使用“活生生的”(living)这个形容词，即指它是不断实践的，以区别于人们只是在口头上遵守的道德律令。这条律令在被冲破的时候，比在遵守它的时候可能更受人尊敬，就好像是我们并不遵守的周日布道的道德那样。

如果人们在行动时就好像存在着一些他们需要遵守的法律，而事实上并没有那些法律，那么，人们在什么意义上还需要它们？法律具有强制力和制裁力，拥有它们的一个优点就是它们可以在提出警告后强制执行。但是，只有在当局的意志足够强大时，它们才会被强制执行；如果存在着普遍的冷漠或敌意，严格的强制执行就可能是愚蠢的。在一个民主国家里，人民知道，如果他们不想要一

部法律，他们可以更换它。在像中国这样的一个国家里，人民可以改变他们的行为，而且将比更换一部法律的力量还要大。但是，这将意味着一种道德的改变。杜威实际上已经发现，中国人的行动并不是没有冲突的，因为他们拥有不同的利 xxiv
益。然而，当一些群体处于对抗状态时，他们会自己解决问题，而不求助于官员，官员还不如敌对组织更受信任。不过，假如单个的人试图矫正自己的错误，则会受到惩罚；那是有组织的团体——家族、乡村与宗族——的一种特权。

当然，当官方的力量具有强大优势的时候，即使人民作为一个整体处于对抗状态，法律也可以由暴力行动来强制执行。使用恐怖手段来进行统治，这种现象太平常了，用不着怀疑。但是，政府与人民之间真实的分裂将会使政府的统治变得不稳定，于是官方就撒谎，进行宣传和洗脑灌输。因此，有些道德舆论对于一个社会的良好运转就是不可或缺的，不管其政府多么强大，其法律多么严厉。特别是一些生存条件相当艰难的小型团体，可以依赖共识而行动，而不诉诸法律和惩罚；但是，对于较大的社会来说，要去做几乎同样的事情可能需要悠久的传统和稳定的共识。就像卢梭所论证的，新的民主政治比旧的政治更不稳定。尤其一个像中国那样年代古老的文明，幸免于难且同化了对它的征服者，并以抵制变化（直到共产主义时代?）而著称，是可以发展出一种深厚而持久的共识的。

中国人对变化的抵制——“毋庸置疑的保守”——帮助他们发展出他们的道德共识(moral consensus)，这种抵制是不容易解释的。一种流于简单的回答是：他们非常适应他们的地理和社会条件，而且由于那些条件一仍其旧，他们的适应力也依然如故。然而，在这个中央王国(Central Kingdom)的历史中，还是发生了各种各样的事情。不过，有一个条件长期保持不变，那就是杜威所说的“持续的群体生活”。他还认为，那可以解释中国人的保守——更多的是行为、习惯和道德的保持，而不是政治上的保守主义。如杜威所说：“直到最近引入迅捷的交通之前，很少有中国人会喜欢那种在陌生人群中可能带来的孤独感。想象一下，所有可自由活动的场所都被拆除了，数以百万计的人们日复一日、年复一年地面对着同样的人（相互之间很熟悉）生活着，当新的光芒可能照到中国人的保守主义上的时候会怎么样。”任何倡议，任何改革，即使是能量的爆发，都可能使事情更糟。轻松的礼节、保持愉快以及对命运的接受，都优于以西方的方式来处理事 xxv
情。杜威的解释可能是对的，也可能是错的，但它在那个时代提供了一种对远东的混乱与变化的思考途径。

III

本卷包括杜威1919年在北京所作的六个系列演讲，杜威对威廉·詹姆斯、昂利·柏格森和伯特兰·罗素每个人分别作了两次演讲。这些演讲显然是在杜威讲演时即时翻译的，可能是由胡适翻译的。他是中国名声显赫的思想家，曾经跟随杜威在哥伦比亚大学攻读博士学位。毫无疑问，由于是东方听众聆听有关西方哲学家的谈话，而且由于翻译的额外困难，杜威讲得极其简单。他的演讲仅仅给出了概括性的观点，没有深入涉及那些思想主题。

但是，他的许多洞见仍然值得关注。杜威告诉我们，詹姆斯是将进化论观点应用到心理学上的第一人。杜威十分恰当地把《心理学原理》(*Principles of Psychology*)当作是詹姆斯的最重要著作，他说，詹姆斯从未真正地写过一本哲学书，他的哲学是以文学化散文的形式表达出来的。那是一个擅长技术的人对具有洞见和天才的作家的作品进行的评价，后者在技术上稍逊，或者说对技术性的精确性不大感兴趣。不过，我们必须为《心理学原理》添加这样一个说法：除了其他特点之外，它还是一本哲学书。事实上，杜威把这本书看作是从知识的观念开始的。

对于詹姆斯来说，知识就是调节过程，它发生在人类有机体对环境刺激作出反应的过程中。知识很少能够在头脑中的一个颤动与由它导致的一个眨眼之间进行干预，但是在不那么短暂的行动中，知识可以对刺激作出适当的反应。杜威举了这么一个例子：人们很清楚，火灾发生的时候需要用水来扑灭。那么，当有火灾发生时，他就作出反应，用水扑灭它。当没有像火灾那样的紧急情况发生
xxvi 时，知识就可能延缓反应，从而腾出时间来做计划。或者说，一个想象的刺激物，像火那样，能够让我们去储存水或者安装一个消防栓，以备在刺激物出现时作出快速而恰当的反应。

在《心理学原理》里，杜威发现了他认为是詹姆斯哲学中最重要的概念——意识流，他说那是“独一无二詹姆斯式的”(Jamesian)。它是一个渗透到现代文学中的观点，被罗伊斯(Joyce)和福克纳①巧妙地使用了，而且在临床心理学和心

---

① 威廉·福克纳(William Faulkner, 1897－1962)，美国小说家，曾获1949年诺贝尔文学奖。——译者

理疗法中产生了重大的影响。它在哲学上产生的影响也许没有广泛到产生积极贡献的程度，但极大地促进了对其他观点的批判。人们通常将意识看作是由分离的诸映象组成的，并常常被认为是被动的或者惰性的，而心灵用这些印象建构了各种对象。詹姆斯的印象(image)是一个处于不间断的运动之中的流，其中所有的印象都彼此关联。这条流不停息地向前流动，并随之携带了所有的东西，像赫拉克利特的河流一样，它总是变化的；我们的确是在变化之中，因为我们的意识是变化的，所以意识到的东西也处于变化之中。詹姆斯对物理对象和精神功能作了区分，前者可以被划分成更小的部分，但在意识中，我们经验到的是整体(而非部分)。詹姆斯以柠檬水为例：从物理上说，它是由柠檬汁、水和糖组成的，但是当我们饮用它时，直接地意识到是柠檬水。这属于格式塔心理学理论，但他是在格式塔心理学家之前提出的。不过，詹姆斯不仅仅是在某些方面早于威特海默和苛勒[①]；而且也早于其他许多心理学派，包括弗洛伊德派(Freudian)。

关于意识经验与物理对象之间的关系，詹姆斯并不认为需要作出前者符合后者的假定，那是传统的符合真理论。他的关注点是一个经验导致另一个经验，或者按照杜威的说法，知觉产生预期的后果。这当然就是实用主义理论的核心内容了。

虽然杜威专注于威廉·詹姆斯，当他谈论到詹姆斯时，我们可以感受到一种热烈的赞扬；但有点奇怪的是，他对昂利·柏格森也给予了很大的同情。柏格森是一个体系主义者(systematizer)、一个活力论者(Vitalist)，甚至在某些方面还是一个神秘主义者。他的这些特征应该无法使杜威感到亲近才对，但他是一个有着非凡洞察力的人，而且能写出浅显流畅的散文，他有许多观点与詹姆斯相 *xxvii*
同；杜威清楚地看到了这些。当然，柏格森的声誉现在已经衰退了，从杜威关于他的最后评论来看，那根本就不应该是在 1919 年，那时他 60 岁，正好也是杜威的年龄。柏格森曾经拥有一种令人敬畏的声誉，而且对于许多人来说，这种声誉至少保持并贯穿了他一生的时光。我希望，我们还记得当纳粹进入巴黎时柏格森的崇高勇气，杜威是在作出这些演讲之后很久才知道这件事的。

在杜威看来，柏格森与詹姆斯之间最初的相似之处，在于两个人都是从心理

---

① 马克斯·威特海默(Max Wertheimer, 1880 - 1943)、沃夫冈·苛勒(Wolfgang Köhler, 1887 - 1957)，两人都是德国心理学家、格式塔心理学创始人。——译者

学开始的，并运用了一些心理学观点来发展他们的哲学。同样的评论也适用于杜威，但是，这里有一个更根本的问题。许多哲学家，从柏拉图到伯特兰·罗素，都有数学素养，而且倾向于把数学看作是哲学最终难以达到、却要不断接近的一个典范。《理想国》中的苏格拉底，不仅仅是戴上面具的柏拉图，也是数学方法的伟大开创者。他不仅要求思想的精确性，而且要求心灵从经验材料转向抽象概念；他认为，这些概念位于经验背后并使经验成为可理解的。这个洞见的高贵性及其细节上的精致俘获了人类，至少在西方，从公元前5世纪开始的整个历史都是如此。我们很少注意到它偶尔会堕落为荒谬的量化，这是完全的突降法(bathos)，它用笑声使心灵变得麻木而软弱。例如《理想国》第九篇告诉我们，“僭主离真正快乐的间隔是三乘三得九，如果用数字来计算的话”。这把我们引到更精确的知识中去，国王比暴君的生活要幸福729倍，而暴君的生活则要痛苦同样的倍数；而且以某种奇妙的方式告之，这是“有关于人类生活”，因为729几乎是一年中白天与黑夜的总和。

与受到数学影响的哲学家形成对比的，是那些有生物学或者生物-心理学背景的哲学家，从亚里士多德到约翰·杜威，当然，其他还有以社会为导向的哲学家和综合型的哲学家。生物哲学家也有他们的成功之处；只要想想亚里士多德对西方思想长达数世纪的统治即可知道；对于但丁[①]来说，亚里士多德是“知识
xxviii 渊博的大师”。不过，哲学中的生物学冲动也有荒谬可笑的时候。譬如，亚里士多德“知道”一个人要生男孩，心脏的温度是主要影响因子。试想一下，我们对人的量化知识在几百年后将会是什么样子。

杜威这样解释柏格森：他就像詹姆斯一样，把心灵看作一股流(stream)，其中没有任何东西是完全重复的，而且每个事物都是相互关联的。我们在不断地变化，我们不能两次踏入同一条河流，因为河流每次都是不同的，人也是一样。柏格森也认为，物理对象可以分开成为部分，但经验却是一个整体。当柏格森自问为何人们坚持要把心灵看作是一个东西时，他就开始了一个把自己与詹姆斯区分开来的探究过程。他的答案是：我们必须能够相互交谈，而且这将使我们把经验分割成一种可以在语言中进行描绘的单位。语言符号表达了持续经验的单元、比特(bit)和片段，而且我们是在对词语的使用中学会思考的。

---

① 但丁(Dante degli Alighieri, 1265–1321)，意大利诗人，以《神曲》闻名于世。——译者

这将柏格森引向对“时间”与“绵延”的区分。时间是空间的一个类比；它由钟表测量，而且有秒、分、小时、年和光年[①]等单位。时间对于处理物质世界是必需的，物质世界是一个空间关系的集合；但是，这种处理歪曲了心灵经验，心灵经验只能用绵延来解释。绵延(duration)是意识流的特征，一个包含了过去的持续向前的运动。柏格森的印象是一个滚下山的雪球，自身中带着它的过去，越滚越大，持续地变换着。绵延是一个生长着的、成熟的变化，带来持续的自我创造(self-creation)。自我创造的概念对于柏格森具有特别的重要性，它持续不断地为经验增添新的意义。

因为一个人总是在增加意义，所以他就是在持续地创造，而且他所创造的就是一个自我，这个自我是由那个意义转换而来的。没有什么经验是预先确定的，甚至没有什么经验是可以预测的。当然，在物质世界中，有许多东西是可以预测的；而且，我们可以机械地处理这个世界中的大量东西，因为我们将它分割成独立的单位，以便更好地利用它。在我们那样做之前，物质世界与精神世界没有什么不同，而且可以想见，将来它们又会变成一样。此时，我们是带着寻求利益的眼镜来观看这个物质世界的，对知识的运用能够满足我们的利益要求，但是，绵 *xxix*
延的世界只能由一个更高层次的反思和直观来洞察。就像杜威所了解的那样，柏格森的哲学吸引了许多学生，因为他的认识论是实用主义的，而其哲学的其余部分是半神秘的。所以，它为各种不同种类的人都提供了一些东西。公平地说，还应该加上：柏格森能给人带来启发，而这在20世纪的哲学中是极其缺乏的。[②]

---

① 罗斯在这里犯了一个常识错误，他把光年(light-year)当作时间单位。事实上，光年是一个长度或距离单位，是指光在真空中一年所经过的距离长度；它主要用于天文学研究中。——译者

② 杜威在关于柏格森(边码第221页)的演讲中关于柏拉图和康德所说的话，关于康德的部分是正确的，而关于柏拉图的部分是不正确的。假如他对“洛克”说同样的话，也没有问题。然后，在关于伯特兰·罗素的一个演讲里，他对于贝克莱也犯了一个类似的错误。从原文看，有些东西是错的，因为杜威的哲学史知识是百科全书式的，因此，没有人期望出现这类错误。

结果这个文本更可疑。杜威借助笔记演讲，而有人记下了他的陈述。然后，演讲被翻译成中文并发表在北京的一份报纸上。这里的文本是从中文翻译成英文的。这让我想起，马克·吐温曾出版过他的《卡拉维拉斯县驰名的跳蛙》的法文译本，然后再将它翻译回英文，但就在这个环节上，出现了与原文之间存在的差别错误。在马克·吐温那里，还有一份真实的原文，而且它被译成一种与英语差别不太大的语言。而在杜威这里，却没有真实的原文，并且对他所说的抄写再被翻译成一种与英语很不相同的、没有字母表的语言，然后再被翻译回英语。这个最后文本的错误可能性显然是存在的，而且是难以计算的。

杜威是如何看待罗素的，关于这一点，我将简单地叙述一下，因为杜威很少谈到罗素的技术哲学(technical philosophy)。他把罗素看作是一个数学化(mathematicizing)的哲学家，当世界对他来说显得太复杂时，他就在准柏拉图(quasi-Platonic)的形式(forms)王国中寻求避难[对此，罗素有一份文采飞扬的表白，参见他的论文《一个自由人的信仰》(A Free Man's Worship)]。杜威发现罗素在这一点上独一无二：他的理论哲学是贵族式的，而他的伦理学和社会哲学却是相当民主的。所谓贵族倾向，即如杜威在《哲学的改造》中所写的，牺牲经验以高扬理性，牺牲个别事物以高扬普遍原则。特别是，思想中的贵族倾向总是更喜欢纯粹的反思，而非实践的生活；甚至时间也要被超越了，因为普遍原则都是永恒的。

在他那时的社会哲学中，罗素强调了创造性冲动与占有性冲动之间的区分，尽管我一直不理解，为何一个人不能在获得财产上是创造性的，而对于其创造物可以是占有性的。他相信我们的制度能够培育创造性，但是它被占有
xxx 性腐蚀了，而且现在已经堕落了。教育本来应该是一种创造性的冒险，但学校里的教育已经沦落为对财产和顺从的辩护；它珍惜过去而贬低未来。社会主义和资本主义都关注大生产和财富的增长。为了成功，社会主义依赖于一个强大的国家，而这个国家依其本性却压制了人们的个性和创造性。杜威认为，罗素相信"创造、生长、变化和转化"，而正是在这一点上，他和柏格森以及詹姆斯站到了一起。

我发现，杜威在1919年选择把这三位哲学家介绍给中国听众是有趣的，在他的题目中，他称之为"三位当代(Contemporary)哲学家"。詹姆斯已经去世9年了，但杜威为把他涵盖进来作了辩护，他说詹姆斯的著作在当代正发挥着巨大的影响。柏格森是一个理所当然的选择：他活着，并且声名卓著。贝奈戴托·克罗齐(Benedetto Croce)也是如此，他的巨著《精神哲学》(*Philosophy of the Spririt*)吸引了非常多的学生，并在1909—1921年以一个系列丛书的形式被翻译成英语。然而，他身上有黑格尔的影响。而杜威认为唯心主义者是不值得同情的，可克罗齐恰好是一位唯心主义者。真正具有声望的，是英国的新形而上学家萨缪尔·亚历山大(Samuel Alexander)和阿尔弗雷德·N·怀特海(Alfred North Whitehead)。但是，亚历山大的主要著作《空间、时间与神性》(*Space, Time and Deity*)是在1920年出版的，怀特海的《过程与实在》(*Process and

Reality)稍后；这是杜威没有选择他们的原因，虽然他们在1919年就已经很有名气了。也许有人会说，杜威对形而上学家有偏见①。但是，我对他的选择与他个人口味相关持怀疑的看法，因为他的口味也可以让他忽略罗素，尽管罗素有光辉而短暂的职业生涯和超凡的才智。也许杜威想要向东方听众展现他关于人与社会所相信的、所希望的东西，故而谈论这些共享着同样信念与希望的同时代哲学家们。

① 原文是"not partial to"，但从上下文看，应该没有"not"的意思。这里是从语境出发的翻译。——译者

论　　文

我们国家的困境[①]

没有什么比说我们国家闭关自守的时期已经过去更容易的事了，也没有什 3
么比宣称我们正被要求承担在国际事务中应当承担的责任更简单的事了。在这些事情上说大话，具有双倍的号召力。这是我们固有的理想主义，也是我们的虚荣心和权力欲的反应。这两种反应是如此的相互交融，彼此掩饰，但奇怪的是，这种号召还是没有使人们不可抗拒。那么，为什么它会失败呢？它在什么条件下可能成功呢？

强大的民族主义的野心和帝国主义的侵略欲在和谈中是赤裸裸的，这对我们来说很可能是幸事。我们将克里蒙梭(Clemenceau)、松尼诺(Sonnino)和贝尔福(Balfour)尊为永久的典范。也许，在我们为之激动不已的理想主义中，只有做着和这些人所展示出来的一样臭名昭著的事情，才能使我们避免在传统的国际外交游戏中成为无辜和无知的帮凶。先前的声明与实际的做法之间的对比是如此鲜明，以致激起了反感。

万一发现这种反感情绪被清楚地表述为对狭隘民族主义的抑制和对国际责任的逃避，也许并非幸事，但在其后果中，有比没有好。共和党参议员在回应欧洲人的自私时所阐述的关于美国人的自私自身，并没有得到美国人的赞同。拒绝背后有一种更深沉的本能和情感。毫无疑问，这是与我们不参与国外纠纷的

---

① 首次发表于《新共和》(*New Republic*)，第 22 期(1920 年)，第 117—118 页；重新发表于约瑟夫·拉特纳编，《人物与事件》(*Characters and Events*)，纽约：亨利·霍尔特出版公司，1929 年，第 2 卷，第 615—619 页。

历史政策有关的。但是，我们还是宜于澄清体现在这种态度中的情感。除了民族利己主义，藏在反对干预外国事务的本能后面的是什么呢？

4 答案似乎很清楚，我们偏好民主政治。我们的热情无疑在止住步伐，顺从缺陷和腐败，对不完全清楚的东西闭口不言。这是至理。负责任的政府和大众媒体是我们的理想，并且总的来说，这个理想和大多数的其他理想都运行在一个粗暴且不完美的世界中。但是，纵观历史，在处理外国人民的事务上，民主甚至从未被使用过，即使这些国家在管理其国内事务上真的是民主的。凭借我们的地理位置和帝国内部的完整全面，而不是凭借任何伦理道德，我们曾经主动放弃管理国际事务而保持了国家的相对纯洁。除了神圣的门罗主义，我们几乎没有任何外交政策。我们非常快乐地生活在我们的伊甸园里。战争期间，我们以为可以很容易地把幸福延伸到整个世界；但战后露骨的争夺却提醒我们，人类堕落了。于是，我们赶紧返回我们的乐园，尽管我们对罪恶和苦难的外部世界中丰厚的投资报酬还保留着观望的态度。

然而，事实上根本不可能采取闭关自守和不参与的政策。当我们在欧洲国家投入了足够的资金，它们就会像现在的墨西哥一样越来越靠近我们。我们可能对维持已确立的大国的稳定性具有同样温和的兴趣，就像法国在对待旧的俄罗斯专制政体上所表现的一样。战争本身就足以表明超然和中立已经成为过去，它们的时代已经结束了。我们不可能再道貌岸然地在印有我们国家图章的羊皮纸上写下“门户开放”的字眼，然后再自鸣得意地退到这样一个位置，在那里，事实与所说的话远远不符合。但最重要的事情不是我们在闭关自守的时期所能处理的，因此，我们今后必须有外交政策，与其他国家结盟或不结盟。我们的对内政策，我们的国内政治问题，要与外国问题纠结在一起，要受到外国争端的干扰。

对我们来说，不是选择我们是否应该继续闭关自守。几年前，谁能相信普及兵役会作为一个极为重要的问题进入美国的政治中呢？与国家债务密切相关的税收问题的出现，将提醒我们：我们不可能继续保持国内政治的单纯和清白而使其不受到国际环境的影响。假如有关奖金和退休金的争论不再作为一个重要的
5 党派问题的话，我们将是幸运的。劳工问题与移民问题的密切联系，是又一种提醒。亲爱尔兰，亲英，或犹太人问题，是表明我们与外界纠结的另一个侧面。

经济反对派成功地在我们这个地球上最令人满意的中产阶级国家中创造了

一个布尔什维克的问题。他们正透过新闻和社论专栏，以批量广告的方式，试图将这一问题“卖”给美国人民。百分之十六的美国人提出了百分之一百的关于美国主义的问题，它背后所代表的政策根据所有理智的美国历史来判断都是反美的。是的，不管我们走到哪里，我们都会发现大量的提醒，犹如一个举着一把燃烧着的利剑的天使，阻止我们回到那单纯而不问世事的伊甸园。

然而，最终的结果却是一个困境；一个严重到目前还找不到明显突破口的困境。我们必须警惕理想化的做法，在此之下，我们习惯于通过忽视现实中不愉快的情形来保护我们自己。困境在于，当我们结束闭关自守之后，国际事务却依然是根据这样的基础和方法来建构的；在这种建构中，人们还没有看到作为政治事实的民主。因此，我们甚至只能在冒着损害我们已经达到的、尚不完善的国内民主的风险的情形下来制定我们的外交政策。

提醒英法这样的民主国家对外执行非民主的外交政策是没有用的。凡尔赛会议[①]并非是一个突发的意外事件。它揭示的是一个长期的现实。意识到这一事实，是放弃我们的纯真之后仍然能够保持我们的气节的唯一保证。

例如，在我写这篇文章的时候，一份来自《新共和》的消息，还有撰稿人和一篇社论中关于英美海军结盟的讨论，传到了我的手里。居住于远东地区的人们，清楚地意识到这种结盟的可能性；人们几乎在任何条件下，随时准备为它欢呼。一个在上海办报纸的中国人，在其报纸的头版头条刊登了一句拥护的口号：“英美在中国的合作是中国安全和进步的基础。”大多数美国人和英国人为此衷心祝福。

然而，然而——结盟，但为了什么而结盟呢？仅仅只是结盟，没有任何内容
或关于目的与手段的讨论，能使民主监督变成现实而不是空名吗？所有与远东 6
有关的条约的设计，如果我们信任其设计者的话，是为了保持东方的和平、中国的领土完整和门户开放吗？被计划用以促进人类福利的额外加在他们身上的费用，将是轻微的。现在，英国在中国的政策（实际上也是在亚洲）的主要事实是：它一只眼睛还盯着印度，或者更确切地说，是两只眼睛都盯着印度，偶尔还窥视

① 凡尔赛会议，即凡尔赛和约（Versailles Peace Conference），或巴黎和会。协约国和同盟国于1918年11月11日宣布停火，经过巴黎和会长达6个月的谈判后，于1919年6月28日在巴黎的凡尔赛宫签署条约，标志着第一次世界大战正式结束。但是，该会拒绝中国代表团提出归还山东等正当要求，于是引发了中国的“五四运动”。中国代表团最后没有在合约上签字。——译者

着其他地方。

事实上，就是说，假如我们不曾直面英国对印政策上与我们的关系，讨论与英国的海军结盟有什么用呢？假设对印度实行经济封锁是可取的，就像最近看来要对俄罗斯采取的行动一样，难道我们也要成为帮凶？在所有的远东问题上，从朝鲜到印度，我们屈服于菲律宾所带来的反响将会是巨大的。在我们对菲律宾的政策上，一个正式的结盟会是什么后果呢？难道不是不可避免地加强我们要保护他们的宣传，以免他们的屈服会“危及远东和平”——就像这句惯用语所一贯宣扬的那样吗？

情况甚至并不如此。当我们推行我们的外交政策的时候，似乎并不能提供任何保证使其得到民主监督。而且，我是就一般来说的，并不特指刚刚提到的事例。国会必须真正地参与开战，而参议院则参与对战争的终结。但是，一个基本的事实，是我们还没有研究出一种普遍监督的策略。最终如何阻止英国对俄罗斯的冒进呢？部分地，当然得依靠那些断言此事不划算的外交官们的共识。但是，从受到普遍支持的一方来说，不是根据有效的监察（就像我们在处理国内事务时，认为理所当然应该采取的那样），而是因为害怕国外的叛乱和国内的罢工。我们会更幸福吗？

相对于阐明任何解决方案而言，陈述我们的国家不可能继续闭关自守但参与国际事务却危机重重的困境就容易多了。与此同时，我们当然应该小心翼翼地践行。我们应该避免所有笼统的承诺，尽量把自己约束在最能具体阐述的事情上。“同时”直到什么时候呢？直到欧洲民主国家的工党，或者其他一些自由
7 派组织，带着对民主原则的羡慕来监督和指导这些国家的外交政策，并且直到我们不仅获得更多的外交和国际政治的认识，发展出普遍监督的稳定的手段的时候。如果外交仍然是排外、自私和无限制地热爱力量和特权的领地，那么，可以说，愚蠢就是每个寡头政治的特点。民主还没有触及它。当心通过接触而沾染此恶习，我认为，这才是我们不喜欢与外国打交道的情绪背后具有的深刻本能。

我们并不比其他国家更神圣，但通过所谓的共同承担国际责任，无论是通过国际联盟还是通过一些特殊的联盟，我们能保证让他们或我们自己变得更好而不是更坏，我们才有义务更多地参与他们，或者随时与他们站在一起。

思想与工作的自由[1]

一位有钱的美国自由派人士最近承认，现有的工业机构在相当的程度上都 8
是不公正的。他承认，这种不公正是当前世界动荡的一个重要原因，其补救的办法是更公平地分配工业产品。然而，在基本方向上，他认为，为了使世界得以运转得像目前的制度这样的东西，还有长久存在的必要性。这种立场在过渡时期是不可避免的。实际上，这是一个进步。它是受欢迎的，看来很少受到批评。

然而，这一步会迈得很尴尬，在其宣称的应对不安定的目标上，很可能是徒劳的，除非它坦率地承认，它仅仅是迈进了一小步。其意义在于，它将使一个更进一步和意义更深远的运动变得更为容易。如果没有一个更长远的目标，它可能容易强化阶级对立。它将增强工薪阶层要求享有更大份额的物质产品的力量，却没有在他们中间建立起对行业本身的责任感。它会增加雇主在处理那些不讲道理的、愚蠢的和不知感恩的劳动者情绪时的痛苦，这种情绪会为了一己之私而将一把活动扳手扔到整个工业机器中去。作为一个“解决方案”所提议的补救措施，非但没能解决问题的根源，反而远远地偏离了它。

持有这种观点的胡佛(Hoover)先生，在被指责他的活动的动力就是他工作的物质产品的情况下，还能被人赞同吗？巨富们可以公然蔑视那种把他们看作一直是美元追逐者的观念，或者那种认为他们的行动准则(甚至在募集证券的时候)一直是利欲或安全的观念。与此同时，又假设工薪阶层是与之不同的，这是

---

[1] 首次发表于《新共和》，第22期(1920年)，第316—317页；重新发表于约瑟夫·拉特纳编，《人物与事件》，1929年，第2卷，第522—525页。

9 一个恶作剧般的错误。不是理想主义而是人类的心理宣告了这样一个事实，即人不仅仅是为工资而活着的，人所需要的是在他们身上找到一条人性的出路。任何时候都不能用工资贿赂来代替这一出路；现在，这种情形几乎也不存在。因为工人现在已认识到，工资的增长是自身力量的见证；而且，这个已经觉醒的权力意识，正是要求践行自身力量的机会。这意味着在管理活动中要共担责任。

在每一次新的危机中，人们似乎都会忘记，对自由的要求意味着延伸至精神活动，即更大的思想空间。这就是为什么保卫自由的战斗从来都没有胜利过，为什么老一辈的捍卫者总是在危机中失败。对于保守派和激进派来说，它们都是不合时宜的。前者认为它们被用于他确信从来都没有想到过的目的，后者则感兴趣于一些更深远的东西。可以把这一论述应用于现在的情形，诸如言论自由。以前的言论和出版自由的法律捍卫者自然是神圣的，他们被认为是保守派，但目前的情形与他们没有关系。权利法案的创始人没有体验过当代的劳工状况，更不会想到苏维埃主义(sovietism)的存在与蔓延。因而，公民权利自以为已经达到的缓解受到了践踏。而如果群众攻击这些权利的时候，心里的怨愤比我们所能想到的少一些的话，那是因为，毕竟他们还有一种本能的感觉，即认为当前捍卫心灵自由的斗争中心在其他某个方面。

当然，怀疑和恐惧的战争心理的后遗症是威胁自由社会思考的一大因素；另一大因素则是统治阶级希望利用这一后遗症来创造一种心理上的恐怖统治，这种恐怖会对同情自由的人中一些胆小怕事者造成影响，并干扰法院。但是，现在的情况并不能只凭这些因素来解释。它们需要别的东西来赋予足够的现实运作的力量。这一别的东西事实上就是：在政治行动或演讲和写作中，再也不能充分表现心灵自由了。很多人已经感觉并开始明白：只有当他们在与其日常工作有
10 关的事情中实践自己想法的时候，才能够得到真正的心灵自由。行政领导、经理人、科研工作者、艺术家享有这样的自由，而别人为什么享受不到呢？因为这种意识不能通过增加对工业化的物质产品的拥有份额而获得。这也说明，为什么原来的言论、出版和集会自由的捍卫者越来越少。

这是新一轮的斗争，它不可能被阻止在旧的法律限度以内。保守派首先认识到这点，而且是他们教会了其他人；如果没有他们的传授，其他人可能在更长的时间里仍然很呆滞。通过这一事件说明，保守派往往对新潮流的意义更为敏感；而且，正是由于其对新兴运动的攻击，才能教导群众理解新潮流的真正意义。

他们现在正声嘶力竭地狂喊，心灵自由只有在实现了对自己工作的控制后才能达到，与此相比，言论自由和选举权则是无足轻重的。

就像其他言论自由的倡导者一样，作者碰巧利用了关于安全阀的争论。一场社会危机，一个社会的转折点，使得这一争论变得滑稽。那恰恰是一股所谓伟大的新生力量不应该想要的——一个廉价的安全阀。水蒸气是用来克服障碍物的，而不应被耗费在吹出蒸气的谈话中。要嘴皮子是消耗气力的一种简单方法。在阻止走这种廉价和简单的道路方面，真正重要的事情是反对派注定会帮助激进派，并且被信赖。它使人们必定寻求现实的自由，而不是满足于那种吹嘘，即当言论不受限制时，自由就实现了。

由于自由在本质上是精神的，是思想的事；而且，由于仅当思想可以体现在
行为中的时候，才算得上是自由的，因此，每一次争取自由的斗争都得在不同的
层面上再次进行。过去争取言论、集会和出版自由的斗争，意义是重大的，因为
它是争取信仰自由和保护财产权的斗争的一部分。那种以为指出这背后的经济
动机就认为以前的斗争是廉价的想法，是愚蠢的。那些通过辛勤工作赢得了财
富的人，想要保护自己的财产，不被那些曾经靠征服获得财产并希望继续其掠夺
生涯的人强占。他们的斗争需要得到尊重，而不是被轻视或否定。但是，假设思 11
想和努力将总是按照已经指明的路线传播，那同样是愚蠢的。

言论和选举自由现在非常重要，因为它是争取行业中的心灵自由以及自由参与规划和经营的斗争中的一部分。如果共和党人不是出了名的忘恩负义，将完全可以预测：人们将来会竖立纪念碑来纪念帕尔默（Palmer）先生、斯威特（Sweet）先生和其他看似付出了无谓的艰辛而使得民众明白这一事实的人，如果没有他们的话，民众可能长时间看不出这一即将到来的事实。因为我们可能确信，老一辈的公民自由的捍卫者不会那么容易就被瓦解，即使在恐惧和激动的战争心理的助攻下，除非其背后有其他极为重要的事件。当反对派认为自己是在阻止一个危险敌人的时候，他实际上展示了思想自由只体现在言论中而不是工作中的想法是多么的肤浅。

美国精神与地方主义[①]

12 当个人生活在世界的另一端的时候，美国倾向于合并成一个单位。个人主要是根据国家的整体来思考的，美国就是这样一个整体。像一个老派的历史学家或一个外交笔录者，人们会设想美国在这事或那事上怎么做。正如学者们所言，它被当作一个独立实体。这时，他碰巧收到一份来自一个小城镇的报纸，来自任何小城镇都行，也就是比纽约小——有时比芝加哥还小。然后，他就会被猛然震醒，回到现实中来。然而，现实还是老样子。它是一个由房屋、街道、邻人、村庄、农场、城镇组成的松散集合体。其中每一个地方都能强烈地感觉到，其内部发生在受人敬重的同胞们身上的事情，如火灾、入室盗窃、谋杀、家庭冲突、婚礼和宴会等等，以及对其余的广阔国土慢慢低落的兴趣。

非常像是外省的？不，一点也不。只是地方性的，与人有关的；只是关于家庭，关于日常生活的地方。当然，该报吹嘘它拥有美联社或其他报社提供的服务。作为报纸，它了解它的行业，它刊登“国家的”新闻，兢兢业业地努力做“国家的”广告宣传，非常重视有关其“国内的”发行量的挑衅。但不知为什么，所有这一切都给人一种淡淡的愧疚印象。国家新闻的独特风格，使人想起他童年的历史课本，或者他有时不得不遗憾地请教的百科全书。让我们尽快结束这一话题，说一点有趣的。这一切似乎都说明，地方性的新闻是多么的不同。即使办得最为呆板的栏目也有些趣味，甚或只是要说点什么，也还不会遭到非议。

---

① 首次发表于《日晷》(*Dail*)，第 68 卷(1920 年)，第 684—688 页；重新发表于约瑟夫·拉特纳编，《人物与事件》，1929 年，第 2 卷，第 537—541 页。

然而，有一个值得注意的奇怪的现象，即这些同样叫嚣着地方主义的报纸都
谨慎地为各种美国化的机构留有一定的活动空间。不时地，他们以职业化的特 13
有口吻，写出一些严肃认真的社论，谈论美国化的重要性和那些拒绝美国化、拒绝回到其来源地的人们的罪恶。但是，在这些沉重且认真的文章里缺乏笑料和趣味，不像那些有关城镇人口增加及其犯罪浪潮的报道。

人们隐约猜测，那些受到谴责的顽固不化者是否并没有受到普遍存在的地方主义精神的感染。由于同样的原因，他们希望美国化。他们宁愿承受着相当大的烦恼，也不愿回到原来的地方去。他们主要关心在他们的廉租房、小巷、工厂和街道发生的事情。假如一个"受过训练的大脑"，比如像作家一样，都无法清楚地从这些文章中辨识出美国化究竟意味着什么，那么，那些全神贯注于地方性的人并不努力地发现更多与此相关的东西，可能就是情有可原的了。当然，人们说美国化体现在学习一门像英语那么奇怪的语言上面。不过，或许他们太忙于生产美语而没有时间学习英语。

不管怎样，强调美国精神的社论与强调地方利益的新闻栏目形成特别强烈的对比。唯一看来是"全国范围"的东西，就是高生活成本、禁令和对地方主义的投入。一份刚刚传到北京的太平洋沿岸的报纸，在其头版上刊登了总统威尔逊(Wilson)和国务卿兰辛(Lansing)之间关于后者辞职的信件。毫无疑问，在伦敦，新闻是最重要的东西。旧金山的编辑是个好记者，他并没有忠实地刊登整个信件内容。但是，这与一个以头版头条、空格和社论形式出现的地方报纸的移植和拼凑案例(graft case)相比，则完全相形失色。

这里的评价不是抱怨，而不过是一个几乎在美国的任何城市都很容易得到验证的事实记录。编者无疑同情读者大众的感受：国内的公民改革比华盛顿的内阁变革更为重要；对"家乡"来说，且很可能对祖国——祖国(country)，提醒你一下，不是民族(nation)，更不是国家(state)，当然更重要。因为祖国是弥漫着地方性的地方，而国家则存在于华盛顿和政府的其他位置中。

亨利·亚当斯(Henry Adams)在某个地方说过，历史事实上是对形式上统 14
一、实际上多元化这一原则所取得的胜利的记录。形式上法律性的统一越广，地方上人民的生活就越紧张。南方分裂国家的做法被击败后，它甚至比北方更加多元化；而且，美国向西海岸的扩展，使得新英格兰变成了一个具有更少排外性的同样的新英格兰，创造出了一个独一无二的纽约、一个簇拥着华尔街的纽约。

当我们拥有了世界上的一个联邦国家，地方主义无疑将走向末日——直到我们与其他星球结成联盟的时候。然而，有一些人却害怕国际主义会威胁地方的独立和多元化！

然而，我并非企图写一篇政治性的专题论文。这些评论是针对我国的文学事业的，它们或许能够说明为什么报纸是我们已经有所成就的唯一真正受欢迎的文学形式。报纸还没有为地方主义感到羞愧。它一直为它得意，可能说“沉迷”更确切。我并不想论证它是一种高级的文学，或算是一种好的文学，即使从它自己的视角出发。然而，它是持久成功的传奇和戏剧，在诸多文学作品中，还没有什么其他形式能达到这一点。

像通常一样，例外证明了事实。成千上万——不，上百万发行的期刊，都宣称自己是国家性的而不是地方性的，即使其所刊登的事件仅限于发生在纽约。这种看上去的例外可以被这样一个简单的事实说明，即在美国，各地区是通过铁路和公路连接起来的，许多乘客坐着火车和汽车从一个地方到另一个地方。大量的人口经常流动，就目前而言，他们不是地方主义者，也不是国家主义者，而仅仅是其所是——乘客。因此，S－E－P－[①]和一些其他刊物显然就是为这种中间存在状态而设计的。此外，即使驾驶汽车的逃亡者，也得有关于其汽车的广告和图片。什么造就了所有这些刊物？回答这个问题的人将会是美国文学方面的最终权威。我推测是刹车手、火车搬运工或是那些清理街车的人延续了它们，这有待进一步调查。

作为文学，现在使这些刊物多少显得有些薄弱的地方（即使它们为那些从一
15 个地方到另一个地方尚在路途中的人提供令人兴奋的读物），是它们必须彻底清除地方性。它们靠那些从某个地方出来但却尚未抵达另一个地方的人而生存。它们既不可能有深度，也不可能有高度——除了运动，什么都没有。带走美国所有的地方性，提取其最大的共同点，结果必然是一个看似热闹的表象。国家越大，越多元化，其纯产物就越单薄。

这难道不也解释了自从“严肃”小说产生以来，它的相对稀少和相对失败吗？它旨在达到普及性和拥有自己的表现手法。沃尔特·惠特曼（Walt Whitman）穷尽了所有的地方志，但这位小说家还是没能挖掘出某些地方名表上提到的东

① 这可能是杜威或者《日晷》杂志编辑对《周六晚报》（*Saturday Evening Post*）的首位字母缩写，后来在《人物与事件》重新发表时给出了说明。——译者

西，直到他猛然意识到一些事情。短篇小说家们已经做了一些工作，但还是似乎没有超出所谓的地方色彩。而一种地方性表现在三个方面。它有一个背景，也有若干延伸。我虽然很多年没有读过玛丽·威尔金斯(Mary Wilkins)关于新英格兰生活的故事，但当我想要找回那种生活的各种感受的时候，却只想到它们。它们对地方性的忠诚无法用喜爱来言表，只是缺乏生活背景。

把奥本海姆(Oppenheim)先生的一句话颠倒过来说，即故事中的人物都很有性格，只是缺乏表达这些性格的行为方式；行为方式是人物与社会环境相互作用的产物，背景、传统和统治者的血统是社会环境的一个组成部分。而在玛丽·威尔金斯的故事中，诸如她在新英格兰所描绘的，传统即人物，它们已根深蒂固。没有任何他们可以相互作用的背景，而只有其他一些人物、光秃秃的小山、森林和田野。所有的事物，人与自然，就像哲学家们说的，都存在于永恒的形式之下。像麦基洗德[①]一样，他们既没有祖先，也没有后裔——除了上帝和魔鬼之外。布雷·哈特(Bret Harte)和马克·吐温(Mark Twain)的故事都有层次以及色彩。但布雷·哈特由于缺乏合适的读者，因而从来没有获得足够的影响力；马克·吐温者来到东方的时候才有读者，但却是局外人，他压制自己以免对此过分吃惊。他自己的真正的地方性，不可能毫无保留地投影于东方的地方性上。他相信自己的故事具有地方性，但更相信自己的读者。

我们发现，地方性是唯一的普遍性。即使是太阳和星星，也有它们出没的时 16
间和地点。这一真理首先是以抽象的形式或作为理念被发现的。然后，正如奥本海姆先生在二月份的《日晷》上指出的，他的发现创造了一种新的诗歌——至少我敢于这样冒昧地诠释他。当这一发现深入一些以后，小说家和剧作家们就会发现美国地方性的本来面目，就不会需要担心美国艺术的未来了。我们一直很渴望离家出走，自然地，那会带我们走到欧洲，即使我们想象我们是在周游美洲。当我们认真考察我们的邻国及其民众而不只是它的文字和肤色，我们就会找到我们所追求的。这种探索精神是在批评和同情的惊醒中开始的。天晓得批评有这么多。人们渴望的那种艺术不可能长久的，因为只要我们在家里呆一段时间，很快就会产生同情感(sympathy)。而且，尽管有汽车，经常搬家也越来越困难。到处塞满了东西——而且，无论如何，我们只是搬到另一个地方。

---

① 麦基洗德(Melchizedek)，圣经中的撒冷王，意指平安。——译者

保守派运动是如何发挥作用的[①]

17 仅仅处在从一个经济时代到另一个经济时代的过渡时期，自由才是可能的吗？仅是由于旧的经济关系变得松散，它才会蓬勃发展吗？而且，只要新的经济体制还未巩固下来，它就会持续发展吗？民主运动、自由运动——或者无论它该取什么名字——都不是一种全面的、本质上的稳定发展，而只是一段从农业封建主义向特权资本主义统治转换的临时插曲吗？

五年前，这些问题在大多数人看来似乎很荒唐，特别是在中产阶级眼里。今天，同样还是这些问题，尽管形式当然已经不那么抽象了，却受到这一群体中越来越多人的欣赏。他们在思想上一直以某种方式承认，自由的代价是永远保持警惕心。不过，他们认为，警惕心应该用来保持道路的畅通，阻止和消除各种在运动过程中使兴趣不断衰落的障碍。今天，他们想知道在改变决定社会方向的条件的情况下，是否不必再保持捍卫自由的警惕心。他们关注的，不是阻碍民主进程的东西，而是民主的基础。

对性情上越来越多的变化进行思考，多少可以解释一些复古主义(reactionaryism)与社会进步的关系问题。有一个普遍的信念从历史上看，据说是有道理的，即从长远来看，所展现的每一个反动的保守主义（比如自 1918 年 11 月 11 日以来，我们在美国所经历的）都是以加强了进步而结束的，但却似乎并没有说明保守主义是如何起作用的。如果这一过程的奥秘可能被揭晓的话，

① 首次发表于《新共和》，第 24 期(1920 年)，第 21—22 页；重新发表于约瑟夫·拉特纳编，《人物与事件》，1929 年，第 2 卷，第 815—819 页。

没有什么东西是从历史中学来的说法可能将不再是真理。当然,如果说一个社 18
会运动走到极端的时候,最终总是会唤起其他方向的力量,有激进的力量,也有保守的力量,这并没有什么启发意义。现在的问题是一个具体的事实,即保守力量是如何释放进步力量的?

回答这个问题,只有依靠在人类心理学知识的指导下对历史的仔细研究。但是,可以大胆地提出一个假设,即保守势力是通过阐明有争议的问题,展示不清楚的事实和揭露隐藏的力量而起到促进作用的。历史本身会欺骗观念,使其认为压迫自身会激起对自由的热爱。奴役中最糟糕的形式,是它使被压迫者满足于被奴役。它使得人们对其他的事物状态感觉麻木,破坏了变化所需要的力量源泉。将压迫与自由的关系应用于政治中,作用和反作用相等的自然规律就是要用愚蠢而神奇的公式来欺骗我们自己。保守主义的作用表现在它能唤醒人们的心灵,使他们看到之前没有看到的东西并集中注意力。保守势力的根源依赖于人类的愚蠢所带来的极大的惰性。而保守势力蠢就蠢在:在每个重要关头,他们都努力采取一些行动来巩固自己的地位;这些行动迫使人们注意到他极力想掩盖的事实,他做的事情会遏制那些力量,而只有当这些力量仍然四处扩散并模糊不清的时候,才有利于他们。

神灵们折磨那些它们打算毁灭的人的疯狂做法,确切地说,就是引诱他们利用临时拥有的策略性力量使得这种力量永久化。在这一努力中,他们必然会夸大以前存在但却被人们所容忍的弊端,以前人们容忍的部分原因是他们没有感受到这些弊端,部分原因则是这些弊端尚未变得不可容忍。过分的夸大,使得弊端变得明显而突出;并使人们相信,那些弊端一直以他们当前夸大的那种强烈的形式存在着,从而为以往那些没有受到重视的批判增添了力量。

和平解决的条款,例如,强调英国希望获得石油垄断权,法国希望长期支配
德国工业,这样的一些条款在表面上明显旨在说服众人相信他们从来没有相信 19
过的事情,即战争的主要原因即使不是唯一的原因,是为了获得经济上的控制权,而大多关于正义和自决的言论纯属无稽之谈。民众没有办法作出区分。他们不能反思到,战争的结果夸大了某些经济因素的重要性,并把少数人置于这样的地位上:在此,他们可能对这种夸大进行了过度的、不间断的肯定。其结果被用来解释事情的前期状态,并得出结论:这些力量一直在以同样强烈的方式发挥着作用。

他们确实发挥着有力的作用。但是，他们继续发挥作用的条件是不应该加强和集中的，而应该是分散的，因而与许多真正理想的因素密切相关。他们的夸大其词浓缩、集中并使得这些因素变得明确起来，这样做的结果使所有对于顺利工作不可缺少的人们的合作变得赤裸裸。与此同时，数百万的人们被引诱着相信激进的极端分子曾说过的最糟糕的社会经济决定论。保守派，不是社会主义批评家，已经提出了政治应与对土地及其自然资源享有的特权结合起来的教训。

保守派发挥作用的另一条途径，是无偿地为激进主义作宣传。这使我们明白，为什么他们所使用的斥责和蔑视的术语反而成了一些党派和运动的光荣称号。现实中的布尔什维克主义，并不是美国保守主义者们创造的，这并非是他们的错。因为如果条件在根本上是有利的，关于非凡能力的神话和极端赤色分子的不断活动，实际上就会停止。哪里有这种恐惧，哪里就一定会有某种令人害怕的东西。同样，那种将一切背离现存资本主义中受到赞扬和承认的东西解释为险恶的激进主义的努力，只有在激进主义被看作是值得尊重和光荣的时候才会停止。除了作为一个激进主义者，那些对现存制度完全不满的、诚实而有气魄的人将羞于自称另类。已经有迹象表明，自由主义将会作为一个毫无意义的术语被回避。在历史上，每一次激烈的保守派运动结束的时候，那些已经成为行动标准的思想和讨论的陈词滥调都已经走偏了。恶习并不是因为熟悉而变得可以忍受的唯一的东西。如果保守派是聪明的，他们就会让自己所不喜欢的思想继续保持模糊和难以言说的神秘，从而显示出其对自身的实力有信心。太多的鬼话引发了见鬼的渴望，直到最后，人们甚至愿意掏大笔的钱来弄明白那些曾经引起恐慌的精灵。

保守派还通过迫使激进派放弃他们梦想的神仙乐土而更紧密地把握现实来发挥作用。只要“科学的”社会主义还靠48年的革命规则来维持，它就落后或超越了那个时代75年。在美国，肯定接触不到他们。但是，当保留着保守的资本主义的德国黑森州的人发现，这些言论在他们那里蓬勃发展，引起了他们足够的重视，以致把那些沉迷其中的人投入监狱的时候，就等于发出了一个信号，即表明人们已不再需要在千年的梦想中去寻找慰藉了。当前个别的经济转型的事实，被世界普遍转型的预言性的希望取代了。释梦心理学总是无能的证明，但从梦中醒来的人则得面对现实，采取行动。

因为保守派的暴力行为预示了实际的趋势，它揭示了现实的社会力量的运动。只要社会主义接受马克思主义关于突然革命的理论(突然革命是全世界劳动者普遍的苦难、贫困和弱势地位的结果),它实际上就可以被忽视。每一个这样的理论都反映了一种补偿心理。这是弱势地位的证明。任何真正的"革命"都将来自影响力,来自得到提高的能力和地位的影响力。战争给予劳动人民的,正是这种影响力。然而,它也可能,至少在美国,基本上仍然没有被意识到和集中起来,随时会被无法避免的艰难岁月和失业的到来冲散,如果不是保守派迫使劳动者意识到的话。保守派由于害怕而采取的不理智的暴力行为,反而显示了劳动人民的力量就在那里。劳动人民也许从来都没有完全忘记其所受到的有关潜能的教导。正是保守派发出了预言,该预言是出于他们对劳动人民的现实运动的恐惧感。因此,他(们)反倒帮助了劳动者。他(们)努力推行愚民政策,却反倒启蒙了大众。在即将成为过去的这个时代里,他们成功过;也存在着某个阶段,
一种模糊而神秘的不确定的恐怖感攫取了人们的心灵,在此期间,保守派掌控了 21
一切。被这种成功弄晕了头,他(们)的行为声响很大,意图显而易见。他(们)将民众的注意力从恐惧感转移到自己身上。神秘感褪去了,事物以其自然面貌再次呈现在民众面前。讨论和自由言论受到压制,但镇压的手段却使它们比正常的讨论和自由言论更具启蒙性。胆小的人已经被吓得长期缄默不语,但无论如何,他们也可算作一种被动的力量。压制真理、散播谎言的做法,长期歪曲了一些事实。但是,只要有进步,损失就通过动机和目的被揭露补偿回来了,而保守派则为此永远削弱了自己的力量。因此,保守派的做法适得其反。

学潮的结局[1]

22 正如我所记录的，11 月下旬在福州发生的中日冲突（几个中国学生在冲突中失去了生命，这是在其他国家的妥协退让下，日本海军在这个中国城市登陆的结果），激起了中国人的民族感情，这种感情在去年 5 月也曾被激起过。学生们再次进行公开的示威游行，并与中国商会联合起来，要求民众停止一切与日本之间的社会和经济往来，直到后者改变他们的做法。行将结束的抵制日货行动又重新开始了。他们要求政府宣布不与日本进行经济往来的政策，并对涉日进出口货物实行禁运，直到日本从根本上改变其方针。其结局无法预料。悲观主义者宣称，日本正在利用地理位置将福建直接纳入其势力范围——这是在《二十一条》[2]里已经反映出来的企图，只是被暂时搁置了。

严格来说，中国没有乐观主义者，但稍微乐观一点的人断言，在目前的状况下，由于山东问题还悬而未决，联盟[3]与满洲的关系尚在讨论中，还有敏感的西伯利亚问题这个烫手山芋，日本政府不会再想招惹更多的麻烦了——特别是整个世界的目光都在盯着它，美国参议院尤其如此。悲观主义者反驳说，恰恰是美国在中国日益扩大的影响和特权，迫使日本军国主义采取侵略手段进行扩张，让

---

① 首次发表于《新共和》，第 21 期（1920 年），第 380—382 页。

② 1915 年 1 月 18 日，日本驻华公使日置益晋见袁世凯，递交了二十一条要求的文件，[illegible]中国的领土、政治、军事及财政等都置于日本的控制之下，并要求袁政府“绝对保密，尽速答复[illegible]条款也称《中日二十一条》。——译者

③ 联盟（Consortium），美国竭力维护门户开放政策，从而导致 1901 年国际银行联盟的形成，并为[illegible]国的所有铁路提供贷款。后来，美国在 1913 年以中国政府管制权的完整性遭到破坏为由退出了联盟，它从而变成为其他国家对中国的各种资源进行操控的一个平台。——译者

世界不得不面对一个既成的事实；然后，日本将利用这种困境，要挟中国政府彻
底制止抵制日货运动。日军一旦踏上了中国的领土，就再也不会撤回，而现在的 23
福建正在步满洲和山东之后尘。

也许最为险恶的是来自东京的半官方报道：骚乱是中国蓄意发动的，是为了迫使日本派兵占领，从而增加整个世界现已存在的对日本的偏见。美国领事馆的官方报道赞同中方的说法，即手无寸铁的中国学生遭到了全副武装的日本人和台湾人的攻击，这从表面看来至少是在日本地方当局的纵容下进行的一场有计划、有组织的行动。根据以往的经验判断，首要目的不会是立即将福建省纳入日本，而是通过注入一股不可忽视的力量使对方“妥协”，从而加强日本在其他争端中的掌控。这就是东方人的外交手段。正如我所记载的，在一段时间的沉寂以后，大约一万名北京学生的聚众游行，提供了一个很好的机会来盘点六个月的学生运动的成就。

作为一场历时短暂的政治运动，除了阻止中国签署和平条约之外，它并没有什么成果。回想起来，政治上相对失败的原因并不难弄清，但在去年五六月间那种激动和愤怒的情况下则很难认识到。学生的年轻和缺乏经验；对消除已经实施的措施的过分担心；在运动的发起地北京，担心政府官员（他们并不把运动看成是爱国的，反而把它视为会导致布尔什维克主义瘟疫般的骚乱）将会以游行为借口，取消作为自由思想中心的大学和高校；同商会继续保持有组织的合作的困难；危机过后，激情的自然消退；所有这些因素，一起造成了失败。

但是，如果认为学生运动就这样消亡了，那将是一个极大的错误。其积极的
方面，从反对政治和军事大国的破坏转到了别的方面。它卷入了许多方面，现在
正影响着中国的知识分子和工业界。在广州和福州，经济上抵制日货的运动仍
然非常积极；在天津，政治运动还保留着其活力。除此以外，学生组织已经进入 24
当前的教育、社会的慈善事业，并引起了知识分子的热烈讨论。中国人对政府的问题从来都是无动于衷的。学潮只在表面上标志着暂时的异常。令人绝望的政治混乱、官员腐败和各省军事首脑控制政局，足以让年轻人远离直接的政治。另外，一种共同的认知也在发挥着作用，即辛亥革命的相对不成功是由于这样的事实：政治变革超越了知识上和道德上的准备；这种政治革命是形式上的、外部的；在名义上的政府革命兑现之前，需要有理智的革命。中国人的爱国主义，集中表现在保卫自己的国家不受外国的侵略。参加学潮的学生们认为，最好是通过中

国的国内建设来捍卫国家的存在，包括普及民主的教育，提高人民的生活水平，改善工业和消除贫困。

这场运动的外部表现，集中在创办那些学生支持并可以进行教学的新式学校，为儿童和成年人开办学校；大众演讲和进行直接的“社会服务”活动；与商店合作，提供技术咨询和专业援助，以改善旧的经营模式，引进新的技艺。这些活动使得知识分子的运动不再远离一切实际事务，远离政治，从而防止它成为文化和文学的附带品。

所谓的文学革命是在学潮爆发前进行的，其目的是对在书籍、杂志、报纸和公众讨论中使用的语言进行改革。外界的人会匆忙地断定，这意味着试图鼓励以表音的汉字替代表意的，其实根本不是这么回事。有一种运动是以音符补充形符来表达它的发音，其目的是使其发音非常规范，以便更容易读会它。但是，这个运动并没有像文学革命那样引起如此大的兴趣和激情，后者试图使口语成为标准的出版印刷语言。用于写作的中文是远离乡土气息的，就像拉丁语之于英语，也许程度还要深一些。两千年前就是如此，现在不过是经过修饰并固定了
25 而已。要学会它，就等于是学会另一种语言。驱使改革者们进行改革的原因，除了掌握表意文字的困难之外，小学生们还被迫学习一门外语来获得教育，这使得实际上不可能真正普及教育。改革者们甚至更多是受这样一种信念驱动：除非口语，即群众语言被使用，否则不可能形成一种表现当今生活的文学。除了使用和丰富这种粗俗的语言，根本就不可能展开对当今的社会、道德和经济问题的普遍讨论。

幸运的是，这场新运动是“被其可爱的敌人所宣扬”的。古典文学家们看到了它对中国赖以建立的旧道德经典的致命打击。他们认为，中国的历史就是其文学经典的历史，它的统一建立在对它们所体现的道德传统的接受上。忽视传统就是毁灭中国。新运动笼统地将保守派和自由派合二为一，即将旧传统的代表和西方观念与民主制度的代表合二为一。年轻的中国团结得像一个人一样，支持文学革命。然而，据说两年前还只有一两家杂志在尝试性地使用通俗语言，今天却已超过了 300 家。自去年 5 月以来，学生们已经创办了几十种刊物，都使用口语和普通人能看懂的文字讨论事情。在北京一家资格较老的中文日报专栏里，近来刊登了由一群义务通讯员写的、关于在口头演讲中自由使用单个小品词的讨论，这一讨论已达洋洋数万言。

那些知道从文言文到白话文的转变对于从中世纪过渡到现代欧洲的转换意
味着什么的人，不会小瞧这个体现在语言符号上的社会变革。它比颁布新宪法
还重要得多。中国的保守主义既非本土的，也非自然出现的。它主要是一个呆
板的、死记硬背的教育体制的产物。这种教育植根于用一种僵死的语言作为教
学手段。10月份举行的一次全国教育工作会议最后通过了一项决议，赞成从那
以后的所有教科书都要用口语来编写。这种做法经过一代人的遵循之后，那些 26
明智的历史学家可能会把它看作是一次比满清王朝覆灭更加重要的事件。

根据出版了的摘要来说，那些新杂志上最重要的是一些社会问题。集中讨论经济和劳工问题有力地证明了新发现的世界的统一，这种现象在中国本土还没有以突出的形式存在。尽管马克思的理论并不比柏拉图的理论更切合中国当前的工业形势，但它还是被翻译过来并受到了广泛的讨论。所有的新“主义”都被论说到了。理想的无政府主义拥有众多的追随者，部分是因为中国人在历史上一向轻视政府，部分是受到在巴黎接触到共产主义思想的留法归国学生的影响。一个大约对50个学生报纸做过仔细研究的朋友说，这些学生们的特点，首先是问题很多，其次是要求完全的言论自由，以便可以找到那些问题的答案。

在一个一贯相信权威式的教条并且自鸣得意的国度里，怀疑的流行预示着一个新时代的到来。西方人难以意识到，东方对西方的兴趣只在于欧洲和美国的物质进步，在于工业机器和战争武器的方面；而在其他方面，没有人认为西方更具有优势。只是在最近的一两年里，人们才普遍地认识到，西方的观念和思维模式比西方的战舰和蒸汽机更加重要。这种信念集中体现在学生运动中的理智那一面，不过，它对西方观念并没有产生任何巨大的热情，而只是期望那样的知识将有助于讨论和批判典型的中国教条和制度。众多事件中的一个就足以说明，对思想和言论自由的要求具有一定的现实的指向。中国承袭了日本从德国借鉴来的集会法。一个论坛俱乐部向北京警察当局申请许可证，说它成立的目的是去思考当今世界新的思想潮流。然而，当局拒绝发放许可证，理由是较新的潮流必然意味着布尔什维克主义、无政府主义和共产主义，而思考这些话题是危险的。

情况总是这样，官方的反对会激起思想的运动。内外夹击的恐怖专制氛围 27
使人忍无可忍，燃起了人们对新思想的渴望。对西方国家自由思想的渴望越来
越强烈，如同东京和北京即将到手的权力似乎象征着一个对这个世界而言已经

过时的理智信条一样。所谓的政治革命越是显得失败，对知识革命的要求就越积极，后者将使一些未来的政治革命成为现实。随着时间的流逝，学潮中最引人注目的是它的自发性。学生们遇到了来自各方面的挫折，甚至留美归国学生中的老师和顾问也开始倾向于打消他们的热情。它的自发性证明了其真正不可避免的性质。当大多数政治都表现为公开表达的时候，它不属于一种政治运动，而是体现了一种新的意识、一种年轻人和年轻妇女们在文化上的觉醒，这些人通过他们的学业被唤起了对一种新的信念秩序、新的思维方法的需要。无论该运动的外在形式怎么改变或趋于崩溃，其实际内容都是会继续下去的。

山东：从内部看[①]

I

替和平条约中涉及中国的部分作辩护的美国人，容易产生距离的幻象。大 28
部分论据在那些即使在中国只住过几个月的人看来都很奇怪。他们发现，在场的日本人相信的是旧说法：领土是靠消耗财富和流血牺牲而得来的。他们从日本报纸上读到，从那些较为开明的日本人那里听说，日本必须像保护日本一样来保护中国，以对抗其自身软弱或腐败的政府；通过保持对山东的控制权，从而防止中国再次将那片领土让与别的国家。

欧洲在中国的侵略史使这一说法在日本人中有着极大的说服力，其实，大多数日本人对中国实际发生的事情的了解，并不比他们过去对朝鲜局势的了解更多。这些想法，加上战争期间在日本人中唤起的有关统治远东的巨大期望，以及凡尔赛会议期间日本激昂的公众舆论所坚持要求的实际上已成为既定事实的安排，对于频频作出的可以相信日本会履行诺言的主张，给予了讽刺性的一击。是的，有人常常忍不住要说，日本会履行她的诺言，这恰恰是中国所害怕的，因为那样中国就完蛋了。对于一个了解外国对中国的侵略史，尤其是其利用铁路和金融作为侵略手段的人来说，承诺归还主权的同时却保有经济控制权的讽刺如此一目了然，已经不再是一个讽刺了。在如此状态下，主权对于中国，就像一套银

① 首次发表于《新共和》，第 21 期（1920 年），第 12—17 页；修改并重新发表于《中国、日本和美国》（*China, Japan and the U. S. A.*），纽约：共和出版公司，1921 年，第 9—21 页。

29 盘上奉送的康德的纯粹理性批判一样，是纯粹形式化的东西。

访问山东并在其省会济南作了短期居留，使我得出了这样的结论；据我所知，在中国的每一个外国人都会得出同样真实的结论。它提供了一幅经济的、政治的权利以许多隐蔽的方式不可分割地纠缠在一起的生动画面。它让一个人重新认识到，只有一个在战争期间对任何秘密条约都不了解的总统，才会足够天真地相信，答应归还完整主权而仅保留经济权利是一个令人满意的解决办法。它鲜明地表达了这样的观点：在最坏的情况下，日本最多只是接替了德国的权利；而且，既然我们曾经默许了后者的强占，就没有必要对日本的做法大惊小怪。它揭示了这样一个断言的虚伪性，即亲中的宣传刻意误导了美国人，让他们搞不清青岛港周围几百平方英里的土地与有着三千多万人口的山东省的关系。

对于德国和日本之间进行的比较，人们可能会猜想美国名义上参战的目的无论如何都非常重要。但是，除了这种想法，德国人在铁路企业以及铁路中不重要的职位中专门雇佣中国人。铁路警察（在中国，警察和士兵之间的区别只是名义上的）均是中国人，德国人只不过是培训他们。而日本侵略山东并接管铁路以后，中国工人和中国军警立即被解雇，日本人接替了他们的位置。济南府，前德国铁路的内陆总站，离青岛有两百多英里。在日本人接管德国铁路商务办之后，他们马上建造了营房，现在还有几百名士兵在那里——而德国从未在此驻扎过军队。自停战以来，日本在守备军的驻地设立了强大的军事无线电网，全然不顾中国当局的徒劳抗议。如今，再也找不到一个外国人会说德国利用其港口和铁路所有权来歧视其他国家，也找不到一个中国人会说德国利用这种所有权迫使
30 中国人置身事外，或扩展条约中明确规定的德国的经济权力。常识应该教导那些即使是得到最高报酬的美国鼓吹者，从中国的立场看，来自一个在地球另一半的国家的威胁，与来自一个只有两天内海航行路程（这些内海又都绝对地被外国的海军控制着）国家的威胁之间，有着巨大的差别，特别是那个遥远的国家没有别的立足之地，而邻近的那个国家却已经额外控制了有着巨大的战略意义和经济价值的国土——那就是满洲。

这些事实反映了青岛权利和山东权利之间的模糊差别，也反映了德日占领之间的真正不同。如果说在日本对青岛港的占有与对山东省的篡夺之间似乎还有一层薄薄的屏障，那么，只要济南府的火车改道，就足以使得那层屏障坍塌，因为日本占领军的无线电和营房是首先映入你眼帘的东西。在途经重要的中心城

市天津，连接上海与首都北京的数百英里①的铁路范围内，你会看到，日本士兵们站在名义上还属于中国的街道上守卫着他们的营房。然后，你会了解到，如果你走在开往青岛的前德国铁路上，你将被责令出示通行证，就好像你在进入别的国家。而当你沿着公路行走（记住，你从青岛出发走了两百多英里），在每一个车站，你都会发现日本士兵。在那条交通线上的一些重要城镇，还有几个守备部队和营房。于是，你会意识到，也许在最短的时间内，日本就可能切断中国南部（连同富饶的长江流域）与首都之间的一切通讯联系，并在位于首都北部的南满铁路的帮助下，控制整个海岸，从而对北京任意妄为。

之后，你会亲眼看到，当日本将其《二十一条》强加于中国的时候，机枪实际上已经部署在战略要点的位置上，整个山东的战壕已经挖好，沙袋已经码好。你知道，一位日本自由主义者会说出实情，他说，他访问中国回去后会抗议其政府的行为，日本已经对中国实行了这样的军事控制，从而使得他们可以在发生战争时的一周之内用最小规模的战斗就掌控这个国家。当你回想起他还曾告诉过 31
你，在他访问期间，这些事是真的，那时是在寺内（Terauchi）内阁的统治之下；但在如今的伊藤博文当局（Hara ministry）统治下，这些情况被完全颠倒过来了，你就会认识到官方对信息和国内宣传的有效控制。由于我还没有找到一个弄明白他们的政策差异的外国人或中国人，除了战争的结局迫使他们必须更为谨慎之外，现在其他国家都看得出中国处于被人控制的状态了，这是他们在战争期间没能看出来的。

一个美国人能够想象到当前的现实形势。你可以设想一下：在美国的威尔明顿②，有一股外国守备军和一些军用无线电网，从那里通往要塞港的铁路被外国武力所控制，从而外国可以不遇抵抗地登陆部队，就像运输部队那样快速；他们还可以在威尔明顿、要塞港和沿线几个地方，设置供应弹药、食品、服装等基地。我们将南北方向颠倒一下：威尔明顿相当于济南府，上海相当于纽约，南京相当于费城，北京相当于华盛顿政府的位置，天津相当于巴尔的摩。我们再设想一下，宾夕法尼亚州的公路是华盛顿和主要的商业与工业中心取得联系的唯一途径，你就有了山东局势的框架了，就像它天天展现给中国居民的一样。不过，

① 原文是英尺（feet），可能是英里（miles）的笔误。——译者

② 威尔明顿（Wilmington），美国城市名。——译者

第二种设想比较起来，不那么准确。你必须补充的是，同一个外国也控制了所有海岸线的交通联系，就是说，从罗利市向南，通往附近的海岸和新奥尔良的铁路线。因为(还是颠倒方向)这相当于日本帝国在满洲的地位，它有通往大连的铁路，而且航行 12 个小时就可从日本本土一个庞大的军事中心穿过朝鲜通向某个港口。这些并不是遥远的和模糊的预言，而是既成的事实。

然而，这些事实仅仅给出了当前中国局势的概况。山东境内究竟发生了什么?《二十一条》里“延期”执行的一组条款是：日本应为中国提供军事和警察顾问。它们并没被怎么延期，而是为了恢复此事的讨论，战争期间，日本通过外交上的威胁，迫使中国作出了一些具体的让步，或者说，所谓的延期就是日本顾问
32 还没有安插进济南市的警备司令部。济南是山东的省会，有 30 万人口。它是召开省级大会和省属官员居住的地方。近几个月，日本领事去拜访山东省省长，向他提一些要求的时候，随身带了一群全副武装的士兵。这次拜访不时地被这些士兵对省府衙门耀武扬威式的包围所打断。在过去的几个星期里，当日本官员要求省长采取极端的手段镇压抵制日货运动的时候，两百名骑兵来到济南并驻扎在那里；如果该要求得不到满足，他们威胁要派日本军队巡查外国租界。

一名前领事非常无礼地写道：如果那位中国省长不用武力(如何需要)制止抵制日货行动和学生运动的话，他将惹事上身。他强加给中国人的明确指控，主要是根据他那所谓的“保护”要求，即中国商店拒绝接受使用日本的货币买东西。这不是普通的日本货币，而是军用钞票，这种军用钞票是用来支付给在中国的占领军的，从而可以防止储备的金条被耗光。而所有的占领军，如果你还记得，距青岛只有两百多英里，是停战后八到十二个月开进去的。今天的报纸报道了日本人对那位省长的造访，要求他阻止济南学生组织的一场非官方的戏剧演出，否则将派遣部队进来保护自己；而他们要寻求保护的事情，不过就是学生们将演出一些用来鼓动抵制日货行动的戏剧!

日军占领了山东省，然后想方设法想要夺取青岛。说他们在攻占德国的青岛之前就“攻占”了中国的济南，这只是稍有夸张而已。美国的宣传给予了这一行动以合法性，理由是德国的铁路对日军的后方将是一个威胁。由于没有军队，只有法律和外交文件，用以攻击日本的这一推论就是公正的，即“威胁”是针对凡尔赛宫而非山东省的，而且是出于对中国管理自己的地域将出现的危险的关心。
33 中国人在济南被日本宪兵拘捕并遭受令人痛苦的刑讯，其严重程度是朝鲜人熟

悉得作呕的。日本人声称那些人是因拒捕而受伤的。鉴于拘捕他们在法律上的依据并不比假如日本警方在纽约拘捕美国人更多，因此几乎任何人都会反抗，除了最爱好和平的中国人。而官方医院的报告证实了是刺刀伤口和鞭打造成的伤痕。在内部，日本人已被一个学生的传闻搞得很不安，传闻说他们突击搜查了一所高中，随意抓了一个男孩，把他带到一个偏远的地方，拘留了几天。当中国官员在济南找到日本领事抗议这种非法逮捕的时候，该领事否认此事在他们的管辖权限以内。他说，此事的责任完全在青岛军政当局。一些遭绑架的中国人被送到青岛接受“审判”的事实，印证了他的免责声明。

本文的第二部分将讨论与政治统治有关的经济权利问题。对于那些结交了许多友好的日本朋友，并且钦佩与军事和官僚统治阶级截然不同的日本人民的人来说，上述事实的报道是令他们不快的。他们几乎可能明确地从日本的立场出发，说在过去的六年中，日本对中国的政策最该受到指责的、干得最糟糕的事情是其不可估量的愚蠢。任何一个国家都不曾像日本对中国那样，错误地估计他国人民的民族心理。中国的被疏远感是十分普遍、深重而强烈的。就算没有外力干预，即使是那些认为中国将遭受日本全面的经济和政治统治的最悲观的中国人，也不认为这种统治会持续半个多世纪。

今天，新年伊始(1920 年)，抵制日货的行动比去年夏天最紧张的那些日子全面和有效多了。不幸的是，日本的政策似乎真的在走向希腊的命运。一年前在有利于日本的情况下引起突变情绪的那些让步，现在仅仅是在涂抹伤口的表
面。即使八个月前会到欢迎的东西，现在也会受到鄙视。现在，日本只有通过一 34
种方式才能恢复自己，那就是完全撤出山东，尽可能拿到在青岛的严格意义上的商业特许权，以及真正的而非像满洲里那样的门户开放权。

据日本在济南自办的报纸刊载，日本驻青岛的军事指挥官最近与来自东京的访问记者进行了一番谈话，其中提到：

> 中国的疑虑现在不能只靠重复我们对中国没有领土野心得以扫除。我们一定要完全取得远东地区的经济控制权。但是，如果不改善中日关系，某些第三方将坐收渔翁之利。居住在中国的日本人招致了中国人的仇恨，因为他们视自己为值得骄傲的、来自征服国的公民。日中双方进入合作伙伴关系后，这些日本人在很多事情上想方设法为自己牟取利益。如果中日友

> 善完全依赖于政府，那么将会一事无成。外交家、士兵、商人、记者都应该为他们过去的所作所为忏悔，必须作彻底地改变。

然而，除非日本人撤出山东，如果把他们的国民像在中国的其他外国人那样留在那里，改变就不会彻底。

II

论及日本归还中国形式上的主权却仍保有经济权利的问题，我不再重复德国条约里诸如铁路和矿山权利的细节。读者应该熟悉这些事实。德国人的抢夺是骇人听闻的，这是一个臭名昭著的“强权即公理”的事件。正如冯·布洛（von Buelow）尖刻而坦率地对德国国会所说的，德国无意瓜分中国，同时也不想充当错过这趟列车的乘客。德国从欧洲先前的侵略那里找到了借口，反过来，它的侵占则成了外国进一步瓜分中国的先例。如果是根据一种比较的基础来下判断，那么，日本就能够得到全面的粉饰，因为它可以从欧洲帝国主义列强——包括那些在国内政策上是民主制度的列强——的挑衅中找到借口。每一个正直的人都
35 会认识到，如果不考虑中国的立场，日中领土的邻近使日本得以使它的侵略带有自卫的色彩，而任何欧洲大国都不可能用这种方式来予以强调。

可以把欧洲对非洲等地的侵略看作是殖民化运动的事件。但是，在亚洲，任何外交政策都不能用殖民化的诉求来给自己作辩护。实际上，亚洲大陆就是印度和中国，它们代表着全世界两种最古老的文明，有着最密集的人口。事实上，如果说历史哲学这样的东西有其内在的必然逻辑的话，那么，一想到东西方交流的这场戏剧将如何闭幕，人们可能会不寒而栗。无论如何，聊以自慰的原因可能源于这样一个事实，即美洲大陆没有参与侵略，因此可以作为调解人来阻止那最终的悲剧；而居住在中国必然会使人认识到，将来清算历史的时候，亚洲毕竟要占很大的比例。别忘了亚洲真的就在这里。它不仅仅象征着西方的贸易数额，在未来，可以这么说，随着约占一半世界人口的民族意识的觉醒，它的意义将会重要得多。

战争期间，英法在日本问题上达成的协议代表的是西方人对于一小部分亚洲现状的认识立场，它衍生于受到其强大的海陆军支持的日本爱国主义。同一协议反映了西方人没有意识到亚洲的中国领土上的现实情形。更能体现西方人

无意识的，也许是这样一些小事件——一位长期居住在山东的英国朋友告诉我，他曾写了一封家书，信中愤怒地提到山东驻地的英国人的地位。回信来了，信中得意地称日本军舰在战争中大有作为，以致盟军找不到合适的理由来拒绝日本的要求。一般说来，西方人的意识中没有中国，秘密协议本身很难为此作辩护。在说到中国和亚洲在将来的清算中会占据相当重要的地位时，军事黄祸[①]的传言并不意味着，甚至并不比工业黄祸的传言更可信。但是，亚洲已经逐渐觉醒，并且其自我意识很快就会变得巨大而持久，以致强大到使西方自觉地意识到她的存在，且主要是出于西方的良知。对于这个事实，中国和西方世界都得感谢 36
日本。

考虑到山东的经济和政治权利的关系，这些言论似乎比它们表面看来的更有价值。因为稍作思考就会使人想起，外国对中国的所有政治侵略最后都会落实在商业和金融上，而且通常是找一些经济托辞。至于时下日本在唤起一种意识——这种意识在目前看来，将彻底改变西方列强和中国的关系——中所扮演的角色，让我们用一个小故事来验证一下吧。一些英国传教会的代表在中国参观旅游。他们走进山东的一个内陆城镇，受到所有居民特别热情的接待。一段时间后，随行的一些朋友回到那个村庄，却受到了惊人的冷遇。经询问发现，居民最初的热情是因为听说那些人是英国政府派来确保赶走日本人的，结果令他们失望了，他们感到非常愤慨。

不需要花多大力气，就可以看到这一事件的意义。一方面，说明中国从全国来说是如此无能，那几乎是难以置信的无知；另一方面，说明即使在中国偏远地区的普通老百姓中，一种新的精神也已经被唤起。我想，那些害怕或者声称害怕一个新的义和团运动或一个明确的全民反外国运动的人被误导了。这种新意识的意义要深远得多。不考虑这一点的外交政策，以及认为与中国的关系可根据以前的基础来经营的想法，会发现这种新的意识出人意料地令人迷惑。

有人可能公正地说——仍然是相对而言的公正——部分原因是日本的运气

---

① 19世纪初叶，英国学者戴维斯在其《中国人的历史》一书中，沃尔尼在《古老帝国的遗迹》，德籍英国传教士郭实拉在《中国史》中，将蒙古西征称为“中世纪最大的黄祸”。而拿破仑也曾将中国比作“东方睡狮”，暗含中国的潜在威胁的观念。后来，俄国人巴枯宁在1873年出版的《国家制度和无政府状态》一书中开始宣扬“黄祸论”；英国殖民主义者皮尔逊在《民族生活与民族性》一书中进一步作了发挥，使得“黄祸论”这种种族主义谬论基本形成。——译者

不好，它毗邻中国，战争又给了它超越欧洲列强的侵略的机会，使它成为这一令人不安的改变的第一个受害者。在中国问题上，无论那些要美国完全脱离和平解决的参议员们的动机是什么，他们的行动对中国都是永久性的财富，不仅相对
37 于日本，而且相对于中国的所有外交关系来说都是如此。就在我们访问济南之前，山东省议会通过了一项决议，向美国参议院致谢。更重要的是，他们通过了另一项决议案，发电报给英国国会，请他们关注美国参议院的做法，并邀请他们参与类似行动。获得外部认可的意识，在整个中国特别是在山东增强了。有了这种先例，中国的民族意识可以说已经得到了巩固。日本只是第一个受到影响的对象。

在山东，经济权利的具体制定将通过一个可谓典型的个案来阐明。博山是中国内地的一个矿山村。那些矿山并不是德国人战利品的一部分，而是中国人自己的。那些德国人，不论其目的有多么不可告人，也没有企图要从中国人手中夺走它们。然而，在一条日本所有的新铁路的支线末端的那些矿山——是日本政府所有的，而非私人公司所有的，被日本兵守卫着。这 40 座矿山，除了 4 座，都被日本人在短短的四年时间里以自己的方式所侵占。他们采取种种手段，当然，最简单的手段是采取不公平的铁路运费。当接受日本作为伙伴的竞争对手来到时，断然拒绝提供汽车是一种做法。另一个复杂的做法是：当对方要求多派几辆汽车时，只派一辆汽车；拖到对方不需要用车时，再按对方事先要求的数量甚至更多的数量派去汽车，之后收取大笔的延滞费，全然不管对方矿山此时已不再需要或已取消订单。赔偿在那里是没有的事。

济南没有特别的外国租界。但是，所有友好大国的国民都可以在它的“通商口岸”做生意。而博山甚至还不是一个通商口岸。从法律上说，任何外国人都不能在那里租赁土地或经营任何业务。然而，日本人却动用武力强行建造了一个定居点，其规模相当于济南城里整个的外国定居点。一个中国人拒绝把土地租赁给日本人，而日本人希望把火车站搬迁至那里；其结果虽然没有对他直接采取什么行动，但商人们找不到舱位，也收不到由铁路运输过来的货物，他们中的一些人还遭到暴徒的殴打。一段时间以后，日本人利用与某些中国人的关系的影响力租到了他的土地，于是迫害就停止了。倒不是所有的土地都是靠威胁或强
38 迫弄到手的，有一些是从被高价打动的中国人那里直接租到的，不管法律是不是允许这样做。此外，日本已经取得了一些电灯厂和陶瓷厂的控制权，等等。

现在即使承认这是日本人为使自己在中国站稳脚跟而采取的典型做法，一个美国人的第一反应是说，毕竟中国的工业是靠这些企业才建起来的，尽管一些个人权利受到了侵犯，但也不值得一个民族、更不用说全世界大惊小怪的。不知不觉之中，我们或多或少以自己的经验和环境来看待外国事件，从而失去了这个要点。由于美国主要是靠外国投资发展起来的，我们获得了经济利益而没有遭受到政治侵犯，因此想当然地认为那样的经济和政治分离的状况在中国也是可能的。但必须记住，中国不是一个对外开放的国家。外国人在此租赁土地，经营业务，以及加工制造，都只能根据具体的条约协议行事。以博山为典型的事件，却并没有这样的协议可循。我们可以根本不赞成中国封闭的经济政策，也可以认为在目前情况下它展现的是谨慎小心，那也没有什么不同。**鉴于这种经济侵略频频发生，在帝国军队的士兵支持下，帝国铁路公开给予帮助，而帝国官员拒绝干预，所有这些都是日本政府对山东的态度和意图的确凿证据。**

由于山东人直接面对的恰恰是那样大量的证据，它就不可能相信那些模棱两可的外交辞令。有哪一个外国打算干预诸如博山那样的事件从而恢复中国的权利？有哪一个外国将有效地让日本注意到这些它没有履行承诺的证据？然而，正是这一桩一桩看似琐碎的事件，而不是某个引人注目的大罪过，将确保日本对山东的经济和政治的统治。也正是这个原因，使得居住在山东的外国人，无论在山东的什么地方，都说他们看不出日本准备撤离的任何迹象；与此相反，一切都说明日本决定巩固它的地位。《朴茨茅斯条约》[①]早已签订了，日本撤离满 39
洲领土的正式保证是否得到了执行？

事情过去还不到一个月，日本没有给出延迟撤离的理由，也没说明为什么不交还山东的这个或那个原因。与此同时，日本却通过铁路的差别待遇、派兵把守、继续四处蚕食等方式，对山东进行渗透。如果谈到通过操纵金融来达到侵蚀主权这个过程，这一章就会拖得太长。说两起事件就足够了。战争期间，日本商人在日本政府的纵容下，不顾中国政府的抗议，从山东收集了大量的铜钱运回日本。当一个国家甚至连自己的货币体系都无法控制时，主权还有什么意义呢？在满洲，日本人强行引进了价值几亿美元的纸币，当然，名义上是说有黄金储备

---

① 《朴茨茅斯条约》(Portsmouth Treaty)：1905 年 9 月 5 日，日俄双方在美国朴茨茅斯经过 25 天的谈判后，签订了"朴茨茅斯条约"，正式结束了在中国东北领土上进行的日俄战争。——译者

作保障的。这些纸币可以被赎回,但是仅在日本本土才行;并且,日本法律是禁止出口黄金的。这样说,你该明白了吧?

在与中国的经济和政治权利发生实际联系时,日本最近自己提供了一个实例教训。这是一个非常清楚的暴露,之前肯定是没有料到的。在过去的两周内,一位在北京的日本部长小畑(Obata)先生,向中国政府递交了一份备忘录要求处理。上面说:福州事件该是抵制日货行动的终极点了,如果继续抵制的话,此类事件的参与者将被逮捕;上面还说,日本对这种情况已经"忍无可忍",除非中国政府竭尽全力阻止这种做法,否则,日本拒绝为今后的后果负责。日本随即提出了一些具体要求:中国必须停止散布传单,停止召开会议鼓动抵制日货运动,停止销毁已成为中国财产的日货——被销毁的,都不是日本所有的财产。至于两国之间的经济和政治关系对日本的真正意义,备忘录不可能说得很详细。当"主权"这个脸色苍白的幽灵读到这份官方文件的时候,他肯定会发出嘲讽般的笑声。在山东问题上,对经济和政治权利作了明确且彻底的分割后,威尔逊总统也
40 说,一个遭到联合抵制的国家很快就会屈服。在他的论证里,言行背离得太厉害了,以致几乎看不出小畑先生流露的意思。然而,美国人的幽默感和公平条件却可能被指望达到其目的。

中国政治中的新催化剂[①]

对于研究政治与社会发展的学者来说，中国的现状就是一幅最令人兴奋的 41
智力图景(intellectual situation)。学者已经在书本上读到了对中国在法律上与有序的管理制度上的缓慢进展所作的解释，而在现实的中国，他会找到曾在书本上所读到的东西。我们会想当然地认为，政府的存在是为了实现人与人之间的正义和保护个人的权利。我们依靠规范有序的法律与司法程序以解决争端，就像我们认为我们呼吸的空气是理所当然的一样。但是，在中国，生活却是在没有这样的支撑与保障的情况下现实地进行着的；而在人们的日常生活中，仍然是和平与秩序占据主流。

如果你阅读有关中国的书籍，你会发现，中国人常常被说成是“世界上最遵纪守法的人民”。旅行者常常因为受到这个事实的迷惑而忽视了再去斟酌它，所以，他不会注意到，这个“遵纪守法”通常表现在对我们在西方与法律相关联的所有事物的蔑视上；他也不会注意到，中国人的“遵纪守法”没有法庭，没有法律，没有司法的形式和官员；事实上，中国人经常做西方(人)认为目无法纪的事情——私设公堂。在许多事情上，被认为违反了真正的法律——起控制作用的习俗——的人，恰恰是向“法律”(即政府机构与官员)求助的人。近代历史上的一些事件，可以证明这一点。

① 首次发表于《亚洲》(*Asia*)，第 20 卷(1920 年)，第 267—272 页。后来以“中国的司法与法律”(Justice and Law in China)为题，再次发表于约瑟夫·拉特纳编，《人物与事件》，1929 年，第 2 卷，第 244—254 页。

去年 5 月，北京大学[①]的学生掀起了一场有组织的运动，最后驱赶了几位亲日的内阁成员，并强迫他们拒绝在和平条约上签字。这场运动一开始是游行，游
42 行队伍经过一名被普遍指责为“卖国贼”的、令人讨厌的官员的家门口。在中文里，“卖国贼”这个词就是指出卖自己国家的贼（thief-who-sells-his-country）。站岗警察在不经意中打开了通往四合院的大门，带头的学生把这视为是一种暗示或邀请，于是冲了进去；在随后的混乱中，那个引发事端的官员被打成重伤，他的房屋也被点火烧了。

这个事件如今已成为历史。但还不为人所知的是，公众舆论最终迫使政府将被捕学生释放。对学生们进行犯罪审问与判刑，将会导致政府不敢面对的严重后果。几所学校的校长作保，担保学生不再从事进一步的动乱活动，于是，学生们被释放了，但名义上还要受到法庭以后的召讯。然而，到了秋季，政府似乎缓过神来，要求学校交出学生，并对他们进行审判，他们（学生们）的行为被认为破坏了约定。在学校回复说学生们还没有返回各自的学校后，事情最后不了了之。人们的普遍感觉是：召唤审判并不是官员们的真实意图，而只是由于某些报复心重的人的施压所致。

在西方人的眼里，由于习惯于规范的听证和审判，上面这套办法看起来就是非法的了。然而在中国，公众的道德感会因为一个完全按照法律进行的处理而受到震撼。在西方法律中构成重罪的事情，在中国却常常只是一个德性问题。这个事件还证明，团结一致和责任的原则在中国人的意识中占据了多么大的分量。学生们所隶属的学校承担着他们未来行为的责任，并对他们行为的正当性作出担保。

北京的学生们既是运动的发起者，也是运动的主要宣传者。军阀反动派们非常想诋毁他们。于是，有一些现在的学生，还有一些过去的学生，以及想要进入大学的人，一起有计划地组织了一次会议。会议准备了一些决议，宣称整个运动是一些聒噪的、自以为是的学生因为担心，通过胁迫一些软弱的跟随者而鼓动起来的；决议还以代表一千名学生的名义宣称，真正的学生团体是反对整个骚乱
43 的。自由派学生听到了这个会议的风声，一拥而入，挟持了这些持不同意见者，从他们身上搜到一份由反动集团召集而写好的会议书面申明，然后将他们关起

① 原文为“Peking Goverment University”，应当是北京大学。——译者

来以作为惩罚。当这些被扣留的人被警察解救出来后，保证书就被撕毁了，而闯入的自由派学生的头目们却被逮捕起来。这个行动引起了巨大的愤怒，它被认为是极其不光明正大的——不遵守游戏规则。一位留学归国的教育界领袖告诉我说，官员们不必介入这样一件仅仅是学生们自己的事情。

然而，这看起来缺乏公共法律，明显缺乏的是在和平有序的程序中对公共利益的关怀；但这并不意味着，公众意见将支持任何个人去矫正他自己的错误。它意味着，重大的困难是发生在群体之间的，所以要由他们以及他们自己的发起者一起来解决。

不难设想，关于这些行动的报告可能在俱乐部和编辑室里激起对法律缺失的谴责。然而，它们在此既与谴责无关，也与赞成无关。这样的行为是相当普遍的，它们表明，在西方被理所当然地认为是整个法律和司法的基础，在中国却还处于初步阶段。就像我们在这样的插曲中所看到的，法律与正义并不是受到了刻意的挑战，而仅仅是一个解决争端的传统方法的重演。该事件也还是有教育意义的，因为它揭示了其背后的原因：对政府没有信心，对国家官员的诚实、公正或者理智不信任。家庭、村庄、党团、行会——每一个组织团体——与其说对官僚集团的智慧有信心，不如说他们对与其反对集团达成某种合理的和解的意愿更有信心。

下面的事件表明了对政府缺乏信心的一个原因。北京的一份新自由周刊曾经是反动官僚眼里的一根刺，这并不因为它是一份政治性的杂志；而是因为，它是一个倡导自由讨论的机构。该周刊把令反对派害怕的大学里的知识分子联络起来，而且作为一种模式，在全国推广开来。上海的宪兵队就曾向南京的省军政府长官抱怨说，这份周刊在制造不安定。布尔什维克主义在中国已经变成一个 44
批判当局的技术性名词了，就像其他任何地方一样。军事长官把这个声明传达给北京的国防部长(Minister of War)，国防部长又报告给其同事、司法部长，后者再传达给当地警察局。于是，警察局查封了周刊和周刊办公室。

让我们来注意一下这个官方的杰克建造的房子[①]，还有在任何地方以任何方式界定责任以保护司法矫正的影响之不可能性。模糊性、重叠的职权，以及随后对责任的逃避与转嫁，都是流传下来的典型的政府管制方法。当然，在该事件

① *House That Jack Built*，这是一首流行的英国儿童歌谣，意思是做重复的事情。——译者

的背后隐藏着这样一个事实：在中国，治理在很大程度上仍然是个人的——是一件依赖于布告、训令、政令之类的事情，而不是公共的或者法律条例的事情。如果说我们在西方有时要忍受把行政从立法与司法权力分离出来的某种极端情形所带来的痛苦，那么，对东方的方法稍稍进行研究，就会揭示出需要那种分离的条件。例如，几天前，北京内阁的司法部长签发了一道法令，要求所有印刷品，不管是什么，在出版之前都必须交到警察局进行审查。奇怪的是，这没有引发危机，无论是政治的还是军事的危机，也没有相应的立法启动行为。这种做法满足了部长个人的愿望及其派系的计划。命令被温和地接受了。有评论说，它将会在北京得到遵守，因为政府控制着北京警察局，但是没有人留心它在中国其他地方的情况如何。要知道，在许多情况下，共和国的政令不出首都城墙。

已经反复指出，中国人的生存和重建的紧迫问题都是由于这样一个事实：在过去曾经运作得很好的一些方法现在却受到了激烈的挑战，这个挑战来源于将中国与世界其他部分连接起来的各种变化。中国面临着一个几乎在每个方面都以与其不同的方式组织起来的世界，例如，一个即使在其司法忽视实质内容时也仍会重视形式的世界，在这个世界中，政府的行动提供了矫正错误、保护权利的源泉与标准。而中国的习惯作法，虽然在自己的事务中极大地促进了中国人对法律的遵守；但是，当纳入外交关系时，从外面看就显得完全缺乏法律依据了。

45 实际上，中国与所有外国的关系就是这样。日本最靠近中国，与中国有最多的、各种各样的接触，因而抱怨也最多。它借鉴并改进了其他国家的技巧，把这些摩擦原因变成了要求让步和侵犯的基础，直至引起中国持续的困扰和日益增长的怨恨。例如，在强行抵制日货时，中国的学生联合会频繁地主动参与，他们袭击销售日货的商店，拿出存货并烧毁它们。当这些事情在日本得到报道时，没有人细心地关注这些货物终归是中国商人的财产，而且日本人并没有被干涉。

但是，日本政府却成功而巧妙地利用了一系列这样的事件。它通过新闻媒体在广大的日本民众中培植了这样一种信念，即中国人是目无法纪、不负责任的，在所有与日本人相关的事情中都是好斗而傲慢的；与他们的挑衅相比，日本人却总是保持了极大的忍耐。所以，帝国政府暗地里积累了为支持侵略政策所必需的公众舆论。例如，认为中国处于普遍无法无天状态的感觉就被用来作为占有山东的一个理由。

事情由于大范围的省级自治而进一步复杂化。在历史上，它们曾经是公侯国(principalities)而不是省。一位阅历丰富的英国居民在满清王朝倾覆前夕说："中国有十八个省，每个都是一个独立完整的国家。每个省都有自己的陆军与海军、自己的税收系统，以及自己的社会习俗。只有在关系到盐业和海军的事情上，各省才不得不相互让步，受制于帝国的一点控制。"尽管名义上有所不同，今天的情况并没有什么根本的变化。铁路和电讯带来了更大的统一；但是，另一方面，每个省的军政体系在某些方面实际上显示了越来越强的州省权力。

在过去几个月里，反复流传着割让东三省、南方省份以及长江流域省份的谣
言。这些谣言，譬如，当事情不顺其意时，这里或那里的省级地方长官就威胁要 46
退出，这在极大程度上是政治的声望与权力上的游戏的一部分。但是，我们在美国知道，一个州作为联邦的一个部分，其独立行动是会使外交关系复杂化的。假如地方有更大的独立性，而中央政府弱小，我们容易看到，将会有很多外交争端兴起从而成为侵略政策的借口。

而且，对于一个肆无忌惮的外国列强来说，与省级官吏和政客私通交易，让其出卖民族国家利益，这具有持续的诱惑力。中国的近代史，在很大程度上就是一部外国干涉的历史。它自然地使得本来就分裂、混乱而虚弱的中央政府变得更加糟糕。不管是否公正，中国人相信，日本军国主义蓄意煽动了使中国分裂的每一场运动。我在写这些时，正流传着在日本支持下企图恢复君主政体的传闻。

忽视在涉外法权问题上的法律程序与司法形式，其后果是严重的。目前，如果中国与外强之间的商业以及其他关系要保持下去的话，那么，某种治外法权就是必需的；而且，这涉及"租界"的存在。然而，它们的存在对民族自尊是一种侮辱；留学回国的学生们带回了"主权"一词及其观念，没有任何其他词语比这个更合适。

不过，现存体系对于中国人自己却具有当下的优势。上海与天津的租界(concessions)，现在处于外国法权之下；但是，对于中国自由派和政治不满者来说，却是名副其实的避难之地。现在，随着反动的司法部对新闻报纸的审查和压制的增加，报刊明显地呈现出这样一种趋势：形成在名义上由外资拥有的公司，用外国人的执照来获得法律保护。中国进步事业的机构纷纷跑到了租界。当下，如果没有中国元素，这些报刊就只是一些空壳。据说，在上海租界(the International Settlement)，90%的人口是中国人，由他们支付了80%的税收。如
谚语所说，良莠总是参杂难分的。腐败的官员把他们的资金存放在外国银行里， 47

以保护他们的财产不被没收充公。当你们从天津租界走过时，就可以指出许多省府官员的房子；他们深思熟虑地规划了一块安全的地方，以防迟早会到来的、不可避免的愤怒浪潮。

有一位中国朋友对我说，那些中国人下一步的爱国运动将是从外国租界大规模地撤离。除了对国外不动产的投资者们之外，从这个事情的发生中还是可以看到有趣的东西。租界将成为一具空壳；租界里所维持的外国的利益将在这个偶发事件中完全消失，假如还存在其他维持领事权方法的话。

我不愿给人以法律状况什么也改变不了的印象。恰恰相反，有一个法典编纂局是由一个中国学者担任主席，其关于欧洲法律某些方面的著作是外国法律学校的标准教材。现代体系正在建立起来，而且正在努力保护受过良好训练的法官，并改革和规范司法程序。对废除涉外法权的渴望，加速了这个变化。但是，引进形式上的变化是一回事，而改变人民的习俗则是另一回事。在调节社会和商业争端的过程中，蔑视政治和忽视政府司法权的行为观念还相当顽固。

中国是否会像西方国家已经做到的那样，完全服从于法律和形式主义，这是值得怀疑的；然而，这可能是中国对世界的一个贡献。例如，即使在开明先进的人们中间，也很少有人会喜欢一个在立法和政治决策上纯粹间接的和代议制的体系。在过去几个月里，公众舆论反复参与了一些事情，并通过公开集会和通告，对政府在外交事务中的政策施加压力。个人的感觉与公众意愿的当下影响是必需的。与西方相比，自行决定的范围总比固定形式的范围大。西方的法律
48 主义在这里将会失效。伴随着平民普遍对政治事务的冷漠，对于处理大多数人感兴趣的问题，而无需政治形式中介的参与，他们有着非凡的心理准备。

现有的国民参众两院里的自由派，不是装模作样地参加会议，通过讨论和投票来施加影响。他们是向国家提出直接的诉求，而这实际上意味着诉求于各种各样的地方组织：直达学者与学生的省教育联合会、工商行会、商业会所（其权力比我们国家类似的机构大得多）、自愿联合会，以及其他的，诸如宗教之类的社团。

在将来的演化中，中国完全有可能远离西方宪政和代议模式而产生出这样一个体系，即把通过地方团体组织和行会直接体现出来的民众意志和大范围的行政官员的个人处置结合起来——只要后者能提供广泛的、令人满意的结果。通过法令、命令和随意抓捕与囚禁手段的个人式统治将会倒塌，将被这样的个人

管理所取代，像已经存在于铁路、邮政、海关、盐务等行政部门的那样；在那里，要做的建设性工作是提供标准与检验，而非形式性的法律。

粗略地说，拜访中国的人，可能发现自己处于三个连续的阶段之中。第一个阶段是对各种不规范性、无能和腐败的不耐烦，而要求进行一些立即的和彻底的改革。再待长一点，他会接受许多令人讨厌的事情的深层根源，对“进化”与“发展”这些词语的涵义有一种新的体会。许多外国人就处在这个阶段中，在爱好自然的和缓慢的进化的掩护之下，他们变得反对所有事情的任何发展；他们甚至反对公共教育的推广，说它将剥夺中国人传统的易于满足、耐心和温顺勤奋，让他们变得不安、不顺从。他们在每一件事情上，都会指出伴随着发展的不同的阶段而来的恶。譬如，他们全力反对每一个把妇女从奴性状态下解放出来的运动。他们夸大某些妇女在家务中的尊严与权力，并详细描述在旧的法规和西方国家现存的法律都不适用的时候，放松当前的禁忌将会产生的恶。许多西方商人对 *49*
传教士引进新观念的努力效果感到悲哀。但是，当他既不期望立刻的、彻底的变化，也不吹毛求疵于把现实与理想化的传统相比而来的恶时，就会脱离第二阶段。透过表象，他会看到理智重新觉醒的征兆，感到尽管现在追求新生活的努力是分散的，但它们如此众多、如此真切，它们将来会聚集、联合起来；他会发现，自己开始同情起青年中国(Young China)了。因为青年中国经过了乐观主义的状态，经历了对全面改革的信念，经过了一个迷茫而悲观的阶段。现在处于第三阶段，它在教育、工业和社会重组战线上开始了建设性的努力。

在政治上，青年中国的目标在于建立法治政府体制。它在思考如何消除个人式管理中的独裁、腐败和无能。但是，它认识到，政治发展主要是间接的；它的到来是科学、工业和商业发展的结果，以及由此而产生的新型人类关系和责任的结果；它还认识到，政治发展来源于教育、对人民的启蒙，来源于一个现代国家的行政管理所必需的、在知识和技术上的专门训练。

一个人见识越多，他就越相信，当前中国政坛上许多邪恶的东西都是纯粹无知的结果；他会认识到，现代国家各种各样精致的东西都依赖于知识和心智习惯，而它们是慢慢成长起来的，这是一个自然而然的过程。中国现在才刚刚开始学到这个经验与知识。旧式官员生长在古老的传统中，而新的官员完全不是在传统中生长起来的，那些竭力使自己在一个政治分裂时期进入权力中心的人们，将会逐步翻过这一页。目前，在古老传统中生活的学者，不是懒散就是犹豫不

50 定;他们大多变成了军阀行伍或者强盗出身的强权人物的附庸。这些强权人物没有受过教育,大多不知道法律,而只知道自己的嗜好。他们既缺乏普通教育,也缺乏管理当代国家复杂事务的教育。

但是,在这个国家的学校里,在这次学生运动中,现在培育出了政治上的自我意识。这将是开创一个崭新的未来政治的力量。

是什么阻碍了中国[1]

一个人在中国待的时间越久，对什么阻碍了中国这个问题印象就越深，而且 51
越是难以回答。在中国的朋友对这个问题给出的每一条答案中都有“如果”；而这个“如果”，通常只是重述了解答这个问题的困难。

最常听到的评论，可能是最肤浅的，“如果我们有一个稳定的政府，我们就可以做这个，做那个。”但是，为什么没有一个稳定的政府呢？其缺失更像是一个结果而非原因。这个国家仍然处于分裂之中，北方和南方都有他们自己的政府，而且相互之间争吵不休。但是，每一位中国朋友都会告诉你：这个国家是统一的，虽然政府是分裂的。而你能够体验到的所有事情，都印证着这个说法。为什么人们不实现他们的感受与意愿呢？日本的阴谋和干涉是一个明显的答案。但是，这样你又被给予了一个后果、一个症状而不是一个原因。还有一些人会告诉你，困难的原因是缺乏组织上的能力与经验。这个答案就深入一些了，但它仍然需要解释。在某类组织上，中国人的经验与能力，就像他们在行会和村庄自治的长期历史中所显示的那样。为什么他们不能展示出至少像日本人那样的组织能力呢？日本人只是到最近才从封建主义中挣扎出来，还带有反对组织的所有个人猜疑、嫉妒与阶级分裂等封建主义残余。而且，没有一个了解中国人的人会相信困难是智力上的(intellectual)，认为中国人民不具备成功的组织所需要的聪明才智。

---

① 首次发表于《亚洲》，第 20 卷(1920 年)，第 373—377 页；后来以“中国人的社会习俗”(Chinese Social Habits)为题，再次发表于约瑟夫·拉特纳编，《人物与事件》，1929 年，第 1 卷，第 211—221 页。

说(就如常常据说)中国人不能更系统、更迅速地进步,因为他们是一个保守
52 的民族,这显然是在用另外的词语重复需要解释的东西。毫无疑问,他们是保守的。然而,他们的历史却不像我们在错误的教科书上所接受的那样,是一个停滞不前的历史,而是社会性的,充满了朝代更替。他们在他们的时代中尝试了许多试验。若干世纪以前,他们有一位政治家劝导皇帝致力于把王国改造成某种接近于现代社会主义的东西,但那是没有蒸汽机和电的社会主义。中国经历了像任何欧洲国家一样多的蛮族入侵。它的延续和对入侵者的吸收,反驳了它的惰性与保守的说法。没有一个其保守主义来自于纯粹常规、来自于想象力的缺乏和心灵的僵化的国家,能够像中国那样延续和扩展其文明。经验表明,中国人是柔和的、温顺的、随和的,是善于适应的——既不是僵化的,也不是呆板的。

也许会让西方读者感到吃惊,以为这是一个玩笑。但不止一个中国朋友明确地对我说,日本人才是真正保守的。他们举证说,日本经历了那么多的历史变迁,却仍然墨守一种原始的神权政治。他们还举例说,一千年以前,日本人从中国借鉴了他们当前的服饰、屋内布置,以及坐睡在席子上的习惯;中国则改变了好几次,朝着实用的方向,朝着以手段适应于需要的方向不断变化。中国的烹饪法就是一例,毫无疑问,在世界上,它在用来制造食物的材料上的变化是最为丰富的,在其组合上也是最丰富的。学术分析可能会轻视衣、食、住和装饰方面的论据。但是,当一个人注意到在运用于日常生活和工艺上的过程和器具中的多变性与灵活性时,他会确信,中国人的心灵天生就是善于观察和适应力强的。但是,看上去似乎无须为这个问题劳神。针对中国人,有许多指责,但没有一个人说他们愚蠢。他们毋庸置疑的保守性是某种需要被解释的东西,而不是对任何东西的解释。

对这个秘密是否存在一个单一的解答,是很值得怀疑的。当然,现在的观察者提供不了最终的答案。但是,我非常确定,有一个事实必须被纳入考虑而且能
53 够解释许多事情。无可争辩,中国人的许多精神特征是一个长期持续的、非凡的人口密度的产物。心理学家发现了,或者说创造了一种"大众心理学"来解释人们在群体中的行动方式,如处在一个私刑治人的情景下的那个群体。他们没有探究,一直与许多人保持亲密接触而生活在群体之中的生活方式对心灵会产生什么样的影响。若干年前,一位生活在檀香山中国人中的美国教师告诉我,如果中国人获得了盎格鲁-撒克逊人的原创力,他们将会是世界上最伟大的民族。我

不知道，即使是盎格鲁-撒克逊人，如果在受到周围人持续不断的监督这样的状况下生活几个世纪以后，他们是否还能够发展或者保持住那股原创力？中国人的思考习惯是：在想要做什么事情之前，先考虑“面子”的问题。也许在他们看来，考虑一件新事情的时候，踌躇三思对于创造来说更加重要。在中国，如果说有独居或者孤独的话，只存在于一些退隐山郊野外的和尚那里；除非亲眼看到相反的证据，我相信，即使中国的和尚也是社群性的，是生活在一起的人群。直到引入迅捷的交通之前，很少有中国人喜欢那种在陌生人群中可能带来的孤独感。想象一下，所有可自由活动的场所都被去除了，数以百万计的人们日复一日、年复一年地面对着同样的人（相互之间很熟悉）生活着，当新的光芒照到中国人的保守主义上的时候，将会怎么样呢？

有一位长期居住在中国的英国作者曾写过一本书，书中除了许多图片事件、流言蜚语之外，就是对青年中国的长篇恶骂——就是反对那些热衷于引进西方各种制度、发明和方法的中国人。他的论证方法非常简单：中国遭受人多之患，大量的人口只是生活在生存边缘。一次洪灾，一场让人丧失能力的瘟疫，一个季节的坏天气，就会把百万计的人抛到生死存亡的边缘，从而维持生态的平衡。但是，长期的繁荣导致了过多的人口，过多的人口又通过叛乱、内战、屠杀以及朝代的更替来得到释放。中国的历史就是、而且必然是这样地连续循环。同时，儒家思想、祖先崇拜、家庭和宗族组织让中国文明完整地延续下来。而这，正是青年 54
中国要消解的，它会剥夺中国的道德基础。由于它不能改变生存竞争的基本事实，青年中国为这个国家就提不出任何有价值的东西。

逻辑不紧密，结论就没有说服力。但这是一个好的例子，表明外国人是如何被这样一种观点所感染的：在中国，未来的事情必然与它们过去的差不多，任何想要改变它的努力都会使事情更糟。以我的经验，大多数长期生活在中国的外国人都在某种程度上有这样的看法。你会听到有人郑重其事地警告你：这也不能做，那也不能做。不过，第二天你会从某个中国朋友那里得知，它正在被做，而且天没有塌下来。与中国的年轻一代相比，他们当中有许多人更加儒家化——持有一种模糊的信念，认为孔子提出一种缺少了它，中国就不能存续的东西。一些年之后，有些外国人会发现，自己着迷于这种使人们紧密地群居生活在一起的文明的厚重感和亲和感。他们担心，如果触其一缕，整体就会瓦解；并相信，让他们顺其自然，才是安全的。最近从美国来的年轻的美国教师和社会工作者告诉我：传教士中的长者们不断地告诫他们，要收敛他们的创新热情；告诉他们说，随着他们变老，变得更明智，他们就会学会保守。据报道，大多数英国老居民对革命没有同情心，还哀悼君主制度的日子；并且，把日益增多的恶的现象当作中国一直是这样的、必须一直这样下去的证据。

假如有这么多拥有盎格鲁-撒克逊人注重创造传统（与中国传统相反）的外国人，对中国的态度是这个样子，那么，对于那些幼年生长于浓厚的内生文明中的人，情形应该是什么样的呢？自己活着并让别人活着，是对拥挤状况的反应。如果事情是相对幸运的，就满足于现状；如果事情变坏了，就忍受它们而不是冒着让事情恶化的风险进行干预。自由主义学说盛行于西方国家，是因为放任政策被认为可以鼓励个人的热情和事业心。而自由放任的信条在中国得以盛行，
55 则是因为任何人所表现出的任何非凡能力或功绩都会导致不幸的后果。不要无事生非，这是普世智慧。在一个人口众多的国家，如果不是按照对自然资源的利用而组织起来，任何革新都会打破这艘社会之船的平衡。

改革者甚至没有遭遇到明显的尖锐抵抗。如果遭遇到，他可能会被激发起进一步努力的斗志，然而他就这么被窒息了。拖延变成为一种艺术。在最近举行的一次国民教育大会上，一位持官方立场的归国留学生提倡公立中学（相当于我们的高中）联合办学。他是经过认真而成熟的考虑提出来的。中国饱受缺乏受教育妇女之苦，资金也短缺。有效的事情是要让女孩进入现有的学校，但这个提议是一项激进的改革。然而，它没有遭到反对，一个赞成的决议及时地通过了。但与此同时，要清醒地认识到，这只是出于对提议者的礼貌，不要指望这个决议会付诸实施。这就是许多提出来的社会改革提案的命运，它们没有遭到抵制，而只是被淹没了。中国并不停滞，它是在吸收；它采取懒散不理的态度（让所有的力量都失去耐心），直到不再有拉它的绳子。

就像一个人的弱点一样，一个民族的弱点就是他们诸品质的缺陷。诸恶与诸德性不会相隔很远，它们是彼此的反面。中国人相信自己是世界上最文雅的民族，这个信念可能是对的。与之相比，西方即使最好的行为方式也常常显得粗鲁、过分或者做作。日本人在个人交往中的温和无与伦比。不过，他们是从中国学到礼节的，此外还从中国学到了其他许多东西，而且还保持了某种形式的、需要培养的技艺。在中国，久远的时代熏陶，使得交往形式看起来不再像是形式的了。无论地位高低，都平易近人，相互之间不显拘束。即使是科学权威，也愿意

相信，他们前代的行为特征会被后代遗传下来。在大多数艰难的条件下，愉悦而满意都是良好的行为举止的一部分；没有严苛，更不用说阴沉与狂热（我们平常会把它们与斯多葛主义[①]或者宿命论相关联）。在这里，自我控制也不活跃，仿佛违背了自我控制与困难之间的正相关关系。人们对于命运只是付诸一笑，或许一句俏皮话，没有愁眉苦脸，更没有豪言壮语。如此的谦恭和愉悦，毫无疑问， 56
是人们长期持续地面对面地群体生存的结果。一个厚重文明的、不间断的影响让人觉得，摩擦和抱怨只会增加生活的负担。礼貌和惬意是让私下交往保持持续亲密关系的润滑剂。环境只允许两个选择：要么是无情的竞争，拼了命的战争；要么是悠闲的和平。中国人选择了后者，把它看作是其逻辑上的必然结论。

然而，在面对面的直接交往中，个人为他人考虑，体谅他人，与在西方世界里被认为是无情的残酷和对他人缺乏主动帮助的行为并不完全矛盾。有一天，在北京的大街上，一辆马车撞倒了一个行人，但马车没有注意就摇晃过去了。那个被撞的人受了重伤，当时没有一个经过者采取行动去帮助他；所有人都径直从旁边经过，最后还是几个外国人救助了他。几个月前，白雷（Baillie）先生在满洲受到强盗袭击，现场的其他人不仅不援手，反而都跑到一边闭眼不见，以免被召唤作证。这个事件更进一步的要点是：白雷先生把中国贫穷可怜的人从拥挤的地方带到满洲来，这里有充足的土地，他们大大地改善了生活条件。这些闭眼不见的人可能不知道发生了什么，而他们就是白雷先生援助过的人，他们是私人朋友。

这并不是说中国人的习惯性礼貌是不真诚的。我从未听说中国人被指责为伪善，虽然我听说过许多对他们不愿意把事情做到底的更尖刻批评。我从没有看到任何一个人认为真诚的友好不是中国人的一个主要特点。但是，在一个马尔萨斯的（Malthusian）人口理论得到完全证明的地方，友好要发展到主动解救苦难的地步就极其困难了。人口的进一步增加意味着生存竞争更加严酷，主动的仁慈是不大会占据主要角色的。相反，当灾祸、洪水或者饥荒夺走成千上万的人口后，对于生存者来说，就有更多的空气呼吸，更多的土地耕种，斯多葛主义的同情不难获得。一个感兴趣于保护动物不受残害的外国人，在经受许多挫折之 57
后，满怀希望遇到一个佛教和尚。这个外国人认为，普遍怜悯的学说可以为人们接受他的思想铺平道路。然而，他的思想遭到了冷遇；他被告知，当动物被虐待

① Stoic，现在也有翻译成斯多亚主义。——译者

时，它们仅仅是在为其前世的罪过而受苦，而这是人干预不了的。这样的佛教只是宣扬了宿命论，是一种对周围环境的普遍的自然反应。

东方人缺乏主动的同情与救济的大多数特征，在传教士们看来，这是由于异教教义之故，但似乎还有一个更简单的解释。另一方面，西方慈善机构发出呼吁，在最近的抗洪工作中，传教士与基督教青年会（Y. M. C. A.）工人肩负起极大的重任。受灾地区的中国人对之前的传教一直保持平心静气，不为所动；但在灾后，对传教士们表现出的友善印象深刻，以至于非常感激，于是涌入教堂。教堂被迫对人们进行筛选审查，以免人满为患，这就不是"热烈欢迎"了。人们被传教士们所展示出来的前所未有的同情和帮助深深打动。据可信的权威来源，山西的长官[①]——中国最受尊敬的省级长官——说，在腹股沟腺炎瘟疫爆发以前，他一直认为西方文明之好只是在于船坚炮利；但是，医生们、教师们和传教士们冒着自己生命危险的无私奉献，让他相信西方文明之好还有另一方面。

忽视别人的事情与缺乏有组织的救济有着同样的根源。不管做什么事情，都是承担着一份责任。帮助那个被撞倒的人，不只是多花费一点点时间的事情；那些助人的人可能会惹祸上身，可能会被指责为同谋。在中国，事不关己，高高挂起；不要惹火烧身，祸从口出，这是生活的法则。对与自己不直接相关的事情
58 的漠不关心，只是过分考虑个人关系的一个侧面。在考虑个人关系的地方，每一件事情所指向的至高主张，都是立即去掩饰过失，而不是基于客观后果来进行调整。"面子"（face）的影响比外在事实的后果更加重要。例如，一个政府学校接受私人馈赠，这是与礼节相抵触的，将会导致政府丢"面子"。北京一所学校的校长最近说，他将接受馈赠，他愿意为学校和国家的利益牺牲自己的"面子"。这是一个西方人能够相信的更真诚的牺牲。

当人们生活在一起而彼此不能离开时，现象——就是说，对其他人产生的印象——变得与实在一样重要了，如果不是更重要的话。这就是说，外交活动中所潜藏的后果看来并不比当下的谈判行为更重要，当下的谈判会努力避免当前的麻烦并体面地遵守所有适宜的礼节。当逃避和拖延不再让人满意时，屈服并接受对方的粗暴无礼，比失去自己的"面子"更好。日本人对这个特性的了解，相当好地解释了他们对中国的外交策略，即强硬外交。对中国人的任何让步，都会让

① 指的是阎锡山。——译者

他们觉得你害怕他们,他们立刻就变得傲慢起来,并得寸进尺——这在日本讨论中国事务的报纸上是一个共识。迄今为止,就与官员打交道而论,看来日本人的方法很明智,收获颇丰。他们的失败之处,是在广大的人民中激起了一股巨大的憎恨的浪潮。

总之,拥挤的人口培养出了那些心理习惯,就如俗谚所说,这些习惯让单个中国人变得友善、令人愉快,而所组成的集体却令人厌恶。改革与试验遭到挫折,不是因为缺乏智慧,而是因为智慧对于可能导致的错误的过度敏感、过度关心会引来麻烦。"远离麻烦",变成了(行动中的)指导原则。在与前总统孙逸仙一起愉快度过的一个晚上,他提出了关于与日本的快速发展相比中国的变化显得缓慢的理论。就像中国古谚所说,"知易行难"。孙先生这样解释,中国人把这 59
个谚语记到了心里。中国人不行动,是因为他们害怕犯错;他们想在事先得到保证,不会有任何失败或者严重的麻烦才行动。而另一方面,日本人认识到,行动比认知容易得多。他们相信得必大于失,于是采取行动,前进,做事情,而不考虑错误与失败。我倾向于认为那个古老的智者[①]是有影响的,因为他的教导得到了曾经是亲近厚重的环境的证实。

只有那些肤浅的人会认为,为不幸的事找到原因就是为它们找借口。任何事情,都要在产生其后果的基础上进行判断,而不是按照解释其存在的原因来进行判断。但是,如果原因如所描述的那样的话,忠告、劝诫和鼓吹都会于事无补。条件的变化、环境的转变是必须的。这不能通过减少人口数量而发生,虽然在青年中国中,有一些人正在通过宣扬计划生育而冲击着古老的中国。能够深刻影响环境的唯一可行之道,就是引入现代工业方法。利用现在尚未接触到的能源与资源所产生的效果,与扩大生存环境是一样的。以中国尚未使用的资源为基础的矿业、铁路和制造业,将会为那些不冒带来"麻烦"的风险就不能得到利用的热情开辟一条新的出路。现代生产与商业非个人的和间接的后果将会产生一些新的习惯,它们将减弱"面子"的重要性,而增加事实的客观后果的重要性。随着财富与建设性工具的增加,人们会找到这样的道路,把个人的亲切、持久的友善和好心情转变成社会服务的通衢(general channel)。

---

① 杜威大概是指说谚语"知易行难"的古人。其实,没有明确证据表明存在这么一位古人,这个谚语可能是流传下来的集体智慧。——译者

中国的噩梦[1]

60 近几年来，世界充满了非凡事件，以致五年前的奇迹现在已很难引起注意。曾几何时，俄罗斯的一个公告引起了轰动。该公告称：俄国将主动不计报酬地把其从中国东部铁路的所得权益，以及从满洲或中国其他地方获得的所有采矿和林业特权，归还给中国；同时，放弃所有的领土特权与庚子赔款未付款。这一宣告，制造了所有你想要的来自苏维埃政府的让利。这种转变之惊人，犹如德国人在没有争战的情况下，主动提出自愿归还法国的阿尔萨斯-洛林(Alsace-Lorraine)和1870年战争赔款。从许多方面来说，这一提议甚至是空前的轰动，充分展示了历史的不可置信。20年前，没有人不知道俄国企图占领整个中国北方和至少南至青岛的亚洲海岸；而且，在俄国被日本打败前，几乎无人怀疑她的计划会成功。

读遍20年前描述中国的书，你将发现，为了精确说明今天的状况，就其精神而言，你将不得不以日本替代俄国。地理上的细节虽然不同，但经营的对象和一般技术仍没有变化。贝思福(Beresford)勋爵在1898年曾随一个贸易使团到中国考察，并将考察报告写进了其《瓜分中国》(*The Break-up of China*)一书。在书中，他说："对于中国政府是否具有卓越的能力来确保英国商业和贸易的安全，我几乎无法提供任何意见。这个问题不应该由我来回答，'但俄国会怎么说'却
61 是会产生作用的。在中国，大不列颠害怕俄罗斯这个观念正在生根。"

---

① 首次发表于《新共和》，第23期(1920年)，第145—147页；重新发表于约瑟夫·拉特纳编，《人物与事件》，1929年，第1卷，第193—198页。

在那些被曝光的通讯联系①中，德国皇帝向俄国沙皇致贺，祝贺他在北京建立了统治权。在约翰·海(John Hay)的自传中，当时俄国驻华盛顿大使的卡西尼(Cassini)否认了俄国对中国提出以牺牲他国(包括中国)的利益为代价的要求。卡西尼的否认，是有事实根据的。同时，作为美国国务卿，约翰·海握有关于这一要求的、来自三个不同首都的抄本。这或许很容易令人想象他正在阅读《二十一条》的外交历程，而大量针对日本的批评者和辩护者，一旦认识到日帝国主义是多么极力追捧俄国沙皇专制，都将改变他们的论调。

日本人的模仿能力可谓臭名昭著，日本在外交政策上的特点是在俄国的启发下形成的——这些特点对她控制中国是非常重要的——这有什么奇怪吗？我丝毫未曾怀疑过，大多制定中国政策的军国主义者和官僚主义者会真诚地相信，他们此刻在严格地遵循着西方的外交模式——而俄国的模式一直在他们眼前。俄国的东方外交手段中的组成要素通常有：大量的腐败、阴谋、暴力、欺诈等等。日本官员们很自然地认为，英美等国强烈抗议日本方面类似的做法其实纯属伪善，或者只是它自身常规的外交游戏的一个组成部分。

越全面研究中国近20年来的国际关系史，就越能清楚地看到日本承袭了俄国的目标、方法，以及大战以来俄国的成果。正是俄国，发明了借助铁路和银行进行侵略的战术。俄国即使没有开创，但也巩固了以偏爱和占着茅坑不拉屎的策略来扩大政治影响的做法。俄国发现了警亭的价值，可以通过警亭暗暗地进行半军半民式的行政控制，从而使自己的合法利益(至多纯粹是经济上的)在这 62
块领土上得到诉求。《二十一条》的许多条款几乎逐字逐句地拷贝了俄国之前的要求，例如训练军队的独有权等等，诸如此类。俄国把借保卫他国之名而行军事占领之实的教条发挥到了极致。它以中国保护者的姿态对抗“西方”列强，自誉自己(最奇怪的是，他们有比日本人更美丽和更成功的借口)更了解中国人的心理，更懂得如何管理中国人。我们从1896年与李鸿章(被外币收买的中国政治家的原型)在圣彼得堡签订的《中俄密约》中，将会发现日本后来的外交政策的大宪章，它甚至包括在某种条件下允许俄国海陆两军占领胶州湾。

---

① Willy-Nicky letters，其实应为“Willy-Nicky Correpspondence”，是德国皇帝威廉二世(Wilhelm II)与俄国沙皇尼古拉二世从1914年6月16日到1914年8月2日之间的一系列来回电报。——译者

在中—俄—日三方关系的早期阶段，直到1905年《朴次茅斯条约》签订之前，对于处理与中国的关系，日本能够信守他们宣称的自卫原则。无疑，拥有大量未开发领土的俄国，其入侵韩国与中国北部的理由，要比日本少得多。此外，俄国每侵入中国一步，他国尤其是英国与法兰西就立即紧跟着提出赔款与其他权力扩张的要求。我们有充分的理由认为：德国要求中国对其开放胶州，是受俄国以貌似可取的理由强租旅顺口与大连湾的刺激；正当中国屈从于这两件事情之时，英国即索取长江地区，法国即索取中国南方。

这就是贝思福把他的书命名为“瓜分”的时期，尽管他自己曾经是“门户开放”主义的积极鼓吹者。也正是这种状况，使得日本顺理成章地自命为中国主权与领土完整的保护者，反对欧洲列强对中国的诸般侵犯。此等感情与要求有着显著的历史惯性。丝毫不值得惊讶的事实是：它们至今依然顽固地留存在大多数日本人心中，并为日本继续在中国推行侵略扩张政策获得广泛的支持与认可，而且提供了条件。日本人曾经完全有理由相信：他们未来的命运取决于获得足够的中国控制权，而这是确保它不落入欧洲列强之手的唯一确定的道路。时代
63 变了，日本人的感情却滞后了，因而依然被军国主义党派所利用。同时（尤其是大战爆发后），日本自己的战略越来越疏于防守，越来越敢于进犯。

如果美国充分了解俄国在东方的外交策略，了解这些策略对日本命运及其亚洲目标和方法的影响，就绝不会轻信日本对西方所做的鼓吹而沦为受骗者。事实上，美国的无知促成了几乎全球赞成的《朴次茅斯条约》及其附加条款，尽管这些是出于他们的天真才签订的，但其最终休战却是以牺牲中国在满洲的权益为代价的。一个身在中国的外国评论家认为，罗斯福总统理应为中国自1905年以来的国际灾难承担责任。他的理由是：罗斯福本该坚持战争既然在中国的领土上打响，中国就应该成为最终休战谈判的一方，而和平会议是中国有效保护自己免受双方侵略的绝佳机会；然而，事实却是，实际结果使俄日两国都对以牺牲中国为代价的相互交易感兴趣。如果没有英国海军，无疑早就会有俄日双方关于瓜分华北的共识。当然，做事后诸葛亮是不难的。故此，罗斯福总统是否该受责于缺乏远见值得斟酌，毕竟在那个年代，其他人并不具备这样的见识。

上述所有，仅是顺便勾勒下一个重要时代的中国外交关系的背景。中国不可能接受俄国目前的提议。即使中国愿意承担此等程序之风险，其同盟者也不可能允许，但此提议仍然象征着一个新纪元的开始。虽然俄国政府已被推翻，任

何取代它的新政府都有理由更理解中国。毕竟，它们的领土接壤边界长达3000英里，两国又同在一个大陆里。日本终归只是一个岛国，在大陆上的孤军征战史无法为日本在亚洲取得进一步胜利提供有利的预言。西伯利亚的状况一直很复 64
杂，但从表面看，赞成向西伯利亚冒进的日本军国主义者目前是占有优势的。中国又可再次庆幸，上帝总是在他们濒于绝境之时拯救他们。俄国人并非和平主义者，他们依然扩张；由于俄国历史上是农业国，他们有着巨大的土地欲求。在中国看来，日本卷入西伯利亚越深，其彻底失败就越确定无疑，即使她实际占领西伯利亚东部直至贝加尔湖已达数年。很多人都谈到，中国的国际前途将在西伯利亚决出结果。形势变化极其迅速。人们私下里谈论着战争将以日本为一方，俄、韩、中为一方，这种观点或许只是空穴来风。但是，不管俄国是恢复君主制还是转为共和制，中俄关系都将是其国际地位的最终决定因素，这似乎是一个确凿的预言。日本由中国转向西伯利亚，或许标志着其对中国的影响力的极点。从历史计年来看，最后的五年很快将是中国噩梦结束的年头，这并非不可能。

中国的政治剧变[①]

65 即使在美国，我们也曾听说过中国的一次革命，它推翻了满洲王朝。来中国的参观者常会顺带提及二次革命，它粉碎了袁世凯称帝的野心；而第三次革命，则扑灭了1917年满清复辟的企图。最近的几周里（1920年9月），第四次动乱发生了。由于政府首脑并没有撤换，它或许不该被美饰为第四次革命。不过，从其促成的中国政治事件中它所显示出来的力量看，好也罢，坏也罢，或许这次骚乱的意义超越了前两次“革命”。

中国的政治具体而言，是非常复杂的。对一个不了解其庞杂的个人、家族与地方史的人来说，他无法理清其错综复杂的人物和派系的变化。不过，偶尔发生的一些事情简化了这一团乱麻。其中确定无疑的要点，勾勒出他们错综复杂的纷争、阴谋和野心等等。所以，当今执政两年的安福（Anfu）集团的彻底垮台，标志着国内军国主义与日本影响的联盟的终结；而对中国而言，则标志着战争胜利的硕大果实。中国参战之时，一支所谓的“参战”部队就形成了。它实际上根本没有参与，或许根本就无意参与。但是，它的形成却将权力整个交到了反对全民立宪的军事集团手中。为回报这些让步，在关于满洲、山东、新铁路等等秘密协议中，日本为这支军队提供金钱、军火、指挥官和国内外政治监督。战争出人意
66 料地过早结束了，而这时，袁世凯军国主义与日本金钱及淫威联姻的产物还相当年轻健壮；为了保留军队、贷款和指挥官，就威胁说布尔什维克会取代德国。蒙

① 首次发表于《新共和》，第24期（1920年），第142—144页；修改并重新发表于《中国、日本和美国》，纽约：新共和出版公司，1921年，第27—32页。

古被说服切断了它与俄国之间的牢固联系，宣布放弃独立而重回中国的统治之下。

自然，那支军队继续受日本的支持与教导。取代“参战”部队名称的是“前线防御兵团”。段（祺瑞）元帅，军团首脑，在总统宝座后面保持着名义上的政治权力。徐（树铮）将军（通常被称为小徐，不同于总统老徐），是一个精力充沛的、具有蒙古冒险精神的经营者。幸而巧合的是，他也要求组建银行、土地开发公司、修筑铁路及建立军队等。这个军事中心周围集聚了以腐肉为食的美洲鹫，他们取名为安福俱乐部。它并不控制整个内阁，而直隶于操纵警察与法庭的司法部。他们迫害学生，镇压开明记者，囚禁令其不快的批评家。俱乐部设有财政部和信息部，这两个部门分配税收收益、安排劳动就业和发放贷款；也通过邮件和电报等，进行情报信息的调节配置。只能靠学生的骚乱来缓和的腐败、专制、低效率的统治就这样开始了。两年里，安福俱乐部直接提走了两亿元公款，而对其不合理的耗费和花在那支军队上的开销只字不提。盟军已经着手让中国卷入战争。他们成功地让日本控制了北京，从政治上说，也似乎让中国陷入了腐败和混乱的绝境。

然而，该军团或称北洋军阀被划分为两个部分，每个部分都以一个省份的名字命名。皖系军阀聚集在小徐周围，几乎等同于安福俱乐部。就北京而言，直系军阀则不得不满足于安福俱乐部留下的残局。它显然不可救药地弱于其对手，尽管段（祺瑞）本人诚实且廉洁，受到两派的拥护而成为其首领。大约三个月前，有一些迹象显示，当安福俱乐部在北京构筑防御设施之时，其对手也悄悄在各省 67
扶植自己的势力。八督军（各省的军事首脑）联盟逐渐成为总统的支持者，对抗来自安福俱乐部的超强压力。尽管有满洲三省军阀首脑张作霖，俗称满洲皇帝，与这一联盟保持同一战线，实际上，除了那些想从动乱中获得更大利益的投机分子，没有人对之抱有期望。

但是，六月底，总统邀请张作霖至北京。后者一见到段，即诉说他被一群居心叵测的游说者包围，怂恿他脱离小徐和安福俱乐部，公开与小徐宣战——双方早已成为臭名昭著的宿敌。除非中国再次妥协，就连民众也根本不相信会有什么事情发生。众所周知，总统倾向直系，但是，即使他不是一个典型的中国人，至少也是一个典型的中国政要：不坚定、妥协、调和、拖延、掩盖、逃避、要面子。但事情最终还是发生了，颁布了一道政令：免除小徐政、军、民各项权力，解散前线防御兵团，交与军务部指挥等等(通常，中国军队隶属于将军或者督军，而不是国家)。几近48小时的时间里，人们认为，段已经同意牺牲小徐，而后者必会屈服，至少会暂时屈服。然而出乎意料的是：段却向总统施压。后者被任命为国防军总长，薪酬则参照直系主要头目颁发；而对张作霖却未置一词，虽然他此时已经返回奉天并依然声称与段结盟。军队被动员起来了，官员和物资也迅速地被运到天津的特权区和使馆区。

这份略述并非历史，仅仅是指出了现在的几股力量。因此，在段和小徐威胁总统、标榜自己才是共和国救世主的两周后，他们藏匿了起来，他们的敌对方直
68 系军阀则完全掌控了北京，并悬赏5万美元抓捕前司法部、财政部兼信息部部长小徐和安福俱乐部其他一些头目。说这些就足够了。政治逆转的彻底，恰如当初他们的如日中天，看似坚不可摧的中国部长一变而成为无能为力的亡命汉，其精心建立的安福俱乐部，随同它的军事、财政和海外支持，一齐崩溃没落。历史上没有哪个国家曾见过比之更突然更彻底的政治动荡。与其说它失败，不如说它像死亡、完全失踪、蒸发那样地彻底消亡。

腐败从内生发，这是它的一贯方式。从日本买进的军火不能爆破，军需官带着购置必需品的资金消失了，军队断粮两三天。大多数人，包括一个部门的大部分人，一齐投敌。那些没有弃职的士兵无心战斗，只因一点微小的刺激就会逃跑或投降。他们说他们愿意为祖国而战，但找不到任何理由为军阀派系尤其是为那些曾经出卖国家的军阀派系而战。中国政治平衡表中值得赞赏的方面，体现在安福俱乐部在权力巅峰时跌落的方式，而不仅仅是其落败之事实。这是中国人最古老的最好的信条——道德衡量的力量。公众意见，甚至街上小工的意见，全都反对安福俱乐部。安福俱乐部的溃败与其说是他方力量所致，不如说是自身腐败所致。

目前为止，所有的结果都显示为负面、消极，最显著的是日本声望的消失。就像一位战事办公室的领导所说的：“一年多来，人们为山东事件强烈反对日本政府，但是现在就连将军们也不再关注日本。”受日本支持的安福集团之轻易瓦解居然成了日本软弱的证据，这几乎不合逻辑，但威望一直是感觉问题而不是逻辑问题。许多曾经深信日本坚不可摧而畏惧到了极点的人，如今放肆地嘲笑日本领导层的无能。当然，就此断定日本不能恢复为影响中国内外政治的一支难
69 以低估的力量，这是极不可靠的；但是，说日本再也不能在中国维持超人形象，则

准是错不了的。而这样的否定,毕竟是一个积极的结果。

因此,皖系军阀的垮台是咎由自取。中国的自由党人对其后果并不觉得十分乐观,他们大多打消了通过政治手段改良国家的念头。在新的一代出现以前,他们甚至怀疑变革政治的可能性。现在,他们投身于教育和社会变革中,期待若干年后,国家会明显地变得完美。自封的南方共和党,并没有显示出比北方军国主义集团更多的光明。事实上,它的老领导孙中山现今除掉了一个中国最可笑的人物之一,而在这次动乱前不久,他确实曾与段(祺瑞)和小徐结盟。[①]

然而,这并不意味着可以得出结论说,民主思想怎么也想不出来。腐败的军国主义自身的固有弱点,将阻止任何军国主义发展得像安福集团那样完善。如同一位中国绅士对我说的:"袁世凯被推翻,那是老虎杀了狮子,现在则是一条蛇杀了老虎,不管那条蛇变得多么邪恶狠毒,都会有更小的动物来杀它,它的寿命将比狮子或老虎都要短。"简言之,每一次连续的动荡都促使建立平民权力至上的日子更近了。这一天终将到来,部分是因为军阀独裁反复显示出与中国精神的不相合,部分则是因为教育将一天天地发挥出其作用。被压制的自由报正恢复发行,而安福集团资助的二十多家报纸与两家新闻机构则已被关闭。皖系的士兵们,包括许多军官,都清楚地看到了学生的宣传作用。值得一提的是:胜利 70
方的一位军官是唯一带兵打了一场特殊战斗的人,且以少胜多,他就是吴佩孚。他至少不是为直系而攻打皖系的。他从一开始,就宣称是为消除这个国家中军队对民众政府的控制而战的,是为反对卖国贼而战的。他坚决地公开支持组建一个新的众议会,颁布新的宪法和统一中国。虽然张作霖曾发表评论说,吴佩孚作为一个低级军官,别指望其干预政治;但他还是发现,反对众议会的要求并不合适。同时,自由党人正在组织力量,他们几乎不指望能赢得胜利,但不管输赢,他们决心利用这个时机,进一步教导中国人民懂得什么是民主。

---

① 当然,这写于孙中山恢复对广东控制之前几个月。孙中山的这个控制,是通过成功地利用其当地追随者对南方军阀的暴动而实现的,这些军阀之前篡夺了政权并驱逐了孙中山及其追随者。但是,直到我本年7月离开中国时为止,华北和华中的自由党人还在艰苦地反对北京当局,但南方政权并不对此寄予多大希望。一般的态度是:"双方都得不到好报",并渴望一个全新的开始。中国的南北冲突,远不如美国的南北冲突那么强烈。

工业中国[①]

71 中国人的勤劳和国家的工业化之间的差距之大，举世皆无。中国人的勤劳众所周知，而工业上，他们则处于从家庭手工自制到机器生产的革命的最初阶段。运输上，刚从男人（女人或孩子）的脖子转移到运货车厢。男人的脖子——有时，中国中部的大宗货物无疑是由神奇的水路系统承担的，然而当无风的时候，就由男人——还有女人和孩子，肩膀缚上绳子拖着船行走。在大运河边，你往往可以看到，40 来个人十年来一直拉着一根缚在一些笨重的平底帆船的桅杆上的绳子。即使是一个突然被置于严酷的中世纪经济条件下的拉斯金人[②]，也可能被迫承认，所谓人性化的蒸汽机车有两面性。那些不加区别地推崇中世纪行会的人，可能会从研究中国同行的工作方式中学到一些东西。

最近六周，我游览了江苏省。上海就坐落在该省，它是中国工商业最发达的城市，拥有最多的工厂、铁路和对外贸易。至于具体的细节与统计资料，读者可去看领事报告、贸易杂志等等。这篇文章的任务卑微，其目标仅仅只是报告我所见到的一些问题的印象，这些问题是中国在近些年走进工业、加速革命的时候所必须面对的。

我参观了分布在该省最北端到最南端的十五个城镇，严格说来，其中两个位
72 于浙江南部。这些城镇分为四类。第一类计入通商口岸之列，这儿外商云集，外

① 首次发表于《新共和》，第 23 期（1920 年），第 39—41 页；修改并重新发表于《苏俄与世界革命诸印象：墨西哥—中国—土耳其》（*Impressions of Soviet Russia and the Revolutionary World: Mexico — China — Turkey*），纽约：新共和出版公司，1929 年，第 237—251 页。

② 从事鞣皮工作的人——译者。

资汇聚，虽然外国方式往往得屈服于中国的条件限制，得接受买办做中间人，但还是确立了领头地位。为着技术商业化的目的，从统计的角度看，这些以上海为重中之首的城镇无疑是最有趣的；从社会的角度看，它们则是最无趣的，这无非因为以研究两种文明碰撞和交流情况为目的之一，另一目的却非常普通——赚钱。

此外，其首要意义在于展示出中国企业吸纳股份制管理体系的能力日益增长，而不像早期中国独资企业那样悲伤绝望。其原因值得一提，因为它们影响了引进现代工业主义各方面的所有问题，而投机因素、促进因素最为突出。通常的心理，则是受金矿刺激而致。在早期喧闹期，大多数投资者都亏了本，一朝被蛇咬，十年怕井绳。即使是合法的企业，也不能引起他们的投资兴趣，除了那些曾在投资股份合资企业获得成功的极少数人。其次，中国的家庭责任制度使得家庭中的富裕成员要负担所有希望被负担的亲戚，这种裙带关系的普遍存在已到了令人难以忍受的程度。其三，大多数早期企业不屑于在旺季存留储备金，也不屑于排除资产折旧与货币贬值的因素。“生命短暂，及时行乐”，是普遍流行的座右铭。然而，现在许多中国企业的经营手段，已经发展到足以与外国资本和外国管理相媲美的程度。事实上，许多中国人认为，由于后者利益转移到买办，并且缺乏与工人的人际交流，将很快落于劣势。然而，这是不可能发生的，因为找不到事实依据。

第二类计入城镇发展的反向极端之列。这些城镇不仅不是通商口岸，而且仅仅接触到现代文明的最边沿。例如，该省的北部，几乎与500年前一样落后。
铁路的修建，带动一些面粉厂建立起来。自战争以来，鸡蛋厂造就了一个新市 73
场。鸡蛋过去一分钱3个，现在每个涨了3倍，而生产者获得了大部分增长的利益。在所有的小镇与小村里，每家饲养母鸡的数量被统一限制，否则的话，母鸡就会进入其他人家的地盘中。大量渐渐累积起来的、富有中国特色的奇特效果，在这件事情上展示得如此完美，即成千上万的鸡蛋每日靠肩挑或手提运到工厂里。此等现象似乎微小得不值一提，但是这种正在发生的典型事例，对于工业化程度大一些的中国地区而言，依然具有重大的意义。甚至出现了这样的事实：土地价值日益提升，生活标准逐步提高，使得农村家庭由过去的仅有一张床变成了现在的两张床，由敌视铁路变成了喜爱铁路。

在这些落后地区，也有人意识到必须克服这些巨大的劣势。拥有几百万人口的地区，几年前居然没有公立中小学，没有报章杂志，没有邮电局，而且直到现在，此类设施还远远不足。最确切的一个障碍就是土匪的活动，做强盗被当成与做商人是同样的职业。富人整日担惊受怕，害怕被掠夺、被绑架，所以，他们的家看起来如乞丐家一般一贫如洗。士兵与土匪的职业可以相互交替，基于上述整体情况，农民更愿意选择后者。有人听到一个游客的故事：他遇到一个村子的人都将家庭用品放在骡子和独轮车上仓皇飞跑，因为士兵们帮他们剿匪来了。

诸如此类的情况使很多人断言：中国工业的真正发展，必须等到一个强大稳固的政府形成之后。政治因素的重大意义被毗邻江苏北部的安徽省所证实。这里可以看到军国主义所开出的完美的"花朵"。军政府首长最近关闭了省内所有的学校，长达一年之久，其目的只是为了把钱花在军队上。他已经把省内所有的矿产据为己有，最近又将来自两个城市的一条河流改道，从而为他的矿井开通一
74 条运河。这只是当前中国政治状况影响其工业发展的一个极端例子。几乎每个地方官员都在滥用权力。他们控制士兵来索取贡金，通过税收来勒索工厂与矿井，利用铁路来操纵货运，直到迫使利润交到他们手里方才罢休。然后，他们把资金再投资到当铺、银行和其他经济统治机构。因此，一种新型的封建主义正在迅速成长，其中，军国主义直接辅助资本主义。这些人将他们数以百万计的闲散资金存入国外银行，并在外国租界预留了避难场所。控制了交通部与财政部，相当于获取了中国经济的君主权，其影响遍布每一个地方。站长必须支付几千美元方能得到工作，而当发货人需要汽车时，他则索价五十或一百美元以追回投资。工商业都在进步，或许我们有足够多的理由相信：最终它们的成长将促使改革政府，那时，一个稳定的政府将允许工业正常发展。

第三类城镇由城市组成，也代表了古老的中国，但代表的是古中国繁荣与文明的一面。这些城市慵懒、奢华、优雅，同时伴随着极端的贫困与愚昧，如此城镇正在慢慢地堕落。他们从没想过新方式，而与此同时，新方式正从他们转向工业和贸易。许多退休官员到这些城市去，带着他们窃取来的资金，有的到处活动在俱乐部会所和镀金小船上，有的四处听赌博骨牌的咔嚓声。这儿的钱大多用于花天酒地和抽鸦片，而极少用来发展新工业。剩余的资金被投资到邻近的富饶土地上；旧式的小资产者遍地都是，一大批佃户产生了，家庭所有权在这里已成定律。该省北部农村是纯粹的野蛮与落后，而其南部的富有城市则是极端的保守与腐朽。

最后一类是工业城镇，这里外国人不能置地与贸易。这里到处都是棉花厂、
面粉厂和丝绸纺织厂的烟囱，其数量之多，烟雾之浓，犹如上海的工厂区——大
部分是近十年发展起来的，实际上主要是战后发展起来的。这些城镇中最重要
的两个，恰恰是相对立的两种类型。其中一个是，整个企业的发展都被掌控在单
个家族的两兄弟手里；而且，其领头的是一小撮自负而又爱冒险、欲致力于从内 75
部改造满洲王朝的人。一旦发现他的计划搁浅、努力遇阻之后，他就退休回到家
乡小镇，几乎是单枪匹马地开创工业与经济发展之路。他在日记中记载：他在中
国创办了第一个严格意义上的中国棉花厂和第一所正规的学校。由于两者皆属
开天辟地，因为中国从来都没有过两者之中的任何一项，所以他除了遇到反对与
灾难预言之外，几乎没有遇到别的什么。现在，这个地区已经是众所周知的中国
城镇的模范：拥有良好的道路，连通了各个村庄的大客车和技术型的学校；在那
里，聋哑人被关心，乞丐完全绝迹。然而，这种方式只是古中国的理想方式，是一
种儒家家长式制度；其展现的是拒绝大规模变革的小规模的国家改革规划。工
业上的创新与陈旧的理念融合的最显著标志，就是工厂中出现了女童与妇女劳
动力。由于工业巨头发现，男孩与女孩过了 10 岁不宜在一起读书，大多数女孩
就失去了进校读书的机会。另一个城镇代表的则是毫无计划的竞争发展模式，
不那么匀称却多了些活力。许多人强烈反对在发展城市生活时缺乏合作与组
织，而这就是青年中国的特征：它视无秩序的大个人主义比所谓的模范城镇的仁
慈独裁更有希望。

但是，所有的工业化城镇都有一个共同的问题，这也是中国的问题，即中国
的工业发展是否将重复英美和日本的历史，直至其放任的恶果导致群众运动和
阶级斗争方才收敛，[①]还是利用他国的经验使发展人性化呢？中国是一块问题
之土，问题如此的进退两难和交错复杂，以致一些人常被提醒而想起在他青少年
时期困扰中国人的那些难题。但是，对中国和整个世界而言，通过工业革命要解
决的重中之重是方向性的问题。到现在为止，表面上所有的迹象都指向那场非 76
人道的运动，指向盲目地重复西方工业革命中最糟糕的一幕。没有任何与工厂
相关的法律法规，即使有，政府也没有能力去管理和实施它。你可以看到：丝纺
厂里一群 8 岁到 10 岁的孩子，为了那么一点微薄可怜的工资，每天干 14 小时的

① 本文写作以来，已经爆发的民族革命促成了工会的发展，而且还不时地爆发阶级斗争。

活；而每天干 12 小时，在所有的作坊里是常规轮班制了。然而，在最近的几年里，多数这类企业每年分得的红利都在 50 到 200 个大洋之间，此外还有 50％的利润。很肤浅地，中国把其刚起步的工业看作不受约束的社会开拓者的天堂。然而，事情可不是那么简单。可以想象得到，未来的历史学家会说，中国拒绝引进现代生产和分配机制。这种拒绝长期被引证为是愚蠢保守的典型事例，其实是一种强大的社会本能的体现。这种本能使得中国等待，直到世界达到社会本身可以掌控工业革命而不是受其奴役的时候。但即使只是罗列此历史可能的诸多条件和力量，文末也没余地了，所以只能往最好的方面去想。

哲学的改造[①]

① 原文是"Reconstruction in Philosophy",准确的意思是哲学中的改造,或者哲学上的改造,即发生在哲学这个领域里的改造。杜威在1948年为此书再版撰写的导言中说:"现在,Reconstruction of Philosophy是一个比Reconstruction in Philosophy更合适的题目。"这一方面表明杜威在原文中是有意地使用"in"而不是"of",当然就不是笔误;但另一方面,也说明杜威更认可"of"而不是"in",虽然只是后来由于一系列事件才使他认为,或者意识到,"of"比"in"更妥当一些。鉴于在中文里"哲学的改造"具有一定的模糊性,既可理解为"哲学(领域中)的改造",也可理解为"(针对于)哲学的改造",而这个模糊性恰好抵消了英文里of与in的区别。这里依照惯例,与前人一样,也译为"哲学的改造"。——译者

前言注释

今年[①]二三月间，我应邀在东京日本帝国大学演讲，试图对当前哲学中的观 79
念和方法的改造作出解释。尽管这些讲演不可避免地带有作者个人的立场，但其目的仍然在于对新旧哲学问题进行概要性的对比，而不是带有偏见地为对这些问题的某一个特别解答作辩护。我要最大限度地提出那些使得理智改造不可避免的力量，并预测改造必定继续下去的某些路线。

凡是享受了日本人独特的盛情接待的人，如果想要找到与所受到的款待相称的方式来表达感谢的话，都会无比地困难，不知该怎么说。然而，我这里必须白纸黑字写下我对他们的感激之情，特别要记下我对东京大学哲学系诸成员，以及我亲爱的朋友小野(Ono)先生和新渡户(Nitobe)博士给予的优待与帮助的难以忘怀的印象。

① 指 1919 年，当时杜威应邀访问日本和中国。——译者

1.

变化中的哲学概念

80 人与低等动物可以区别开来，因为人能保存他过去的经验。过去所发生的事情，可以在其记忆中再现出来。关于今天所发生的事情，可能萦绕着一层层的念想，这些念想与人们在过去日子里所遭受到的相似的事物有关。而对于动物来说，一个经验刚发生就随即消失了，每个新的行动或感受都是彼此孤立的。但是，人类生活在这样的一个世界里，这里发生的每一件事情都充满了对以前发生的许多事件的反响和回忆，这里的每一事件都是对于其他事件的一个提示。因此，人不像野兽那样生活在一个纯粹物质的世界里，而是生活在一个充满符号和象征的世界里。一块石头不只是人们撞上它后所感觉到硬的一个东西，它也许还是怀念已故先人的一块纪念碑。一团火焰不仅仅是能温暖或者燃烧的某种东西，而且也许还是持久的家庭生活的一个象征符号，它会给游子提供一个流浪归来所向往的欢乐、饮食和庇护所。这团火不光是会灼伤人的普通的火，也是一个人为之崇拜、并为之战斗的火炉。所有这些标志人性与兽性之间、文化与单纯物理自然之间差异的东西之所以如此，都是由于人会记忆、保存而且记录其经验之故。

然而，记忆的再现很少是原义不变的。我们自然记得什么让我们感兴趣，而且正是因为它让我们感兴趣(我们才记住了它)。我们追忆过去并不是因为过去本身，而是因为它丰富了我们的现在。所以，记忆的生命主要是情感的，而不是智力的、实践的。野蛮人回忆起昨天与某个动物的搏斗，并不是为了要以科学的方法去研究那个动物的诸性质，或者想明天如何更好地搏斗，而是想通过重现昨天的刺激来解除今天的单调无聊。记忆拥有战斗时所有的兴奋与刺激，却没有

其危险和焦虑。对战斗的回想与品味就是为了给当下时刻增添一种新的意义，
一种与实际上属于当下或者过去的意义都不相同的意义。记忆是替代性的经
验，它拥有实际经验的所有情感价值，而无其紧张、不确定性与麻烦。战斗的胜 81
利感在纪念战斗的舞蹈中，比胜利的那一刻更加强烈；当狩猎追逐的经验在篝火
边被反复谈论和重演时，有意识的、真正人性的狩猎经验将会产生出来。这个时
候，注意力被实践细节和不确定性的紧张感所占据，只有到后来，各种细节情形
才组合成一个故事，融合成为一个完整的意义整体。在实践经验的时候，人是一
个瞬间又一个瞬间地存在着的，全神贯注于一个瞬间的任务。当他在头脑里重
新回忆既往的所有时间片段时，一场戏剧便浮现出来，有开始、中间阶段，有朝向
成败高潮的运动。

既然人们只是因为过去的经验可以对当前的闲暇增添兴趣——否则，将会是空虚的——才去再现它，那么，记忆的原初生命力就体现为幻想和想象，而不是精确的回忆了。它毕竟只不过是一段故事、一场戏剧而已。只有那些具有当下情感价值的事件才会被挑选出来，以便在想象中得到复述，或者向一个倾听者讲述这段故事时增强其当前叙述的故事性效果。而那些不足以增加格斗的刺激，或者无助于其成败目标的事件，就会被抛下不管。各种事件会得到重新的安排，以便具有故事性的品质。故而，当早期的人类在独居的时候，在不为生存而斗争的时候，他们就是生活在一个充满了各种记忆的世界里。这个世界充满了各种联想，联想与回忆不同，因为我们不必费劲去检验它的正确性。对于联想来说，正确与否是一件相对无关紧要的事情。天上的云彩有时让人想起一匹骆驼，或者一个人的面孔，然而，如果你没有见过实际的、真正的骆驼，没有见过那张脸，那朵云就不可能让你联想起它们。不过，它们之间到底是否相像，是无关紧要的；更重要的是，这个追踪那骆驼或面孔的形迹于忽隐忽现之间的过程对人所激发出来的、情感上的兴趣。

研究人类原始历史的一些学者，谈到过许多动物故事、神话和崇拜所起的巨
大作用。有的时候，一种神秘的东西就是从这种历史的事实中制造出来的，它似
乎向我们表明，驱动着原始人行为的心理状态与驱动着现代人行为的心理状态
是不同的。但是，我认为，这个解释过于简单。在农业和更高的工业技术
(industrial arts)得到发展之前，用来获取食物和避免受到攻击所投入的时间一
直就是比较短暂的，而空闲期却一直比较长。由于自己的一些习惯，我们倾向于 82

认为，人们总是忙碌不停，即使没有事做，至少也在想着、计划着什么事情。然而，那时的人们只是在行猎、捕鱼或者进行远征探险的时候，才是忙碌的。人只要醒着，心中必定有所想，有所承载，它不会因为身体休闲就空虚着。不过，除了与野兽在一起的那些经验，除了在兴趣影响下使得典型的捕猎追逐之类的事情变成更加生动连贯的经验之外，还有什么思想会闯进人的内心呢？人在想象中戏剧性地再现其现实生活中有趣的那些部分，动物本身也就不可避免地被戏剧化了。

它们是剧中真正的**主人公**，因此呈现出人的特征。它们也有欲求、希望和恐惧，也有友爱，也有好恶，也有胜败。尤为重要的是，它们都可算是共同体的成员，因为如若没有它们，不但缺乏食粮，而且连生活的趣味都减少了。虽然它们被人所捕猎，但它们是自己允许自己被捕获的，因此是（人类的）朋友和同盟者。它们将自己奉献于它们所属的共同体组织的维系和福祉。于是，后来不仅产生了许多有关动物活动和特性的故事传说，而且产生了许多以动物为祖先、英雄、部落的旗帜和神灵的仪式与崇拜。

我希望，对于你们[1]来说，我所讲的与我的主题——哲学的起源问题——不会离得太远。因为在我看来，除非像我们这样更深远、更详尽地进行如此的思考，否则，我们就不能理解诸哲学的历史之源。我们需要认识到，一般人在独居时的通常意识是欲望的产物，而不是理智的考察、研究或沉思的结果。只有当人受制于一种背离人性的训练，也即从自然人的立场来看这种训练是人为的时候，人才不再受到希望、恐惧和爱憎的驱动。我们的书籍，我们科学的和哲学的书籍，自然是由在知识学科和文化上属于较高层次的人士所著。他们的思想已经习惯于理性的推断，他们已学会用事实来检验其想象，逻辑地而不是情绪地、戏
83 剧地组织其观念。当他们沉溺于幻想和白日梦时——这样的时候，可能比人们通常知道的还要多——他们当然知道他们在做什么。他们将这些思想的游离贴上标签，从而不至于混淆其结果和客观的经验。我们倾向于以己度人，而且因为科学的和哲学的书籍是由这样的一些人所著述——在他们身上已经有了合理的、逻辑的和客观的习惯，便以为他们把这同一理性也赋予了一般的普通人，从而忽视了理性和非理性在未经训练的人性里就像故事插曲那样毫不相干；忽视

① 杜威作此演讲所面对的听众。——译者

了人受制于记忆而不是思想，而这个记忆并不是对客观事实的记忆，而是联想、暗示和戏剧性的想象。用于测量发自内心的暗示的价值标准与事实不相一致，它是一种情感上的适意。它们是否会刺激并增强情绪感，从而适合戏剧化的故事呢？它们是否与人们流行的心情状况相一致，并能表达共同体传统的希望和忧患呢？如果我们愿意更宽松、更自由地使用“梦想”这个词，那么简直就可以说，除了偶尔从事实际的劳动和奋斗之外，人就是生活在一个由梦幻构成的世界里，而不是由事实构成的世界里。这个梦幻的世界是以各种欲求所构成的，追求这些欲望的成功与失败便构成了这个世界的材料。

如果把人类的早期信仰和传统看作是科学地解释世界的努力，或者看作只是错误和荒谬的尝试，那就大错特错了。哲学最终从其中产生出来的那种材料与科学和解释是没有关系的。它是比喻的，是象征恐惧与希望的符号。它由各种想象和暗示组成，并不表达理智所面临的一个由客观事实构成的世界的意义。它属于诗歌与戏剧，而非科学；它远离科学的真理与谬误、事实的合理性或荒谬，就像诗独立于这些东西一样。

然而，这个最初的素材至少要经过两个阶段才能变成严格的哲学材料。其一是故事、传说和伴随它们的戏剧化得以确认巩固的阶段。首先，对各种经验的情绪化记录大多是随意的、暂时性的。人们抓住激起他们情绪的各种事件，编成故事或者舞剧(pantomime)。但是，有些经验是如此频繁而重复地发生，以致它 84
们作为一个整体与人群集体相关，在这个人群社会中普及开来了。单个人的零星冒险得到仿效推广，从而成为部族情绪生活的一种代表和典范。某些事件还会影响到整个集体的悲欢忧乐，于是便获得一种特别的重视和提升，于是某种传统的结构便建立起来：故事成为一种社会的遗产和财富；舞剧也发展成为固定的仪式。这样形成的传统就演变成为一种个人的想象和暗示所要遵循的规范，从而一个持久的想象结构便建构起来了，一种构想生活的共同方式便生成了。它通过教育，引导着共同体内的每一个人。个人的记忆不知不觉地，或者由确定的社会要求而同化于集体的记忆或传统之中，而且，个人的想象也融合于共同体所特有的信仰体系之中。诗歌也被固定下来而变得体系化了；故事成为一种社会规范；重演情感上的重要经验的原始戏剧被制度化而成为一种祭礼；从前那些自由的暗示也被固定下来，成为各种各样的学说。

这些学说的系统而强制性的本质，是通过军事上的征服和政治上的强化而得到巩固和确认的。随着管治区域的扩张，于是就产生了一种要去系统化，要去统一那些曾经是自由而漂浮的各种信仰的明确的动机。除了因为与他种民族接触而发生的自然调节和同化以外，因为政治上的需要，统治者为增加威望、保持势力起见，不能不把各民族的传统和信仰都集中统一起来。朱迪亚[①]、希腊、罗马，我认为其他所有历史悠久的国家，都给我们展现出这样的记录：为了维持一个更宽广的社会统一和更广泛的政治权力，对于以前各种地方仪式和教义进行了持续的改造。我要请求诸位和我一起设想，人类更博大的创世论和宇宙论以及更宏大的伦理传统就是这样兴起的。实际是否如此，不必查究，更不要说论证了。在社会影响下发生了教义和祭仪的组织化、固定化，它们赋予想象以一般特
85 征，赋予行为以一般规则；而且，这样的一个固定化过程是任何哲学形成所必需的先决条件。认识到这些，对于我们的目的来说就足够了。

这种对信仰的诸观念与原则的组织化和一般化，虽然是哲学的一个必要前提，但不是哲学产生的唯一的和充分的条件。这里还欠缺一个追寻逻辑体系和理性证明的动机。对于这个动机，我们可以假设，它是由传统法典中体现出来的道德规则和理想对逐渐增多的事实、实证知识的调和所要求的。由于人绝不能完全成为一种暗示和想象的动物，继续生存的需要使他必须对现实世界的实际事实给予关注。虽然环境对于观念的形成实际上所施加的控制出奇地小——因为无论怎样荒谬的思想都有人接受——然而，环境在毁灭性惩罚的威胁之下，要求观念具有一种最低限度的正确性。有些东西可以吃，有些东西产于某些地方，水能淹人，火能燃烧，锐利的尖物会刺人，重物若没受到支撑就会坠落，昼夜交替，寒暑往来，干湿转换等等，都有一定的规律性，像这样一些平凡的事实在远古时代就已经备受关注了。其中有一些是如此明显而且重要，不需要我们运用想象和思考就显而易见了。奥古斯特·孔德(Auguste Comte)说，他从未看到过有一个野蛮民族奉重量为神，尽管其他一切自然的性质和力量都可被神化。保存和传递一个种族关于所观察到的自然的事实及其系列的智慧的一个常识概括体系逐渐生成了。这种知识与各种工业、技术(arts)[②]和工艺(crafts)尤为相关，在

① 朱迪亚(Judea)：古代罗马所统治的巴勒斯坦南部地区，包括今以色列南部及约旦西南部。——译者

② 对于技术或者技艺，杜威用 arts 而不用 technologies，因为他认为科学技术就是一种艺术。——译者

此，对材料和过程的观察是成功的行动所必需的，而且行动是连续的、有规则的，只靠变化无常的魔力来解释已经不够了。夸张想象的概念在和实际发生的事情并置对比时，就会被消除掉。

水手比纺织工更容易陷入我们现在所称的迷信之中，因为他的活动多为突
然的变化和不可预料的突发事件所支配。即使是对于水手，尽管他可能认为风
是一个伟大的神灵，反复无常，不可控制，但他还是要掌握和熟悉若干随着风向 86
来调整船、帆、橹等等纯粹机械的原理。火可以被想象成超自然的龙（dragon），
因为迅疾、明亮而吞没万物的火焰让人不时联想到运动快捷而且危险的大毒蛇。
然而，家庭主妇在照看烹制食物的火与锅时，还是要观察通风、拨火和木材燃烧
成灰的过程等等这些机械的事实。金属工人关于热加工的条件和后果所积累起
来的可证细节知识就更多了。在举行特别仪式的场合，他会保留传统的信念；而
更多的时候，则会驱除这些观念：当火焰对于他来说，只是一贯不变的、平淡无味
的一种现象时，它就变成是由实践中的因果关系所控制的了。随着技术和工艺
的发展和变得精细，实证的和检验过的知识体扩大了，所观察的事件序列也变得
更加复杂了，范围也更为广阔了。这一种类的技术产生了关于自然的常识，科学
就起源于其中。它们不仅提供了一堆实证的事实，而且产生了人们运用各种材
料和工具的技巧。此外，只要技艺不拘泥于浅陋习俗，它还能促进我们心智中实
验习惯的发展。

与一个共同体内的道德习惯、感情嗜好和精神慰藉紧密相关的想象信念体，
在很长一段时间内，与日益增长的事实知识体相伴共存。一有可能，它们就相互
交织在一起；而在其他场合，它们却又互不相容，相互抵触，分离如在异处。由于
它们两者之间只是彼此重叠，人们感觉不到它们之间的不一致性，也就没有调和
的必要了。在大多数情况下，这两种精神产物是截然分离的，因为它们变成了不
同的社会阶级的所有物。上层阶级手中拥有宗教的、富于诗意的信念，它们具有
一定的社会的与政治的价值和功能，并与社会中的统治要素直接结合。而拥有
平凡的实际知识的工人和工匠，很可能只占据着一种较低的社会地位，他们的这
种知识又受到社会上对手工工人持轻视态度的影响，但是，这些工人却从事着有
益于社会的体力劳动。毫无疑问，在古希腊，就是这种事实推迟了实验方法一般 87
的与系统的运用，尽管雅典人拥有敏锐的观察力、超凡的逻辑推理能力和思想的
极大自由。由于工匠在社会等级上仅仅高于奴隶，他们的这种知识及其所依赖

的方法当然也就缺乏声望和权威了。

然而，事实性知识（matter-of-fact）最后还是增长到如此丰富而宽广的程度，以致它与各种传统的、想象的信念不但在细节上而且在精神和气质上都发生了冲突。关于如何以及为什么的令人烦恼的问题，我们不必深究；但毫无疑问，这就是我们称之为古希腊诡辩运动中所发生的事情，从中产生出在西方世界被理解为真正的哲学的那种学问。诡辩论者从柏拉图和亚里士多德那里得到了一个他们从未能摆脱的恶名，这个事实证明，这两种信仰之间的争论对于诡辩论者来说，的确是一件重要的事情；而这个冲突，对于宗教信仰的传统体系以及与之紧密相关的行为道德准则，却起到了一种不和谐的作用。虽然苏格拉底无疑是真心诚意地关心双方的和解，但他以实际的方法来处理这个问题，给予其法则和标准以优先地位，这足以让他被指控为一个侮辱诸神并毒害青年的人而被判处死刑。

苏格拉底的命运和诡辩派的恶名可以用来暗示传统的、情绪化了的信仰，与平常的事实性知识之间形成鲜明的对比——这种对比的目的在于指明，我们称之为科学的那个东西的所有优势都在后者一边；而社会尊崇和权威的优势，以及它与那赋予生活以深层价值的东西密切关联本身所具有的优势，则在传统信仰这一边。显而易见，环境中被证实的专门知识，只限于一个有限的、技术的范围。它与技艺有关，而工匠的目的和好处终究不能延伸很远。他们是次要的，甚至是
88 卑微的。谁会把鞋匠的技艺和治理国家的艺术放在同一个层面上呢？谁会把医生医治身体的更高技艺放在与牧师医治灵魂的技艺相同的层次上呢？所以，柏拉图在他的诸对话录里常常提到这个对比。鞋匠是鞋子好坏的鉴定人，但对于是否要穿鞋，以及什么时候该穿鞋这类更重要的问题，他就无从说起了；医生是身体健康与否的判断者，但是，到底是活着好还是死了更好，他却不知道。工匠对于提出的纯粹有限的技术问题来说，是内行专家；但对于真正最重要的问题，即关于各种价值的道德问题，他却无能为力。其结果，工匠的知识类型就被认为是天生的低下，故而要受到一种启示人生终极目的的较高等知识的调节，只有这样，技术的和机械的知识才能被放置在恰当的地方。在柏拉图的文章里，我们还发现，由于其富于戏剧意味，可以看到对当时一些人在那传统的信仰和纯粹知识的新要求的冲突之下所受冲击的生动描绘。保守者对用抽象的法则教授军事技艺无比震惊，因为军事不仅是打仗，更重要的是为他的国家而打仗。抽象的科学

不能传播爱与忠诚，即使从更加技术的方面来说，它也不能代替那种体现在传统中的爱国精神的各种战术。

学习战术的方法，就是跟着那些曾为国家打仗的人，充分信仰本国的理想和习惯，即变成希腊武术遗风的信徒。试图通过比较本国与敌人的战术从而推出抽象的法则，这岂不是归顺了敌人的传统和宗教了吗？岂不是开始不忠于自己的国家了吗？

这样一个可以生动地认识到的观点使我们领悟到，实证的观点与传统观点接触时将会引起对抗，后者深深地植根于社会的习惯和忠诚之中。它包含着人们生活所追求的各种道德目标，还有生活所遵循的各种道德法则。因此，它和生活本身一样，是基本而全面的。他不停地跳动着，伴随共同体生活中的温暖又灿烂的色彩，人们实现着自我的存在价值。与此不同，实证的知识只是关于物质性的效用，而缺乏对于由祖先的牺牲和同代人崇拜而神圣化的信念的激情联想。 89
由于性质有限而具体，这种实证的知识枯燥乏味。

但是，只有像柏拉图本人那样具有敏锐而活跃的才智者，才不会像当时那些保守的市民那样，满足于旧的方式和因袭旧的信念。实证知识和批判的探究精神日益增长，逐渐破坏了传统的信念。新知识拥有确定性、精细性和可证实性几方面的优势。而传统虽然在目的和范围方面还是高尚的，但是其基础却不牢靠。苏格拉底曾经说过，未经质疑(unquestioned)的生活是不值得人过的，人是一个要质疑的存在者(being)，因为他是一个理性的存在者。因此，他必定要寻找事物的原因，而不会因为习惯和政治权威而接受它。我们应该怎么办呢？开发一种理性研究和证明的方法，将传统信念的本质要素放在一个不可动摇的基础之上；开发一种思考和知识的方法，既净化传统又保护其道德的和社会的价值安然无损，并通过净化它们而增强其势力和权威。一句话，维系在习俗之上的东西应当恢复，不再依靠过去的习俗，而是基于存在(being)和宇宙的形而上学。形而上学是作为具有更高尚道德的社会价值的源泉和保证而成为习俗的替代者——这就是柏拉图和亚里士多德所发展出来的欧洲古典哲学的主导论题——它是一种让我们反复回想起的哲学，它被中世纪欧洲的基督教哲学更新和重新论述。

如果我没有弄错的话，关于哲学的功能和任务的整个传统就是在这种情境中产生出来的，这种传统直至最近仍然支配着西方世界的体系性和建设性的哲学。如果我所说的哲学的起源在于试图调和两种不同的精神产物这一主要论点是正确的，那么，只要后来哲学不是消极的、异端的，其主要特征的关键就掌握在我们手里。第一，哲学不是从一个开放的、无偏见的源头里公正不倚地发展起来的。它一开始就设定了自己的任务。它有一个使命要完成，并且事前已对这个使命发过誓。它必定要从受到威胁的过去的传统信念中提取基本的道德核心。
90 到现在为止，一直都还不错；这种功夫是批判性的，并且是为了唯一真正的保守主义的利益——即保存人类所提炼出来的价值，而不是使之变得荒芜。但是，它还要事先承诺以合乎过去信念的精神来提取这一道德本质。它与想象和社会的权威之间的结合非常密切，以至于根本无法动摇；所以，以任何截然不同于过去的形式来设想社会制度的内容都是不可能的。故而，在合理的基础上，为已被接受的信念和传统习俗的精神——而不是形式——进行辩护，这已变成为哲学的工作。

这样产生的哲学，由于形式和方法的不同，在一般雅典人看来似乎过激甚至有些危险。在剪除累赘、摒弃被一般市民视为与根本信念同为一物的诸要素这种意义上，它的确是激进的。但从历史的视角来看，并与后来在不同的社会环境里发展出来的各种不同的思想形态对比来看，我们现在可以容易地看到，柏拉图和亚里士多德对于古希腊的传统和习惯的意义进行过多么深刻的反思，因而，他们的著作能和那些伟大的剧作家们的著作一样，对于一个研究与众不同的古希腊人生活最深处的理想和抱负的学者来说，至今仍然是最好的入门书籍。没有古希腊的宗教、古希腊的技艺和古希腊的市民生活，就不可能有他们的哲学；而哲学家们最引以为豪的那种科学的影响，其实一直是很肤浅的、无足轻重的。哲学的这种辩护精神一次明显的表现是：12 世纪前后，中世纪基督教想谋求一个系统的、合理的自我表现而利用古典哲学，特别是亚里士多德哲学，想以理性来为自己辩护。到 19 世纪初期，德国的主要哲学体系，在黑格尔以理性观念论的名义来辩护那些受到科学和大众政治的新精神威胁的一些学说和制度时，亦是如此。其结果就是，那些伟大的体系也不能摆脱代表先入之见的信念的党派精神。由于它们同时声称拥有完全理智的独立性和合理性，其结果就往往是给哲学掺入一种不诚实的因素；对于那些哲学支持者来说，由于完全没有意识到这一点，其潜伏的祸害就尤为深重了。

91 这把我们带到哲学从其源头萌生出的第二个特征上。既然它的目的在于为以前因情趣相投和社会威望而被接受的事物进行理性的辩护，那么，它就不得不重视推理和证明的办法。由于在它所处理的材料中缺乏内在的合理性，它便走向另一个极端，竭力依靠逻辑形式之类的东西来炫耀了。其实，在处理事实问题的时候，可以运用更简单、更粗略的论证方法；可以说，提出被讨论的事实并指向它就足够了——这是所有论证的基本形式。但是，对于不能再靠习俗和社会权威的主张而使人信服接受的学说，以及不能依靠经验证明的学说，要想令人相信它们的真理性，除了扩大严密思索和严格证明的姿态以外，别无他法。于是，便出现了抽象的定义和过度科学的（ultra-scientific）论述，它使许多人背弃哲学；但对于其信奉者来说，却一直是一种主要的吸引力。

在最坏的情况下，它使哲学降低成为一种炫耀精致术语的表演、琐碎的逻辑，以及对广博周详论证的外在形式的虚假追求。即使在最好的情况下，它也是倾向于产生为体系而体系的一种对体系的过度依恋，以及对于确定性的一种过度自负的主张。巴特勒（Butler）大主教曾宣称，可能性是生活的指南；但是，很少有哲学家有足够的勇气承认，哲学能够满足于任何仅仅是可能的东西。由传统和欲望所规定的习俗曾经声称有终极性和不变性，它们也曾经声称要给出一些对行为进行规定的确定不移的法则。在其早期历史上，哲学也曾号称能有类似的最终确定性，但从那时迄今，属于这类气质的东西一直依附在一些传统的哲学里。它们坚持认为，它们比一切科学都更加科学——的确，哲学是必要的，因为毕竟任何专门科学都不能达到终极的、完备的真理。也曾有一些反对者敢于宣称——如威廉·詹姆斯所作的那样——“哲学是一种洞察”（philosophy is vision），而且其主要功能是将人的精神从偏执和成见中解放出来，并扩大他们对周围世界的感知。然而，大体上来说，哲学怀有更大的野心。坦率地说，除了假设之外，哲学什么也不能提供；而且，这些假说的价值只在于使人对于他的生活 92
更加敏感，这好像是对哲学本身的否定。

第三，为欲望和想象所决定，并在公共权威影响下发展成权威的、传统的各种信仰体系是普遍而综合的。它在集体生活的方方面面可谓无所不在，其压力是不间断的，其影响是普遍的。所以，不可避免地，与它敌对的原理和反思思维也要求类似的普遍性和综合性。它在形而上学意义上自许为普遍而久远，正如传统在社会上自许的那样。现在只有一种方法能够使这种抱负得以实现，那就是与一个圆满的逻辑体系和确定性的诉求相结合。

所有古典类型的哲学在两个存在领域之间作出了一种确定而根本的区别。

其中一个对应于流行的传统中宗教的、超自然的世界，在其形而上学的描绘中，它变成最高的和终极的实在世界。既然人们发现，共同体生活中有关行为的一切重要真理和准则的最后根源与认可都存在于超越的和毋庸置疑的宗教信念之中，那么，哲学的绝对的、至高无上的实在性对经验事实的真理性也就提供了唯一肯定的保障，并对相应的社会制度和个人行为给予了唯一理性的指导。与这个只有通过哲学的系统训练才能领会的、绝对的本体的实在相对立的，是日常经验的、相对真实的现象世界。人们的实际事务和功用，正是与这个世界相关联的；事实与实证的科学所涉及的，也正是这个不完全的并处于泯灭中的世界。

以我的意见，这就是最深刻地影响了关于哲学本质的经典概念的一个特征。哲学妄自以为自己的任务就在于论证一个超越的、绝对的，或者更深奥的、实在的存在，在于向人们揭示这个终极至上的、更高实在的本质和特征。它因此宣称，它拥有一种比实证科学和日常实践经验所用更高的知识官能，这种官能以高
93 级尊严和重要性为标志。如果哲学真要把人们引导到去寻找那个直觉日常生活和特殊科学的实在以外的实在(Reality)，那么，这个主张是不可否认的。

当然，这个主张不时地遭到不同的哲学家的否认，但这些否定说法大多是属于不可知论和怀疑论的。他们满足于断言绝对和终极的实在是超越人类视野之外的这一点，而不敢否认，此实在只要在人类智力范围以内就是哲学知识运用的适当范围。关于哲学的适当责任的另一种观念，是最近才出现的。本系列讲演就是要把关于哲学的这个不同观念，和本演讲所称谓的古典观念之间的主要差别暴露出来。在此，它只能以预料的方式被粗略地谈到。它包含在有关哲学的起源是出自一个权威的传统背景这样一个解释之中；而这个传统原来受制于人在爱与憎的影响下，在追求情绪性的兴奋与满足下工作时的想象作用。老实说，关于以系统的方法去处理绝对实在(Being)的哲学起源的这个解释，带有明显的恶意。在我看来，这个发生学方法[①]对于推翻这类哲学理论活动，比其他任何逻辑的驳斥都更加有效。

---

① "genetic method of approach"，学界大概通常译为"发生学方法"，也可译作"起源追溯方法"，即对事情的起因进行追根溯源的方法。因为杜威受到达尔文进化论的深刻影响，此方法对于杜威来说，意指一种追溯式的考察，而不是从某个源头开始的顺序式过程。而且，并非所有被追溯起源的事物都有发生的源头，如存在、连续性、情境，即使有，也难以确定源头。另外，"发生"与黑格尔的"大全"、绝对精神、原始起点有相似之处，而这是杜威所反对或避免的。——译者

如果这个讲演能够成功地将哲学不是起源于理智的材料而是起源于社会的和情感的材料这个观念，作为一个合理的假说留在诸位心里，也就成功地把一种对于那些传统哲学的改变了的态度留给了大家。大家就会从一个新的角度、用新的眼光来看待这些传统哲学了。人们会产生关于它们的新问题，也会提出评判它们的新标准。

一个人，只要在思想上毫无保留地着手研究哲学史，把它当作文明和文化发展的一个章节去研究，而不是把它当作一件孤立的事情；只要能够将哲学的故事和对人类学、原始生活、宗教史、文学以及社会制度的研究关联起来，那就可以肯定地说，他对于今天讲话的价值必定能够有一个他自己独立的判断。以这种方式来考虑，哲学史就会呈现出一种全新的意义。从自命为科学的立场中失去的， 94
可以从人文立场中重新得到。我们可以看到人类关于社会目的与渴望的种种冲突，而不是彼此之间关于实在本质的争论。我们拥有人类明确表述与其最深切地、充满激情地相关联经验事物的努力的重要记录，而不是不可实现的、超越经验的企图。我们看到一幅有关一批有思想的人选择他们的生活理想以及为人们塑造其理智活动的目标的生动画面，而不是作为一个远离的旁观者，以非个人的纯粹苦思冥想的努力，去沉思那些绝对的物自体（things-in-themselves）的本质。

你们当中如果有谁对于过去的哲学存有这种见解，那么，他对于将来从事哲学的范围和目的也必然会有一个相当明确的观念。他将不可避免地认同这样一种见解：哲学一直处在不知不觉、无意识甚至可以说是隐蔽之中，它今后必须公开和深思熟虑。如果人们承认在研究终极实在的伪装之下，哲学一直被社会的传统中所包含的宝贵价值所占据，它源于各种社会目的的冲突，出于世袭制度与不可并存的当代趋向之间的冲突，那么，他们就会看到，未来哲学的任务将在于澄清人们关于自己时代里社会和道德上的各种纷争，其目的是成为尽人力所能及地处理这些冲突的一个工具。那些用形而上学特性来表述时可能是虚假的、非实在的东西，一旦与社会信仰和理想的斗争联系起来，就变得非常重要了。哲学如果放弃对终极的和绝对的实在研究的无聊垄断，它将在启发推动人类的道德力量上，在致力于人类获得更有序的和明智的幸福所抱热望的帮助中找到补偿。

2.

哲学改造中的几个历史因素

95 伊丽莎白时代的弗朗西斯·培根(Francis Bacon)是现代生活精神上的伟大先驱。虽然成就不大,但作为新潮流的倡导者,他却是全世界理智生活领域中的一位杰出的人物。与其他许多预言家一样,他也有新旧思想混杂的烦恼。他最重大的成就,由于后来事件的发展已多少让人知晓。虽然他自认为已经摆脱了属于过去的事物的影响,但是他的著作却依然一页一页地充满了过时的思想。正是由于这两种容易让人轻视的原因,培根几乎得不到他本应得到的,作为现代思想真正奠基者的盛名,反而因为那几乎不属于他的功劳而受到赞誉,譬如他被认为是科学所追求的独特的归纳法的创造者。使培根不朽的,是从新世界吹来的和风扬起了他的船帆,激励他在新的海洋里冒险。他本人却始终没有发现他所期望的福地,但他宣布了这个新目标,并依据信念远远地看见了它的特征。

他思想上的主要特点,是向我们展示了当时引起理智改造的一种新精神的重要特征。这些特征可能暗示,这个新精神由以产生的社会的和历史的力量。培根最著名的格言是:"知识就是力量。"(Knowledge is Power)按照这个实用的标准来判断,他谴责了当时的学问主要是**非知识**(*not*-knowledge)、自命不凡的虚假的知识(pseudo- and pretentious-knowledge)。因为它们并不提供力量,它们是无用的、无效验的。在他最广博的讨论中,他将他那个时代的学问分成三类:精致的、空想的和论辩的。他所谓精致的学问中,包括了文学(literary learning);这种文学经过古代语言与文学的复兴,在文艺复兴的理智生活中拥有非常重要的地位。培根的评判在当时很有影响力,因为他自己就是这个知识研究所要表
96 达的所有雅丽精巧和古典学方面的一位大师。实际上,他已经预料到,他之后教

育改革者对于片面的文学修养(literary culture)所发起的攻击。这种文化不产生力量，而只是一些卖弄与奢华的浮文虚饰。关于空想的学问，对于他来说，就是意指16世纪盛行于欧洲的半巫术科学——例如，疯狂发展着的炼金术、占星术等等。对此，他攻击得最厉害，因为对他来说，好东西的腐败堕落是最坏的邪恶。因为精致的学问是无用的、空虚的，而空想的学问假冒了真理的形式；它掌握了知识的真正原理和目的——即对自然力量的控制；但它忽视了获得这种知识所必需的条件和方法，从而引人误入歧途。

然而，对于我们的目的来说，最为重要的是他就论辩的学问所说的话。因为，对于这门学问，他指的是从古代经过经院哲学以欠缺和曲解的方式流传下来的传统科学。这种学问被认为具有论辩性，既是因为它所采用的逻辑方法，也是因为它所设定的目的。在某种意义上说，它旨在获得权力；不过，这种权力是为了某个阶级、某个宗派或某个个人的利益而支配其他人的权力，而不是为全体人民的共同利益而支配自然的力量。培根相信，从古代传下来的学问具有好辩和自我炫耀的特点，这当然不是出自古希腊科学本身的缘故，更多的是得自14世纪经院学派那种退化的传统，因为那时哲学已经落到好辩的神学家们的手里，而他们为了赢得对他人的胜利，满腹都是吹毛求疵的争论和遁辞诡辩。

然而，培根也攻击了亚里士多德的方法。亚里士多德采用严格的形式，其目的在于论证；而采用温和的形式，其目的在于说服。但是，论证和说服两者的目的却都在于征服人心而非自然。此外，两者都假定有人已经得到一种真理或信念，而其唯一的问题则在于说服或教育他人。与此相反，培根的新方法极不看重现存知识的分量，但对那尚待获取的真理的范围和重要性却有强烈的兴趣。它是一种发现的逻辑，而不是一种辩论、证明和劝导的逻辑。对于培根来说，旧逻辑最多不过是传授已知事物的逻辑，而传授就意味着灌输和训练。亚里士多德 97
有一个公理，意思是说，能够学习的只能是已知的东西，知识的增长仅仅在于把理性的普遍真理与曾经被人们认为是相互分离的感性的特殊真理结合起来而已。在任何情况下，学习就是知识的**增长**，而增长则属于变成和变化的领域；因而，在对已知事物的三段论法的自我循环的运用(即论证)上，知识的增长不如对知识的**占有**。

与这个观点恰恰相反，培根雄辩地主张，发现新的事实与真理要比论证旧东西更具有优越性。走向发现之路现在只有一条，那就是深入探究自然的各种秘密。科学的原理和规律并不显露于自然的表面，它们隐藏起来了，必须凭借一种能动而精细的探究技术，才能从自然中费力地获得。无论是逻辑推理或者古人叫做经验的许多观察的被动累积，都不足以掌握它们。能动的实验必然对自然的种种表面事实强加上一些与它们平常所表现出来的不同的形式，因而就使它们自我暴露出真相来，就像拷打可以迫使一个见证人不情愿地吐露出他所隐瞒的事情一样。纯粹的推理作为一种达到真理的方法，就像蜘蛛从自己身上抽丝织网一样。这张网精致而整洁，却是一个陷阱。对各种经验的被动积累——传统的经验方法——就像整天东奔西走、忙于贮存和搜集原料的蚂蚁一样。而培根这里所介绍的真正方法，可以比之如蜜蜂的工作，它像蚂蚁一样从外面的世界搜集材料；但与勤劳的蚂蚁不同的是，它处理和改变所得材料而摄取它隐藏的珍宝。

培根把征服自然与征服人心相类比，并把发现方法提升到证明方法之上。进步的意义对于培根来说，就是作为真正知识的目的和检验。按照他的说法，古典逻辑即使以亚里士多德的形式，也难免有利于毫无生气的保守主义。因为它使人心习惯于认为真理就是已知的，使人们习惯于退而依靠过去的知识成就，没
98 有批判地审查就接受它们。不仅中世纪而且文艺复兴时期的精神，也倾向于将古代看作知识的黄金时代，前者依赖圣典，后者依赖世俗的文献。而且，这个态度即使不能完全归咎于古典逻辑，培根仍有根据地觉得，任何逻辑，只要把认知的技术看成是对心灵既得真理的论证，那么，它就是在挫伤研究精神，把心灵束缚于传统的学问圈子之内。

这样一种逻辑，由于其显著特点，不可避免地将对已知的（或者人们认为是已知的）东西下定义，并且按照公认的正统法则对它体系化。而另一方面，一种发现的逻辑却又面向未来。它把所接受的真理批判地看作是某种要用新的经验来检验的东西，而不是被教条般地传授和忠实地接受的某种东西。它对于即使经过最仔细的检验而获得的知识的主要兴趣，也是这种知识在更深入的探究和发现中的使用。旧真理的主要价值，在于帮助发现新的真理。培根自己对于归纳法本质的评价虽有相当的缺陷，但他敏锐地觉察到，科学即是对未知界的进军，而不是以逻辑形式对既知事物的反复叙述。正是这一点，使他成为归纳法之父。对于未知的事实和原理持续不断的发掘——这就是归纳法的真谛。知识中的持续进步，是保护既得知识不至堕落为依赖权威的独断教条、或者不知不觉地衰退成为迷信与老生常谈的唯一可靠途径。

对于培根来说，不断更新的进步既是对真正逻辑的检验，也是它的目的。培根常常追问：旧式逻辑的工作和成果在哪里？它对于改良人生弊病、补救缺陷、改善生活条件究竟做了些什么？证实其主张是掌握真理的那些发明在哪里？除了在法庭、外交和政治管理上人对人的胜利以外，什么也没有。人们必须从令人赞美的“科学”转向那些受到鄙视的技艺，去寻找通过超越自然力的力量来造福人类的事业、成果与有价值的结果。而技艺的进步，却是断断续续的、突发的和意外的。探究的真正逻辑或技巧，可以使在工艺、农业和医术上的进步变得持续 99
不断、累积式地增长并深思熟虑地系统化。

如果我们考察学者们苟且因循和鹦鹉学舌般背诵的那种现成知识的假设体系，我们会发现，它由两个部分组成。其中一部分是由我们的祖先流传下来的谬误所构成的，它散发着古旧的霉味，而且是利用古典逻辑构成的伪科学。如此“真理”，实际上不过是我们祖先系统化了的错误与偏见。他们当中有许多是意外引起的，也有许多是基于阶级利益与偏见；正是因为这个原因，它们得到了当权者的长期保留——也正是这一考虑，后来引起洛克对天赋观念说的抨击。而接受的信念中，另一部分来自人心的本能倾向，这些倾向会给予人心一种危险的偏执，直到它们受到有意识的批判逻辑的抵制为止。

人的精神会自然地假定，现象之间具有比其实际存在更大的简单性、一致性和统一性。它遵循着表面的类推就直接达到结论；它忽视了细微的差别和种种例外情况的存在。于是，它编织一张纯粹内在生成之网，并将它施加于自然之上。过去所谓的科学，就是由这样人造的增加上去的网所构成的。人们望着自己的精神制造物，却自以为是在观看自然中的各种实在。他们实际上是在科学的名义下崇拜着自己制造的偶像。所谓科学和哲学，就是由这些对于自然的“预想”所组成的。对于传统逻辑所能说出的最坏之处，就是它并不把人从这个自然的谬误之源中拯救出来，反而把统一性、简单性和普遍性等所谓虚假的合理性归之于自然，并认可这些错觉之源。而新逻辑的职责将是保护精神，使它不至于自相矛盾，即教它耐心持久地去学习事实中无限的差别性和特殊性，教它理智地顺从自然从而在实践中支配自然。这就是新逻辑的意义——做学问的新工具或推理法(organon)，这名称显然是为了表达对亚里士多德推理法的反对而起的。

这个名称还包含其他一些重要的反对观点。亚里士多德认为，理性是可以独自与合理的真理进行交流的。他所说的“人是政治的动物”那句名言的反面就 100

是：**智力**(Intelligence)、**理性**(*Nous*)既不是动物的、人类的，也不是政治的。它是神圣的、独一无二而又自我封闭的。在培根看来，谬误是由于社会的影响才发生且存续下来的，而真理则必定是由以发现真理为目的而组织起来的社会力量去探寻的。个人自个儿所能做的事情很少，甚至几乎什么也做不了；他很容易陷于自己所编织的误解之网。进行合作研究的组织是非常必要的，人们以此合力动手探究自然，对自然的探究工作可以一代一代地持续进行下去。培根甚至有一个相当荒谬的念头，他渴望发明一种完美的方法，使所有人对于新事实和新真理的产生都处在同一层面上，而不管人的自然能力的差别。然而，这个幻想不过是他从反面表达了——他对于联合协作的科学研究的一个伟大而积极的预言，而这种协作是我们这个时代所特有的。我们只要看看他在《新大西岛》(*New Atlantis of a State*)里所描写的那个为集体探究而组织的情形，就可以原谅他的夸张了。

支配自然的力量在于集体，而不在个人；按照他所说，人支配自然的帝国将代替人支配人的帝国。这里，让我们引用培根含有独特隐喻的辞句：

> 人们进入对学问和知识的渴望之中……很少是真心地为了对他们的理性禀赋给出真正的解释，也很少是真心地为了人类的福利和效用。他们好像是在知识里面寻找一张睡椅，让四处探寻而徘徊不定的精神得到休息；或者是在寻找一个露台，以便让他们浮动而易变的心灵可以走上走下，观望美景；或者寻找一座塔，以便让骄傲的心灵攀登于上；或是到一个要塞或城堡去战斗去争夺；或是在一家商店以资销售营利。总之，不是为了造物主的荣光以及人类的福利而去寻找一个丰富的库藏。

当威廉·詹姆斯称实用主义是一种旧思想方法的新名称[①]的时候，我不知道他是不是明确地想到了弗朗西斯·培根，但就追求知识的精神和氛围来看，培根可算是从实用的观念看待知识的一个预言家。如果我们细心地看他对社会因素在知识的追求和目的中的强调，那么，对这一精神的许多误解是可以避免的。

以上对培根的观点的摘要过长，这并不是想作一个历史性的回顾，而是要把

---

① 詹姆斯原书名为《实用主义——一些旧思想方法的新名称》(*Pragmatism A New Name for Some Old Ways of Thinking*)——译者

新哲学的一个可靠文献摆在我们面前，让我们明了导致理智革命的社会原因。101
这里只能试作一个概括性的描述，但它可以帮助大家回想起欧洲正在进入的工业、政治和宗教上的变化方向。

在工业方面，我认为，对于旅行、探险和新商业的影响，无论如何言说都是不为过的。它们养成了对于新奇事物一种冒险的浪漫感情，松缓了传统信念的控制，为要被研究和征服的新世界创造了生动的意义，为制造业、商业、银行和财政提出了新的方法，而且到处发生作用，刺激发明，向科学引进积极的观察和主动的实验。十字军，对具有亵渎神灵特点的古代学术的复兴，尤其是可能与伊斯兰教先进学术发生的接触，与亚洲、非洲之间的商贸增长，透镜、罗盘和火药的引进，发现和开发具有重大意义的、被称为新世界的南北美洲，这些都是明显的客观事实。我认为，在心理上的变化与工业上的变化同时发生并相互助长时，以前被孤立的人民和种族之间的互相对照，总是最有效的，而且最会引起变化的。有时候，人民由互相交往而引起情绪的变化，几乎可以说是一个形而上的变化(metaphysical change)。人的心灵内部，特别在宗教方面发生了变动。有时候，人民频繁地交易货物，采用外来的工具和设备，模仿异族的服饰习惯、居住和制造货品的方式等等。可以说，在这些变化中，前者是过于内在的，而后者是过于外在的，从而两者都不能引起根本的智力发展。但是，当一种新精神态度的创造与普遍的物质及经济的变化结合起来时，某种重大的事件就会发生。

我认为，这两种变化同时发生就是16世纪和17世纪中新的交往的特征。习俗和传统信念的冲突，扫除了精神上的怠慢惯性和呆滞懒散，激起了对种种不同的新观念的好奇心。旅行和探险的实际冒险行为，消除了精神上对奇异的和未知事物的恐惧：随着地理以及商业上的新领域的开发，人的精神也得到开放。102
新的交往促进了进一步交往的欲望，新奇和发现越多，对于新奇和发现的欲望也就越多。随着对新地方的每一次新航行，以及对异国他乡生活方式的每一次新的报告，对旧信念和旧方法的保守固执就逐渐消解。人心习惯于探险和发现，它在揭示新奇的以及不寻常的事物的过程中获得了欢乐，找到了乐趣，而在旧有的和习以为常的事物里面却无乐趣可寻。此外，探险、远征和规划远途冒险的行动本身也已经使人们产生一种特别的快乐和激动。

这种心理的变化，对于科学和哲学中新观点的产生是必需的。然而，仅仅心理变化这一点，几乎不可能产生新的认知方法。只有生活习惯与生活目标中所发生的实质变化，才能使心理的变化得到客观形态的支持。这些实质的变化还决定新精神通过什么样的途径而起作用。新发现的财富、美洲的黄金和供消费享乐的各种新物品，趋于将人们从形而上学和神学的束缚中解脱出来，使具有刚唤起兴趣的心灵转到自然和现世的欢乐中去。美洲和印度的新物质资源与新市场打破了当地局部市场对家庭手工业产品的传统依赖，并且产生了为输向国外日益扩大的市场而进行的大规模生产。结果就是资本主义制度、便利的交通，以及为金钱利润而非为商品消费的生产随即产生了。

初略而简单地提及这些广泛而复杂的事件，可以显示出科学革命和工业革命之间相互依赖的关系。一方面，现代工业几乎就是应用科学了。赚钱或享用新产品的欲望再强烈，实践的精力和进取心再大，也不能影响过去少数几个世纪、在几代人之间发生的经济转型；而人类在数学、物理学、化学和生物学等科学上所取得的成就，才是其先决条件。商人不过是借助各类工程师的帮助，掌握了科学家在自然的潜力上获得的新见识并加以利用而已；这种对科学知识的运用，
103 表现在现代的矿山、工厂、铁路、轮船、电报和一切生产运输的器械设备上。即使伴随经济活动的普通金钱关系发生了根本改变，这些运用也不会受到削弱。简言之，通过发明这样一个媒介，培根的“知识即力量”格言及其想用自然科学来不断支配自然力量的梦想得到了实现。蒸汽与电力引起的工业革命，就是对培根预言的有力回答①。

另一方面，同样真实的是，现代工业的需要对于科学研究来说，一直是个极大的刺激因素。对先进的生产和运输的需求，设定了要进行探究的新问题；工业中所使用的制造过程，暗示了科学中新的实验器具和操作，人们在一定程度上把商业积攒的财富分流出一些来补助研究。科学发现和工业应用不间断的、普遍性的相互作用，带来了科学和工业的累累硕果；而且还使当代人知道，科学知识的主旨在于对自然能量进行控制。自然科学、实验、控制与进步这四者一直是不可分离地结合在一起的。直到目前，新方法的运用及其结果对生活手段而非生活目的一直发生着影响；更恰当地说，至今，人类的目的是以偶然的而非理智指导的方式受到影响的。这表明，迄今为止的变化仍然只是技术的、而非人文的和

---

① 蒸汽机是第一次工业革命的主要象征物。第一次工业革命以瓦特在 1780 年发明的蒸汽机为标志；电力的使用，即电气化是 19 世纪后期开始发生的第二次工业革命的主要特征。——译者

道德的，它更是经济的而非充分社会化的。用培根的话说，这意味着，虽然我们在依靠科学来获得对自然的支配这方面相当成功，但我们的科学还未能使这个支配系统地、卓越地运用到对人类境况的改进之上。而且，虽然这样的运用在数量上很多，但都是偶然的、分散的和外在化的。这个局限性界定了当前哲学改造的特殊问题，因为它主要强调更大的社会缺陷，而这要求理智的诊断，以及对目的与方法进行规划。

然而，几乎没有必要提醒你们，政治上的显著变化已经随着新科学及其在工业上的应用而产生了，而且在这个范围里，社会发展的某些方向至少已经显示出来了。新兴工业技术的发展，在每一个地方都引起了以农业和战争为社会模式的封建制度的瓦解。只要是现代意义上的商业所及之处，就已经出现这样的趋 104
势：权力从土地转移到金融资本，从乡村转移到城市，从农场转移到工厂；社会名位也从基于私人效忠、侍奉和护卫的方式而得来，转向基于劳动支配和物资交换的方式。政治重心变迁导致的结果是：把个人从阶级和习惯的束缚中解放出来，使政治组织的产生更多地依靠自愿的选择，而较少依赖上级权威。换言之，现代国家已不再像过去那样被看作是神圣的，而更多地被看作是人类的作品；它不是某些至高无上、压倒一切的原理的必然表现，而更多的是男男女女实现他们自身欲求的设计发明。

关于国家起源的契约论是这样一种理论，虽然其错误在哲学和历史上容易证明，但它确实曾经流行甚广、影响极大。在形式上，它声称古代某个时期人们自愿地结合在一起，彼此相约遵守某些法律并服从某个权威，于是产生了国家以及统治者与臣民的关系。和哲学中的许多东西一样，这套理论作为事实的记录，虽然没有什么价值；但作为表征人类欲望方向的一个征兆，却具有极大的价值。它证实了一个正在成长的信念：国家之所以存在，是为了满足人类的各种需要；而且，它还会受到人类的意图和意志的塑造定型。亚里士多德所倡导的国家是自然存在的理论没能让 17 世纪的人心满意，因为该理论把国家当作是自然的产物，似乎就把国家体制置于人类的选择之外了。同样重要的，还有契约论的假设：由自身的决定表达其自身的愿望的个人组成国家。这个学说当时迅速地风行西欧，可以看出传统的制度对人的约束已经放松到何种程度。它证明当时的人们从大的集体中解放了出来，进而认识到他们是对自己的利益有权提出主张的个体，而不仅仅是一个阶级、行会或社会阶层中的一员。

105 与这种政治上的个人主义并行不悖的，还有宗教和道德上的个人主义。种族优于个体，永恒的普遍性优于变化的特殊性，这种形而上学的教条给予政治的和宗教教会的制度以哲学上的支持。普世性的教会在精神问题上是个人的信念和行为的基础、目的和界限，恰如封建等级组织在世俗事务上是其行为的根据、法则和固定的界限一样。北方蛮族从未完全归化于古典时代的观念和风俗习惯，但采纳了那些主要出自拉丁源头的生活所固有的东西，并或多或少地将它们从外面强加到日耳曼民族的欧洲。基督教的新教标志着与罗马观念的统治的正式决裂。它导致个人的良心和崇拜摆脱自命为永恒而普遍的组织制度的支配而获得解放。我们还不能当真地说，从一开始新教运动就会走得如此之远，从而促进了思想和批判的自由，或者否定了绝对束缚个人智力的某种至上权威的观念；也不能说，它一开始就已经充分地想到要加强对道德及宗教信念差异的宽容和尊重。而实际上，它的确导致了既已建立起来的制度的瓦解。通过大量增加宗派和教堂的数量，它至少鼓励了人们对于个人自决根本问题的权利采取一种消极的宽容态度。随着时间的推移，逐渐发展出这样一种明确的信念，即认为个人良心是神圣的，而意见、信仰和崇拜是自由的权利。

无须指出，这种信念的传播是如何助长政治上的个人主义的，抑或是如何增强人们质疑已被接受的科学和哲学观念的愿望的——也即自己去思考、观察和实验的愿望。宗教上的个人主义，即使在宗教运动公然反对超出限度的思想自由时，对于各个方面思想的首创性与独立性也提供了一种非常必要的支持。然而，新教的最大影响却在于发展了每个人以自己作为目的的人格观念。当人类自认为可以直接与上帝发生关系，而不需要像教堂那样的任何组织媒介的时候；当人们认为犯罪、免罪、救赎等“戏剧”是发生在个人的灵魂最深处的某种东西，
106 而不在个人所属的种族上的时候，教导人格服从的一切学说就遭受到致命的打击——这个打击在促进民主方面产生了许多政治的反响。因为当人们在宗教上主张每个灵魂具有他内在的价值时，就很难使这个观念不蔓延开来，比如蔓延到世俗的关系中去。

要在几个章节里概括和总结那些影响还远未消退而相关的论著却有千百卷的工业、政治和宗教上的运动，这显而易见是荒谬的。但是，我仍希望你们能够耐心地回想一下，我之所以提及这些东西，不过是为了给你们提示那标志新观点运行路径的几种力量。首先，人的兴趣从永恒而普遍的事物转向变化着的、具体

而特殊的事物——这个运动在实际上表明,要将注意力和思想从来世转到现世,从中世纪的超自然力特性转到自然科学、自然活动和自然交流的快乐上来。其次,在固定的制度的权威性上,在阶级差别及其关系上,有一种逐渐衰退的趋势,而在如下方面的信念却日益增强:相信个人精神的力量,在观察、实验和反思等方法的指导下,能够获得指导生活所需要的真理。自然探究的运作及其结果渐渐获得威信与力量,而高高在上的权威所规定的原则渐渐失势。

因此,对原则和所谓真理的判断,越来越多地以它们在经验中的起源及其在经验中的利害结果作为标准,而越来越少地以超越日常经验和独立于经验结果的所谓崇高的源泉作为标准。任何原则都不再靠年代久远而成为高尚、名贵、普遍和神圣化。它必须出示其诞生证书,必须表明它是在人类经验的什么条件下产生,并且必须以其现有的、潜在的作品来证明自己。这就是现代以经验为价值和效用(validity)的终极标准的内在涵义。第三,进步的观点受到极大的重视。支配想象的,是未来而不是过去;黄金时代在我们的前方,而不是身后。到处都有各种新的可能性在召唤我们,鼓舞我们的勇气,激发我们去努力。18 世纪后
期的法国大思想家们借鉴了培根的这个观点,并把它发展成为人类世界无限完 107
美的学说。一个人只要愿意付出必要的勇气、智慧和努力,就能够改变自己的命运。自然条件并没有设置不可超越的障碍。第四,耐心的、基于实验的自然研究是促成进步的方法,它在控制自然、征服自然力量为社会服务的发明上硕果累累。知识就是力量,而知识的获得是通过把心灵送到自然学校中去学习它变化的方法得以实现的。

与前面一讲一样,在此讲的结尾处,我认为,最好还是谈谈哲学所担负的新责任和对它开放的一些新机会。总体上说,到目前为止,这些变化的最大影响在于用基于认识论或知识论的观念论来代替基于古代形而上学的观念论。

早期近代哲学面临着这样一个问题(虽然对于它自己来说,是出于无意的),即把关于宇宙的合理的和理想的基础、材料和目的的传统理论,与个人精神上的新旨趣以及对于其能力的新信心调和起来。这让它陷入两难境地:一方面,它无意将自己陷入使人从属于物理的存在、使精神从属于物质的唯物论——尤其是当人和精神开始获得对自然的真正支配的时候;另一方面,由于这个世界的持久不变而把它看作是一个固定而综合的**精神**或**理性**的体现的观念,与那些主要关注世界的缺陷并志在予以补救的那些人意气不投合。从古典形而上学的唯心论

发展而来的客观的神学的理想主义(the objective theological idealism),其作用是要使精神成为柔顺而服从的,但新个人主义对最终决定自然和命运的普遍理性观念及其各种限制则失去了耐心。

因此,早期近代思想在脱离了古代和中世纪思想的约束之后,虽然延续了一个理性生成和构造世界的旧传统,但又把这个传统和通过个人或集体的精神而
108 起作用的那个理性概念结合起来。这就是17世纪和18世纪所有哲学流派所表现出的唯心主义的共同注解,无论是属于洛克、贝克莱和休谟的英国学派,还是笛卡尔的大陆派。众所周知,在康德身上,这两种论调是结合在一起的;可知世界完全是由认知者起作用的思想形成的,这个主题变得清楚明白了。于是,观念论便不再是形而上学的和宇宙论的,而转变成为认识论的和个人的了。

显然,这个发展仅仅代表一个过渡阶段,毕竟它试图以旧瓶装新酒。它对于通过知识指导自然力的那种力量的意义,并没有提出一个自由而公正的表述——那就是为重新塑造信仰和制度的有目的的、实验性的活动。古代的传统还很强大,可以无意识地进入人的思维方式,阻碍并损害真正现代的力量与目标的表达。本质上的哲学的改造,代表着以一种撇开那些不调和的继承因素的方式来叙述这些因果的一种努力。它不把智慧看作事物的最初塑造者和终极原因,而把它看作是对于那些妨碍社会福利的自然和生命的方面进行有目的和能动的改造的角色。它尊重个人,但不是把个人视为能用某种魔法创造世界的一个自负的自我,而是把他视为这样的行为者,即他通过主动、独创能力和用智慧指导的劳动来改造世界,并将它转化为智慧的工具和财产。

培根的"知识就是力量"所表达的观念系列因此得不到自由而独立的表达。它们毫无希望地纠结在体现了与它们完全不相容的社会、政治和科学的传统的种种立场和成见里面。近代哲学的晦涩和混乱,就是试图把两个从逻辑和道德上都不可能结合的东西结合起来的产物。哲学的改造,在当前就是要竭力解除这些纠结,准许培根的期望得到一个自由而不受阻碍的表达。在接下来的一些
109 讲演中,我们将要考虑必需的改造,因为它影响了古典哲学的几个对比,如经验与理性、真实与理想等等。但是,首先,我们必须考察改变了的自然概念对于哲学产生的修正效果,这种自然无论是有生命的还是无生命的,我们都把它归因于科学的进步。

3.

哲学改造中的科学因素

哲学发源于对生活中出现的困难所作的某种深刻而广泛的反应方式，但只 110
有在能使这种反应在实践上成为有意识的、明显的且可以交流的材料的时候，才能产生哲学。前一讲已经提到，一次广泛的科学革命伴随经济的、政治的乃至宗教的变化而发生了，它涉及关于自然、物性和人性的信仰等等几乎所有的细节方面。这次科学转型的发生部分，是由于实践的态度和性情的变化。但是，随着它的进展，它赋予了那种变化以一个相应的词汇，满足了它的需要并使它清楚明白。为了阐明、澄清、沟通和传播这个新趋向，科学的进步正好在其广泛的概括性和关于事实的特定细节方面，提供了所必需的、有关各种观点和具体事实的理智工具。所以，我们今天就来谈谈那些在自然的结构和要素上相对应的观念，它们是在科学权威（自封的或名副其实的）之下被接受并形成了哲学的理论框架。

我们选取古代和现代科学的观念来对比。这是因为，对于现代科学[1]所描绘的世界图像的真正哲学意义，我看除了把它和那赋予传统形而上学以知识的基础和确证的早期图像进行对比展示之外，是无法理解的。哲学家们曾经信赖的世界是一个封闭的世界，其内部包含着一定数量的固定形式，而外部则有明确的边界。但现代科学的世界则是一个开放的世界、一个变化不定的世界，其内部构造没有任何可设定的限制，而向外伸展超出任何设定的界限。此外，即使是古代最明智的人，也会认为人们生活于其中的世界是一个固定的世界，是一个变化

[1] modern——杜威那时指的是现代，在现在看来包括了近代和一部分现代。按中文翻译惯例，在指称科学时可以译为“现代”，但指称哲学时，则译为“近代”。——译者

111 只在静止常存与不可移易的界限内发生的领域；就像我们已经注意到的，在这个世界里，那些固定不动的东西在品质和权威上都高过那些运动与变化的东西。第三，人们从前亲眼看到的、用其想象描绘的并反复出现在其行动计划中的那个世界，是一个在性质上具有一定数量等级、种类和形式（因为种和属当然不同）、而且以优劣等级次序排列着的世界。

回想起古代世界中理所当然的宇宙之影像是不容易的。尽管这个影像经过（如在但丁那里的）戏剧化和亚里士多德、圣·托马斯（S. Thomas）的辩证阐释，尽管它控制人心一直到三百年以前才结束，而且它的倾覆涉及宗教的巨变，但它还是暗淡、消退而远去了。即使作为一个单独的、抽象的理论之物，也难以恢复。

就像某个普遍的东西，交织着各种反思和观察的细节，交织着各种行为的计划和规则；对于它，要想追忆回来是不可能的。但是，我们要尽量在心中设定一个绝对封闭的宇宙，它是在名义上和可见的意义上可以称为宇宙的某种东西。地球位于其固定不变的中心，在其固定的周围则拥聚着一群固定不动的恒星，它们在神圣的以太中，以永恒的圆周运转着，包围万物并永恒地保持其统一和秩序。地球虽在中心，却是这个封闭世界中最粗糙、最笨钝、最物质、最不重要而又最不好（或最不完美）的部分。在它之上，有无数的波动和变迁；它是最不合乎理性的，因而也是最不足道或最不可知的；它最不值得静观沉思，最不招致赞美，也不支配行动。在这个粗糙的物质中心与非物质的、精神的、永恒的天堂之间，有一个日、月、行星等等确定的系列的区域；它离地越远就离天越近，其等级、价值、合理性和实在性也就越高。这些区域中的每一个都是按照其自身的支配程度，由适量的土、水、气、火四元素所构成，只有天堂是超越这些法则的，如刚才所说，它是由非物质的、常住不变的、叫做以太的能量所构造而成的。

112 在这个紧闭的宇宙中，当然也发生着变化，但只是少数固定种类的变化，而且只运行在固定的界限内。每种东西都有它自己适当的运动形式。属于地的东西本质是重的，它们由于重而下坠。火和高级的东西轻而上升，因而往上飞到它们适当的位置；空气只升到行星的层面，然后在那里采取前后运动的形式，这种运动是它的本性，就像在风和呼吸中那样明显。作为一切自然事物中最高的东西，以太从事着纯粹的圆周运动。不动的恒星每日的回返可能最接近于永恒，也最接近于心在它自己理想的理性之轴上的自转。而地球上，则因其世俗的本性——或其德性的缺乏——便只是一个变化的场所。无目的、无意义的单纯流动，既不开始于一个定点，也无所终，没有任何意义。仅仅量的变化、所有纯粹的机械变化都属于这一类。它们像海边的沙子一样流转。它们可以被感觉到，但不能被"注意到"或被理解，因为它们缺少支配它们的固定界限。它们是下贱的，是随意的，是偶然的运动。

只有那些导致某种确定或固定的形式结果的变化才应当予以考虑，也才能够由它们构成**逻各斯**或者理性。各种动物、植物的生长，展示了在现世或者世俗的范围内可能存在的最高级变化。它们从一种确定的形式转到另一种形式。橡树只生橡树，牡蛎只生牡蛎，人只生人。机械生产的物质因素也加入进来了，但是作为偶然因素加入的，妨碍了物种类型的完成，并导致无意义的变异，从而多样化成各种各样的橡树或牡蛎，甚至在极端情况下生出畸形、变态、怪物、三手或四趾的人。除了这些偶然的、令人不快的变异以外，每个个体都要从事一个固定的职业，走一个确定的人生道路。有些术语听起来是现代的，如在亚里士多德的思想里大量存在的词，譬如可能性和发展[①]，已经误导一些人用现代的意义去解读它们了。然而，这些词语在古代和中世纪思想里的意义是由其语境所严格限定的。发展只是种的一个特殊个体内发生的变化过程，只是由橡子长成橡树的预定运动的一个名称。通常，它并不发生在事物上，而只在橡树家族中数量上无 113
关紧要的某一种上。按照现代科学来说，发展与进化绝不是新形式的起源或旧物种的突变，而只是一个关于变化的预定圆周的单调变动。所以，潜能也不像在现代生活里那样意味着创新、发明或激烈变异的可能性，它只不过表示橡子长成橡树的那一种原理。从技术上来说，它是运动于相反的两端间的那种能力。只有冷的可以变成热的，只有干的可以变成湿的，只有小孩能够变成大人，只有种子能够变成麦苗，如此等等。潜能并不含有什么新东西出现的意义，它只是一个特定事物重复其种类所循环发生的变化过程，从而成为万物所由并在其中构成的诸永恒形式的一个特例。

尽管在个体中具有几乎无限的差异性，但种、属、类的数量却是有限的。这个世界基本上是一个归属于种类划分的世界，它已被预先安排进不同的种类。而且，就像我们自然地将动物和植物按不同的系列、等级和级别，从低到高排列一样，这个宇宙中的一切事物也是被如此排列的。事物按其本性而归属于不同

---

① potentiality and development，很可能是指潜能和实现。——译者

的种类，这些种类形成一个等级次序。在自然界里也有各种等级；宇宙是按贵族等级制——确实地说，是封建等级制——构成的。种类、级别并不混淆或重叠——只是在意外情况下才会陷于混乱。一般而言，每个事物早已确定属于某个等级，而这一等级在存在的等级结构中有其确定的位置。宇宙的确是一个整洁的处所，其纯洁只因个体不规则的变化而污染，而这个变化是由于出现了拒绝完全服从规则和形式的顽固物质所致。在这样的一个宇宙中，每个事物都有一个固定的位置，而且也都知道并维护着其位置、地位和等级。因此，被技术性地当作终极的形式因（formal causes）至高无上，而动力因（efficient causes）居于次要位置。所谓目的因（final cause），不过是表示这样一个事实的名称：事物的种或类所特有的某种固定形式导致各种变化发生，从而使这些变化以这个形式为
114 目标和终点而趋向于它，把它当作是它们真正本质的完成。月亮之上的区域是空气与火的固有运动的终点或目的因；而地球是重物的运动终点；橡树是橡子运动的目的，成熟的形式是幼芽的形式动作之目的。

产生或激发运动的“动力因”不过是某种外在的变化，它对于那未成熟的、不完美的东西偶然推了一下，使它向着完美或圆满的形式运动。目的因就是被当作对事先种种变化的**解释**或者**原因**的完美形式。当它不是用来指称完成并停止于它的种种变化时，它本身就是“形式因”：“造成”或构成一个东西的**如其真实地所是**，也即只要它始终不变，就是它所是的那个内在本质或特性。以上所讲的特征，在逻辑和实际上都是密切关联的。攻击一个就是攻击全部；驳倒了一个，就驳倒了全部。这就是为什么最近几个世纪以来，人类理智的改进可真正称得上是革命的理由。它更换了一个在每一点上都不同的世界观。无论你从哪一点去追踪这个差别，你都会发现自己卷进所有其他的点中。

科学现在向我们展示出一个在时间和空间上都是无限的宇宙，而不是一个封闭的宇宙，也就是说，它在任何地方、任何目的上都没有限制，它在内部构造上与其在范围上一样都是无限复杂的。因此，它是一个开放的世界、一个无限多样化的世界、一个在旧的意义上根本不能被称作宇宙的世界；它如此复杂而广阔，以至于既不能概括、也不能包容在任何一个公式里。变化而不是固定性，现在已成为一种衡量“实在性”或存在能量的标准了，因为变化无处不在。现代科学家感兴趣的是运动的法则（laws），是产生原因与后果之间关系的法则。他谈论法则，而古人说种类和本质，因为他所想要的是各种变化之间的相互关系，以及对

应一个变化而发生另一个变化进行考察的能力。他不想界定、限定变化中永恒
常存的某种东西。他要描述有关变化的一种恒常的秩序。“恒常”这个词在两种
陈述中都出现了，但其意义却不相同。在一种情况下，我们处理的事物在**存在**上
是不变的，譬如物理的或形而上学的；另一种情况下，是说事物的**功能**和运作永
恒不变。一个是独立存在的一种形式，另一个是对各种相互依赖的变化进行描 115
述或计算的一个公式。

简而言之，古典思想接受种或类的封建式排列次序，各自从其上级“获得”特权，并对其下属授予约定行为和服务的规则。这个特征准确地反映了我们刚才研究的社会情境，而且与之极为相似。关于封建制基础上构成的社会，我们拥有相当明确的概念。家庭原则、血亲原则是强烈的，尤其上升到社会尺度上，更为如此。在低端，个人可能或多或少地被埋没在大众里，因为所有个体都是共同群体中的组成部分，没有什么特殊的东西可以区分出他们的出身。但是，在特权的统治阶级中，情况就完全不同了。血缘纽带立刻从外面把一个团体标识并区分出来，在内部则把所有成员紧紧地结合在一起。从社会的、具体的事实到技术的、抽象的事实，亲属、类别、级别、种类都是同义词；因为亲属是一个共同本质的标记，是一个对某种普遍而持久的东西的标记，这个东西贯穿于各个特殊的个体之中，并赋予它们真实的客观的统一性。因为如此这般的人们都是同族，所以他们就**真正地**，而不是仅仅按照惯例地，被划归到一个具有若干共同特性的类中。所有同时代的成员组成一个客观的统一体，它包括所有先祖与后代，但排除所有属于其他血族或种类的人。确实，这样将世界分成不同的种类，每个种类都各有其明显不同于其他种类的特性，并结合有数量不等的个体，以防其从极度固定的范围出现差异。可以毫不夸张地说，这些情形是家族原则(family principle)对于世界全体的一个投影。

此外，在封建社会，每个血缘团体或种族都占有一定的社会位置。它以其所
占或高或低的等级为标志。这个地位等级授予它以一定的特权，使它能够强制
命令在那些等级上低于它的团体或种族，而对于那些高等级者则致以奉侍和敬
意。这个因果关系可以说是上下等级关系，因为影响与权力是由上而下的，下级
的行动事实上是对其上级表示敬意。动作与反应绝不相等，处于相反的方向。 116
所有的行动都属一类，都带有支配的本性，而且都是从上往下的。反应带有由下
而上的顺从(subjection)和尊敬(deference)的性质。有关世界构成的经典理论，

与这个以尊严和权力大小而匹配的阶级次序在每一点上都是彼此相应的。

历史学家赋予封建主义的第三个特征是，等级排序以兵役为中心，以武装防卫与保护之关系为中心。我恐怕上文所说的有关古代宇宙论与社会组织之间的平行论会被当作一种奇怪的类比；如果还就这最后一点来作一个比较，无疑，你们会认为这个比喻是强词夺理的。如果我们太多地从字面上来看待这个比较，情况就真的如此。但是，如果我们只注意两者所包含的有关规则和命令的观念，情况就不同了。我们已经注意到，当今给予规律(law)这个术语的意义——变化中的恒常关系。然而，我们常常听到各种"支配"事件的规律；常常以为，如果没有规律维系其秩序，那么，现象将会是完全混乱的。这种想法就是试图以自然界中的关系来解释社会关系——不一定是封建的关系，而是统治者与被统治者之间、君主与臣民之间的关系——的一种思想残余。规律被同化为如同命令或者秩序这样的东西。即使消除个人意志这个因子(就像在最好的古希腊思想里的那样)，规律或普遍性的观点仍然包含着从上往下的指导和统治力的意义。普遍性的统治，就像工匠心中的目标和模型在精神上对其行动的"支配"。中世纪对古希腊的支配观念，还加入了"出自一个高级意志的命令"的观念，所以把自然的运转看作好像它们是在完成一个指导行动的权威者设定的任务。

现代科学所描绘的自然图像的特征，显然与此相反。当大胆的天文学家抛弃"天上运行的崇高的理想的力量与地上驱动世俗事件的卑下的、物质的力量之间的区别"时，现代科学就迈出了它的第一步。曾经假想的天上与地上所存在的实质和力量上的差异遭到了否定。现代科学断言，处处运行着同样的规律，自然
117 界每个地方的物质和变化过程都是一致的。对于遥远的和审美上崇高的东西，我们要运用熟知的平常事件和力量，科学地描述和解释它。我们所直接处理和观察的材料，是那些对于我们来说是最有把握的东西，是我们比较熟知的。对遥远的天上之物进行的粗疏肤浅的观察，在未曾被我们转化成为与手边直接接触的事物同样的元素之前，依然是盲目而不被理解的。它们展现出来的，不是高傲的价值，反而仅仅是问题。它们是挑战，而不是启蒙的手段。地球在等级上并不高过日月星辰，在尊严上是一样的；地球上所发生的事件，是我们了解天上物体的钥匙。因为它们在我们的身边，所以能够被我们掌握、操纵，或分解为我们可以处理的种种元素，随意组合成各种新旧的形式。这个纯粹的结果，我想，可以毫不勉强地以阶级平等的民主制度代替不平等的、有尊卑次序阶级划分的封建

制度。

对于新科学来说，一个重要的事件就是把地球当作是宇宙的中心这个观念的瓦解。当认为宇宙存在一个固定中心的观念消失后，一种封闭的宇宙观念和天穹有界的观念也就跟着烟消云散了。对于古希腊人来说，正因为他们的认知理论受到美学思想的支配，所以有限的即是完美的。从字义上看，有限的就是已经完成了的、结束了的、完整的，没有凹凸不平的边缘和无法解释的操作。不确定或者无界限的东西在品质上还有欠缺，就是因为它是不确定的。一个东西是万物，那么，它也就什么也不是。它是未成形的、混沌的、无拘束的、无法度的，是不可测的差异和变故之来源。如果不是我们的兴趣已经从审美的转向实践的，从关注和谐完善的景象转向试图改变不和谐景象，那么，我们现在的感想由无限性联到无限的力量，到永无止境的扩张能力，到没有外在限制的进步的兴致，将成为不可理解的现象。一个人只要读一读那个过渡时期的作者，譬如乔尔丹诺・布鲁诺(Giordano Bruno)，就能认识到他们与一个封闭而有限的世界交往有着什么样的压抑和令人窒息的感受；而一个在时间和空间上可以无限延伸、内部由无可计数的各种元素所组成的世界，在他们心中激起的是怎样一种愉快、舒展 118
而有无限可能的感触啊！对于希腊人带着厌恶心情排斥的东西，他们却以一种令人陶醉的冒险精神来迎接。的确，无限的就是意味着某种即使思想也永远接触不到的东西，因此是某种永不可知的东西——无论知识成就多么伟大。然而，这个“永不可知”并不是冷漠和阻碍性的，反而是对于不断进行新的探究的激励、对于进步的无限可能性的保证。

历史学者深知，古希腊在力学和几何学等科学上取得了巨大的成就。乍一看很奇怪，力学上进步这么大，而现代科学方向上的进步却如此小。这个看似的悖论驱使我们追问为什么力学总是一个孤立的科学，它为什么不以伽利略和牛顿的方式去描述和解释自然现象。这个问题的答案，可以在提到过的社会平行论里找到。从社会方面来说，机器、工具是工匠所用的设备。力学科学与人类机械工所用东西的种类有关，而机械工身处社会底层；那最崇高的东西，天上之光，怎么可能由他们而来呢？此外，把力学成果运用到自然现象，这本身就含有对现象进行实际控制和利用的兴趣，它与对作为自然确定裁决者的目的因重要性的强调完全不相容。所有 16 世纪和 17 世纪的科学改革者都惊人地一致，他们赞同把目的因学说当作科学失败的原因。为什么呢？因为这个学说教导我们，自然过程受制于一定的、必须实现的目标。自然受到管制，要产生出有限数量的死板的结果。只有少数的东西可以生成出来，而它们又必定类似于相似的周期性变化在过去所造成的结果。探究和理解的范围只限于最终落脚于确定目的的过
119 程这样一个狭窄的地带，而这些目的是由观察到的世界提供给我们去观察的。充其量，作为利用机器工具新结果的发明创造，必须严格限于价值微小的应用于身体上而非智力上的一些物件。

当具有确定目的的"刚硬夹子"从自然界脱落下来的时候，观察和想象就得到了解放，为了科学和实践的用途而进行的实验控制也得到了巨大的激发。因为自然过程已不再局限于一定数量的不变目的或结果，任何事情都可能发生，它只是一个有关什么元素可以并列在一起从而可以互相作用的问题。力学立刻就不再是一门孤立的科学，而成为一种处理自然的工具(organ)。杠杆、转轮、滑车和斜面的力学精确地告诉我们：当我们利用空间的各种物体，在一定时间内相互推动时会发生什么事情。整个自然界变成一个充满各种推与拉、齿轮与杠杆、组件或要素运动的场景，而这个场景直接地运用了由众所周知的机器所获得的各种运动公式。

把目的和形式从宇宙中驱逐出去，对许多人来说，似乎是一种理想与精神的堕落。当人们把自然看作是一套机械的相互作用时，它显然失去了所有的意义和目的，它的荣光消失了。质的差别的消除，也夺去了它的美丽。对向往理想的一切内心渴望和憧憬本性的否定，就是对自然及自然科学与诗、宗教及神圣事物之间的关系的剥夺。所剩下的，似乎就只有赤裸裸的、严厉的、粗鲁的和毫无生气的机械力量了。其结果，对于许多哲学家来说，一个主要的难题看起来就是将这个纯粹机械的世界之存在，与人们对客观的合理性与目的的信仰加以调和——将生命从正在堕落的一种唯物主义中拯救出来。因此，许多人想通过对认知过程的分析(即认识论)，回复到古代维持在宇宙论基础上的、对于理想存在(Ideal Being)优越性的信仰。不过，一旦我们认识到机械论的观念要求一种对自然力的实验控制，这个调和问题就不再困扰我们了。让我们回想一下，固定的形式和目的是标志变化的确定界限，因此，它们使一切产生和调节变化的人类努力都归于无用——除了在狭小而无足轻重的范围内还有一定的效果之外。它们
120 以一个事先就宣告失败的理论来麻痹人类建设性的发明，因而人的行动只能遵从自然已经赋予的目的。直到人们把目的从自然界驱逐出去之后，意图才作为

能够重塑存在物(existence)的人类精神的因素而变得重要起来了。一个不为实现一套既定目的而存在的自然界相对来说,是具有伸展性和可塑性的;它可以用于这个目的,也可以用于那个目的。我们可以从力学公式的应用中来了解自然界,这是利用自然为人类谋利的首要条件。各种工具和机器是供人利用的手段。只有当自然界被看作是机械的时候,有关机器的系统发明和制造才与自然界的活动相关。自然界屈服于人类的意图,因为它不再是形而上学和神学宗旨的奴仆了。

柏格森已经指出,我们完全可以把人类称为**制造工**(*Homo Faber*),人的特点是能制造工具的动物。这个命题是从人类变成人类以来都有效的,但直到自然界被用力学的术语解释以前,用以处理和改变自然界的各种工具的制造还是偶然的和散见的。在这样的境况下,即使柏格森也未必想到,人类制造工具的能力是如此的重要和根本,以至于我们可以用它来定义人类。使力学的-物理学的(mechanical-physical)科学家的天性在审美上变得空灵而迟钝的东西,正是使自然界服从人类控制的东西。当各种性质(qualities)被放在各种数量的和数学的关系中时,色彩、音乐和形式便从科学家的研究对象中消失了。而其余的性质,如重量、大小和运动中可计数的速度等等,它们可以彼此替代,可以从一种能量形式转化成为另一种能量形式,或者用转变所带来的效果来衡量。当化学肥料可以用来替代动物肥料的时候,当改进的谷类和家畜可以有目的地从各种劣等动物和草类中培养出来的时候,当机械能可以转化成热能、电能可以转化成机械能的时候,人类就获得了操纵自然界的力量。最重要的是,人类获得力量以制定新的目的,并按规则系统以求得它们的实现。只有与性质无关的、不确定的替代和变换,才可能使自然界受控制。对自然界的机械化,是一种实践的和进步的理 121
想主义在行动中的前提条件。

由此可见,那年代久远的对于物质的恐怖和厌恶在实践上是荒谬的,在理智上是无能的:因为它以为物质与精神相反,是一种威胁精神的东西,所以必须拘束在最小的认识范围内;因为它以为物质应尽量否定,以免侵犯理想目的而最终将其从真实的世界里排除出去。仅从科学的立场来判断,对于它所做的以及如何运作的来说,物质就意味着条件。尊重物质,就是尊重取得成就的条件;妨碍、阻碍而必须改变之条件,以及帮助、促进而可用来消除障碍达到目的之条件。只有当人们学会真诚而持久地尊重物质,尊重一切努力的成功所消极地、积极地依赖的条件，才会显示出忠实而富有成效的对目的和意图的尊重。自命抱着目的不放而轻视实行的手段方法，乃是一种最危险的自欺。当教育和道德获得教训，从而一心一意地关注手段和条件时——也即人类长久以来把它轻蔑地视作物质的和机械的事物时，就可以走上如化学工业和医学所走的那样的进步之路。如果我们把手段当作目的，就真的陷入道德唯物主义了。但是，如果我们只关注目的而不考虑手段，就会堕落到情感主义(sentimentalism)里面。我们在理想的名义下求助于运气和机会、魔术或戒律，以及说教；否则，便求助于无论多大代价也要达到预定的目的一种狂热主义(fanaticism)。

在此讲里，我以一种简略的方式谈到许多东西，但所注意的只有一点，那就是在我们的自然观念和认识自然的方法上的革命。它培养了一种想象和渴望的新气质，它巩固了由经济的和政治的变化所生成的新态度，又给这种态度提供了一定的知识资料(intellectual material)，从而使得这个态度借以自我阐明和辩护。

在第一讲里面，我曾经提到，古希腊生活中平凡的事实(matter-of-fact)或经验的知识，在与特殊的社会制度和道德习惯所密切关联的想象的信念相比时，处122 于极大的劣势。现在，这种经验的知识已经增长到突破了其有关应用和尊严的低级而有限的范围。通过引进无限的可能性、不确定的进步、自由的运动和不顾确定限制的平等机会等观念，经验的知识成为一种激发想象的工具。它重塑了人类的社会制度，而且已经发展出一种新的道德。它获得了理想的价值。它可以转变成为有创造性和建设性的哲学。

然而，它只是可以转变的，而不是已经转变了的。当我们考虑到古典哲学如何根深蒂固地嵌入在我们各种思想和行为的习惯里，而新哲学又是多么适合于人类自发的信仰的时候，随着新哲学的诞生而同时带来的阵痛，就没有什么奇怪的了。我们应当感到惊讶的是：如此具有颠覆性、如此具有毁灭性的观念，却没有遭受更多的迫害、牺牲和干扰而竟然前进了。它在哲学上的完整且前后一致的明确表达受到了长久的推延，当然也就不足为奇了。思想家们的主要努力不可避免地倾注在对变化冲击的最小化、缓和转变的急迫性之上，关注于调解与和解之上。当我们回想起 17 世纪和 18 世纪几乎所有的思想家，回想起除了那些公然宣称的怀疑论者和革命论者之外的所有人，让我们感到吃惊的是，即使在那些被认为是最进步的人中，也存在着大量传统的主题和方法。人们是不容易抛弃旧的思想习惯的,也绝不会立刻就抛掉它们。在发展、传授和接受新观念时,我们还是被迫要用某些旧的观念作为理解和交流的工具。新科学的全部内容只能够一点点、一步步地去领会和掌握。大概说来,17 世纪见证了新思想在天文学和一般宇宙论上的运用,18 世纪则是在物理学和化学上的运用,而 19 世纪则是在地质学和生物科学中的运用。

据说,要想恢复 17 世纪以前普遍流行于欧洲的那种世界观,现在变得极其困难了。但是,我们只要回想达尔文以前的植物学和动物学,以及在道德和政治问题上至今仍然处于支配地位的各种观念,就可以找到那完全支配了流行精神
的旧观念秩序。直到诸如固定不变的种和属、等级高低的安排、转瞬即逝的个体 123
对普遍性或种类的从属等等此类信条,在生命科学上的权威性被动摇之前,想让新观念和方法渗透到社会和道德生活中去是不可能的。走这最后一步,难道不就是 20 世纪的理智任务吗?而一旦走出这一步,科学的发展就可以圆满完成,哲学的改造就可以变成现实。

4. 变化了的经验和理性的概念

124 什么是经验？什么是**理性**、**心灵**？什么是经验的范围和界限？它在何种程度上是信念坚实的基础和行为安全的指南呢？我们在科学和行为上是否可以信赖它呢？抑或，一旦我们超越一些低级的物质利益，它就变成一个泥坑吗？它是否如此脆弱、不牢靠和肤浅，以至于我们不能通过它安然走上通往沃野之道，反而误导、背叛并吞噬我们吗？一个经验之外和经验之上的**理性**，对于提供科学和行为以确定的原理是否必需吗？这些问题在一种意义上，暗示了深奥的哲学的技术性问题；而在另一种意义上，是人类的历程的最为深切的问题。它们关系到人类用以形成其信仰的标准，用以指导其生活的诸原理，以及他所趋向的诸目的。人类是否必须用某种将其带进超验世界去的、具有独一无二特征的工具来超越经验呢？如果在这一点上失败了，那么，他是否必定徘徊于怀疑与幻灭之间而迷失方向呢？抑或人类经验本身在其目的和指导方法上，究竟有没有价值呢？它能否自己开辟出稳定的路线，或者必须依靠外界的帮助呢？

我们知道传统哲学对以上问题所给出的答案。这些答案虽然并不完全一致，但都认同经验决不会上升到超出特殊性、偶然性和可能性的水平之上。只有在起源和内容上都超出所有一切可想象的经验之外的一种力量，才能达到普遍的、必然的和确定的权威与方向。经验主义者自己也承认这些论断的正确性。他们只是说，既然人类并没有**纯粹理性**这种能力，我们就必须满足于自己所拥有的经验，并最大限度地利用它。他们自我满足于对超验主义者的怀疑性抨击，满足于向我们指出可以最好地把握流逝瞬间的意义与善的方法；或者像洛克那样
125 断定，经验虽有局限性，但给人们提供光明，以恰当地指引行动中的步伐。他们

确信，来自高层机构的所谓权威指导，实际上起了妨碍作用。

此讲就是要表明，认为经验是科学和道德生活的指导的主张现在怎样提出，以及何以可能提出的，而这是以前经验论者所未曾、也不可能提出的。

相当奇怪的是，解决这个问题的关键却在于这样一个事实，即关于经验的旧观念本身就是经验的一个产物——当时对人们开放的唯一一种经验。如果现在另一种有关经验的观念是可能的，那恰恰是因为，现在所能够经验到的品质经历了一个与从前相比更加深刻的社会和理智的变化。我们在柏拉图和亚里士多德那里找到的关于经验的解释，是对古希腊人的经验究竟是什么的一种说明。它相当符合现代心理学家所知道的，通过试验和错误学习而不是通过观念学习的方法。人们尝试某些行为，就会经历相应的感受和影响。这些行为在发生的时候，都是孤立的，而且是特殊的——与之相应的，是瞬间的欲望和转瞬即逝的感觉。然而，记忆将这些彼此分离的事件保存并积累起来。随着它们的逐渐积累，一些不规则的变化被删去，而共同的特征被挑选出来、得到加强并结合起来。一种行为习惯就渐渐形成了，而与这习惯相应，同时形成了对对象或情境的某种概括的意象。于是，我们不仅能够认识或注意到这种特殊性——作为一种特殊事物的特殊性，严格说来，是根本不可能认知的（因为不分类就不能被刻画和识别），而且还把这种特殊物刻画为人、树、石头、皮革等等，它们都是属于某一种类的个体，是用一个事物种类所特有的某种普遍形式来标识的。随着这种常识性知识的发展，就产生了一种特定的行为规则性。各种特殊的事件是融合在一起的，而一种在其所及的范围内具有普遍性的行动方式便形成了。技巧的发展表现在工匠、鞋匠、木匠、运动家和医师等人身上，他们处理各种事情各有一定的规范方式。当然，这种规范性表明，特殊案例不可作为一种孤立的特殊事件来处理，而要作为一类的、故而要求某一类的动作。医生就是从所遇见的多数特殊病例中，通过尝试把其中若干症状归结到消化不良的种类去，从而学会以一种共同 126
或普通的方法来治疗这类症状，并按规则推荐饮食和处方。所有这些，就形成了我们所谓经验的东西。而如前面，论证所表明的，它就导致一种概括性的见识，以及行为中一种组织化了的技能。

不用多说，这种概括性与组织是有局限性的，而且是容易错的。正如亚里士多德喜欢指出的那样，它们常常在大多数情况下表现为一种规则或原理，但并不是普遍的，也不是必然的。医生一定会出现误诊，因为各个病例必定不同，而且难以解释，这就是它们的本性。这个困难的出现，不是因为医生缺乏经验，从而不能实施救治。经验本身是有缺陷的；所以，缺陷无可避免，也无可救治。唯一的普遍性和确定性是位于经验之上的一个区域，即理性的和概念的世界。如同特殊事物是到达想象和习惯的一块踏脚石一样，后者也可以变成通往概念和原理的一块踏脚石。但是，后者却放下经验不管，并不反过来修正它。当我们说某个建筑师或医生的操作程序是经验的而非科学的时候，实际上，就是把“经验的”(empirical)和“理性的”(rational)对立起来的观念在作祟。不过，经验概念的古今差别表现在这样一个事实中：这样的陈述现在已成为针对某一特定建筑师或医生提出的一种指责、一种诽谤的控诉。在柏拉图、亚里士多德和经院派看来，它是一种对于职业的指责，因为各种职业就是各种经验的模式。它是一种对一切与概念的沉思相对立的实践行动的指控。

一个自我宣称是经验主义者的近代哲学家，常常拥有一颗批判之心。他会像培根、洛克、孔狄亚克(condillac)和爱尔维修(Helvétius)一样，面对自己根本不相信的一堆教条和一系列的制度规定。他的难题就是要对人类白白背负着的如此之多的僵死的重担进行攻击，并打破和毁坏它。他的最现成的进行毁坏和瓦解的方法就是诉诸经验，以经验作为最后的试验和标准。在任何情况下，积极的改革者都是哲学意义上的“经验主义者”。他们专门从事证明那些曾经主张对
127 天赋观念或必然概念的认可，或导源于理性的权威启示之某种流行的信条或制度，实际上源出于低微的经验，并且是由偶然因素、阶级利益或有偏见的权威而获得承认的。

洛克发起的哲学经验主义的意图就是这种破坏。它乐观地、想当然地认为，当盲目的习惯、强制的权威和偶然的结合等负担被排除时，科学和社会组织中的进步就会自然地发生。它的角色就是帮助人们解除这个负担。将人们从这个负担中解放出来的最好方法，是阐明那与可恶的信条和习惯相关的观念在人心中起源和生长的自然历史。桑塔亚那(Santayana)公正地将这一派心理学称为恶意的心理学。这个心理学倾向于把某些观念的形成史和对那些观念所关涉的诸事物的解释看成是一样的——这种等同自然会对那些事物产生不利的影响。但是，桑塔亚那却忽视了隐藏在恶意里的社会的热诚和目的。他没能指出，这个“恶意”是针对已经失效的各种制度和习惯的；他也没能指出，对它们的心理学起源的解释即是对事物本身的破坏性解释，这在很大程度上是真的。但是，在休谟

明白地指出，将信念分析成为感觉和联想，就是将“自然的”观念和制度放在改革者曾经安置过“人为的”观念和制度的同一地位之后，情况就改变了。理性主义者运用感觉论的经验主义（sensationalistic-empiricism）逻辑来说明，经验如果只是一堆混乱而孤立的特殊事件，那么，它对于科学和道德的法则与义务，以及对于人所憎恶的制度一样，是致命的；他们进而总结道，如果经验必须具备结合和关联的原则，那么就要诉诸“理性”。康德及其后继者所主张的新理性主义的观念论（rationalistic idealism），似乎就是因为新经验主义哲学的破坏结果而成为必然的。

有两个因素，使得一种关于经验的新观念和关于理性与经验关系的新观念，或更正确地说，即关于理性在经验中所占地位的新观念的产生得以可能。首要因素是在经验的实际性质——即实际所经验到的内容和方法——上发生的变
化。另一个因素是以生物学为基础的心理学的发展，使得对经验本性的科学规 128
定成为可能。

让我们先从技术方面——心理学的变化谈起吧。我们现在才开始了解到，18 至 19 世纪支配哲学的心理学是怎样被彻底推翻的。按照这种理论，精神生活起源于感觉，而这些感觉是分离地和被动地被人接受到，并通过记忆和联想的法则形成一幅由想象、知觉和概念构成的马赛克画。感觉被认为是知识的门户或通道。除了结合原子感觉以外，精神在认知中是完全被动的、顺从的。意志、行动、情绪和欲望是跟着感觉和想象而起的。理智的或认知的因素先行，情绪的和意志的生活不过是观念与快乐痛苦的感觉相结合的一种结果。

生物学发展的结果已经倒置了这个图景。哪里有生命，哪里就有行为与活动。为了生命延续，活动就必须既是连续的又与其环境相适应的。而且，这个适应的调节不是全然被动的；不是有机体受环境的塑造。即使是蛤蜊，也会对环境有所反应，并加以某种程度的改变。它选择原料作为食物，或作护身贝壳。它对环境有所为，对自身也有所为。没有哪个生物只一味地顺从环境，尽管寄生物接近于这个界限。为维持生命着想，就需要改变周围媒介中若干的元素。生命形式越高，对环境的主动改造就越重要。这种生命对环境的增强控制可以用野蛮人和文明人的对比来说明。假定两者同住在荒野中，那么，野蛮人会尽量去适应所处的环境，而尽量少做我们所谓反抗的东西；野蛮人会“就地取材”，靠洞窟、草根和碰巧遇到的池沼来维持艰苦而又不安定的生存。而文明人则会到远处的山

上，筑坝截流，修筑水库，开挖渠道，把水引到沙漠的荒野去。他四处寻找适宜繁
129 殖的植物和动物。他获取本地的植物，通过选种和杂交改良它们。他发明[①]机器去耕地和收割，用如此种种的方法把荒野变成盛开的玫瑰园。

我们如此熟悉这样的转变景象，却忽视了它们的意义。我们忘记了生命内在的力量就显现于其中。请注意这个观点在传统的经验观里招致怎样的一个变化，经验变成首先是做的事情。有机体决不呆在那儿，像米考伯[②]一样等着什么事情发生。它并不是被动、无生气地等待外界有什么东西给它打上印记。生物体按照自己或繁或简的机体构造作用于环境。作为结果，环境中所产生的变化又反作用于这个有机体及其活动。这个生物经历、感受它自己行为的结果。这个做(doing)和受(suffering)或遭受(undergoing)的密切关系，就形成了我们所谓的经验。不相关的做和不相关的受都不能成为经验。在一个人睡着时，假如火烧到他，他身体的一部分被烧着了。这个烧伤不是以清醒的知觉从其行为中产生出来的，在启发性的意义上没有什么是可以叫做经验的。再说一次，只有一连串的单独行动，如在痉挛中的肌肉收缩等。这些运动没有什么价值，它们对于生活没有影响；即使有，这些结果和事前的动作也没有关联。在这种例子中，既没有经验，也没有学习，更没有积累的过程。但是，假如一个顽皮的小孩把手指放进火里去，他的动作是随便的，既没有目的，也没有意图或反思，但在结果中有些事情发生了。这个小孩遭受热，感受痛苦。这个做和受、伸手和火烧就关联起来了。一个行为暗示并意味着另一个行为，那么，这里就有一个意义非常重大的经验。

哲学上的某些重要意蕴就随之产生了。首先，在利用环境以求适应的过程中，有机体与环境之间所起的相互作用是首要的事实、基本的范畴。知识归属于一种从属的地位，在起源上是次生的，即使它有着一旦确立就很明显的重要性。知识不是孤立自足的东西，而关涉到生命得以维持和进化的过程。感觉丧失了
130 作为知识门户的地位，其正当地位是作为行动的刺激。对于一个动物来说，眼睛或耳朵的感觉不是有关这个世界上无足轻重的事情的一片无用的信息。它是引发以适当的方式进行行动的诱因。它是行为的一个线索，是对生活适应环境的

① 原文是“introduce”，实则意指从无而引进，即发明。——译者

② Micawber——狄更斯小说中的人物。——译者

一种指导因素。它在性质上要求立即的行动和给予关注，而不是认知性的。在经验论和唯理论之间发生的有关感觉的知识价值的全部争论，都成了非常过时的事情。关于感觉的讨论乃在直接的刺激和反应的标题之下，而不在知识的题目之名下。

作为一个意识的元素，感觉意味着对以前着手的行动进程的中断。自霍布斯时代以来，许多心理学家研究过他们称之为感觉相对性的东西。与其说我们绝对地感觉到冷，毋宁说我们是在热与冷的转换中感觉到冷的；类似地，硬度是在一个抵抗力较少的背景中感觉到的；而颜色则是与纯亮或纯黑或其他光泽的对比中感觉到的。永无变化的格调或色彩是不会受到留心关注的，也是感觉不到的。我们以为单调地延展的感觉的东西，其实常常受到其他因素的侵入而中断，表现出一系列的来回漂移。然而，这个事实却被误解成为一个关于知识本性的教条。理性主义者用它来诋毁感觉，认为我们既然不能根据它真正地把握任何事物的本体，它就不是有效的或高级的知识形式。感觉论者则以它蔑视所谓绝对的知识，认为它们全都是伪装。

然而，确切说来，感觉相对性这个事实绝不属于认知领域。这种感觉与其说是认知的、理智的，毋宁说是情绪的、实践的。它们是由于对在前的调节的中断而突起的变化冲击；它们是预示行动转向的信号。让我采用一个微不足道的例证。一个做记录的人，在他记得顺利的时候感觉不到铅笔在纸上或他手上的压力，铅笔仅仅充当导致灵敏而有效的调节的一种刺激。这个感性活动自动地、无意识地引起其发动器官的适度反应。有一个预先形成的生理关联，这是从习惯得来的，但最后返回到神经系统的一个原初关联之中。如果笔尖断了或钝了，书写的习惯动作就不能顺利进行，于是他就感到一种冲击——觉得哪里有问题，有点不对了。这种情绪的变化就以引起操作中必要变化的一个刺激而起着作用。 131
一个人看着他的铅笔，削尖它，或从衣袋里掏出另一支。这个感觉是再调节行动的一个枢轴，它标志写字时一种先前常规的中断和另一种行动方式的开始。感觉是“相对的”，意思就是表明在行动的习惯里从行为的一个环节到另一个环节的种种转换。

所以，唯理主义者否认感觉是知识的真元素，这是正确的。但是，他对这个结论所持的理由和从此引伸出来的推论结果却是错误的。感觉决不是任何知识的成分，无论好坏、优劣、完满与否。感觉乃是对要终止于知识的探究工作的激发者、鼓动者和挑战者。它们不是在价值上比反思方法，比用思考和推理的方法更为低劣的认识方法，因为它们根本就不是认识方法。它们只是引起反思和推理的刺激因素。作为中断，它们提出这样的一些问题：这个冲击是什么意思？发生了什么？怎么了？我和环境的关系如何受到干扰？对此应该做什么？我要怎样改变行动的进程去适应环境所起的变化？我该如何调节自己的行为去应对？因此，感觉就如同感觉论者所主张的那样，是知识的开端，但这只是在如此意义上来说的，即经验到的变化冲击对于那最终会产生知识的考察和比较是一个必要的刺激。

当经验与生命过程（life-process）相配合而感觉被视为重新调节的起点时，有关感觉的所谓原子主义就全然消失了。随后，结合诸感觉的超经验的理性的综合能力也就不必要了。哲学已不再面临那种寻找一种方法以沙结绳的绝望问题的困惑。当洛克和休谟所谓孤立和简单的存在被看作根本不是真正经验的，而只不过是与其心灵理论相符合的若干要求的时候，康德派和后康德派（Post-Kantian）为综合所谓经验的材料而设定的精致的先验概念和范畴，也就没有必
132 要了。经验的真“材料”应该是动作、习惯、活动的功能、做和遭受的结合等适应环节，以及感官运动的相互协调。经验在自身里含有联系和组织的原则，这些原则并不因为它们是至关重要的、实践的故而不是认识论的，就更坏一些。即使最低级的生命，也必定有某种程度的组织。就是变形虫也要在其活动中有一定的时间连续，在空间环境中有某种适应性。它的生活和经验不可能只靠瞬间的、原子的和自我封闭的感觉构成。它的活动与其周围环境以及前前后后的经历都有关涉。这种生命固有的组织，使一种超自然的、超经验的综合成为多余；作为经验内的一个组织因素，它为智慧的积极进化提供了基础和材料。

在这里指出社会的、生物的组织参与人类经验形成的程度，并不是不相干的题外话。认为心灵在认识作用中是被动的这个观念，可能是由于对无助的人类婴儿的观察而加强起来的。但是，这个观察完全错了。因为身体的依赖和无力，儿童与自然的接触是以别人为媒介而进行的。母亲和保姆、父亲和长辈都会决定他将有哪些经验；他们经常就他所做所遇的事情的意义教导他。社会上流行的和重要的观念，在儿童尚未达到对自己行动进行个人的、深思熟虑的控制以前，早就成为他理解和评估事物的原则。事物来到他面前时，披着语言的外衣，而不是赤裸裸的，这个交流的服装使他共享着他周围人所持有的信念。他得到

的这些信念以许多事实的形式构成了他的心灵，并成为他自己探讨和感知的中枢。在这里，我们就得到了联系和统一的诸“范畴”，与康德的那些范畴同等重要，但都是经验的，而不是神话的。

我们从这些初步的或多少有些技术性的考虑，转向经验自身在由古代和中世纪到近代的进程中所经历的变化。对于柏拉图来说，经验意味着禁锢于过去和习俗。经验几乎与既成习惯相等同，这些习惯单凭经验而来，而不是由理性或 133
在理智控制下形成的。只有理性能够把我们从对过去事件的服从中提升出来。当我们看培根和他的后继者，就发现了一个奇怪的反转。理性和跟随它的诸普遍概念现在变成为保守的、奴役心灵的因素；而经验变成为解放的因素。经验意味着新，让我们远离对过去的执著；它揭示新的事实和真理。对经验的信赖并不产生尊崇习惯的热诚，反而产生进步的努力。这个性情差异的意义更为深远，因为它是在无意中形成的。若干具体而重大的变化必定产生于当时的实际经验，如其被经历的那样。因为经验的观念毕竟总是追随并受制于实际经历的经验。

当数学和其他理性科学在古希腊人中发展起来的时候，科学的真理未曾反作用于日常经验。它们还是保持孤立、隔离，以及高高在上的状态。医学可能是最富实证知识的技艺(art)，但还没有达到科学的尊严地位，而仍然只是一种技艺。而且，在诸实践的技艺中，也没有什么有意识的发明或有目的的改进。工人只依照传到他们手中的模式去做，离开了既定标准和模型常常导致退化的产品。各种进步要么是从一种缓慢的、渐渐的和无意中的变化累积而来，要么是出于某种突然的灵感，这种灵感会立刻建立一个新的标准。因为进步是无意中得来的，于是人们把它归因于诸神(the gods)。在社会的技艺领域，即使像柏拉图那样的激进改革者，也感到现存弊病是由于没有固定的模型去规范工匠的各种生产所致。哲学中的伦理主旨就是装备这些模型，而这些模型一旦制定好，就由宗教力量奉为神圣，通过技艺得到装饰，通过教育得到培植，通过行政者得到强制实行，从而对它们的任何改变都是不可能的。

经常提到而无须重复的是，实验科学的效果在于使人能够精心地控制其环境。但是，这种控制对于传统的经验观念的影响常常被忽视，所以我们必须指出，当经验不再是经验的而变成实验的(experimental)时候，就发生了非常重大的事情。以前人们运用既往经验的结果只是形成习惯，这些习惯此后只是被盲 134
目地遵守或毁坏；而现在，旧的经验被用来启示目标和方法，以发展新的经验。

因此，经验就变成建设性地自我调节的了。莎士比亚就自然所说的一句话意味深长："自然非手段所改善，而手段却为自然所成"，这对于经验一样适用。我们不只是重复既往，或等候意外事件来强迫我们变化；而是利用既往经验来造就未来更好的新经验。这样，经验这个事实就包含着指引它改善自己的作用。

因此，科学、"理性"不是某种从上往下施加于经验的东西。它既为经验所启示和检验，也可以通过发明以千万种方式去扩充和丰富人们的经验。虽然像曾经屡次说过的那样，这种经验的自我创造和自我调节多半仍是技能性(technological)的，而不是真正艺术性的或人文的，但它所取得的成就足以保证智慧管理经验的可能性。由于我们的善良意志和知识中的缺陷，它的界限是道德的、理智的。从形而上学的意义上来说，它们在经验的本性上不是内在的。"理性"作为与经验分离的一种能力，曾引导我们到达普遍真理的高级领域中，但现在开始让我们觉得飘渺、无趣和无关紧要了。作为一种将普遍性和条理性引入经验的康德式能力，理性已经让我们越来越觉得它是多余的——是人类沉溺于传统的形式主义和精巧的术语学的不必要的创造物。以往经验引起的具体启示，按照当前的需要和匮乏而发展和成熟起来，可用作特殊改造的目标和手段，并受到这个调整功夫的成败的检验，这就足够了；对于这些以建设性形式用于新目的的经验启示，我们可以用"智慧"(intelligence)来命名。

这种对经验进程中主动的、有计划的思想地位的认可，从根本上改变了关于特殊与普遍、感觉与理性、知觉与概念等技术问题的传统状况。但是，这个改变
135 远远超出了技术上的意义。因为理性就是实验的智慧，是按照科学的模式孕育出来并用以创造社会技艺的，它必定要做某些事情，它将人从过去的束缚中解脱出来，这个束缚是由于无知和凝成习惯的意外事件而导致的。它为人筹划一个更好的未来，并帮助人去实现它。而它的作用又总是受到经验的检验。它所制订的计划，以及计划作为指导改造行动的诸原则，都不是教条。它们是在实践中要得到解决的假设，也即根据它给予我们当前经验所需指导的成功或者失败而对其加以拒绝、修正和扩展。我们可以称之为行动纲领，由于它们是用来使我们的未来行动更少盲目性而更有指导，所以它们是很灵活的。智慧并不是某种一旦拥有就终身享用的东西。它处于持续形成的进程中，要保存它，就得始终对其后果保持警惕，而且有虚心学习的意愿和随时重新调整的勇气。

和这个实验性的、重新调整的智慧相比，我们不得不说，历史理性主义所持

的**理性**趋向于鲁莽、自负、无责任心和苛刻——简单地说，即绝对主义。某个当代心理学派用“理性化”（rationalization）这个词来表达那些精神机制，由于它们的作用，我们无意中对于自己的行为或经验加上了一个比事实证实更好看的外观；而对于我们自以为可耻的行为，则引进一种意图和条理以求自解。类似地，历史理性主义也常用**理性**来作辩护和辩解。它教导我们，实际经验的缺陷和弊病消失在事物的“合理的全体”里面，事物出现毛病，只是由于经验的局限性和不完全本性。或者如培根所说，“理性”采取一个单纯、统一和普遍的假定，替科学开辟了一条虚构的安逸之道。这个环节导致了理智的无责任性和怠慢——所谓无责任性，是因为唯理主义假定诸理性概念是自足的，从而超越经验之上，所以它们无须经验中的确证，也不能在经验中得到确证。这是疏忽，因为就是这同一个假定，让人忽视了具体的观察和实验。而对经验的轻视，已经在经验中遭遇到一个悲剧性的报复；它培植了对事实的轻视，而这个轻视已经在失败、悲哀和战争中付出了代价。

对于唯理主义独断的苛刻，我们可以在康德试图用纯粹观念支持经验以免 136
混乱的结果中看得最为清楚。他（康德）开始于一个值得称赞的尝试，即抑制理性离开经验的僭越。他称其哲学为批判的。但是，由于他主张理解运用固定的、先验的概念，把关联性引入经验之中，从而使对象可能得以认知（诸性质的稳定而有规则的关系），他在德国思想里发展出了一种对现在各种经验的奇怪的轻视，以及一种对系统、秩序、规则本身的价值奇怪的过高评价。此外，更多的实践原因，促成了德国人对训练、纪律、“秩序”和顺从所特有的重视。

但是，康德的哲学对于个体隶属于固定不变的、既定的一般“原理”和法则，提供了一种知识的辩护或“理性化”。理性和法律被看作是同义词。而且，就像理性是由外面和上面进入经验一样，法律也是由某个外面的和优越的权威进入生活之中的。和绝对主义互有实际关系的是性情的苛刻、执拗和顽固。康德曾经教导我们说，有些概念（conceptions）[①]、一些重要的概念是先验的，它们不是从经验中得来，也不能在经验中得到证实或检验；要是没有这些现成的东西注入经验中去，后者就处于无政府的混乱状态。当他这样说的时候，他就鼓励了绝对主

① 杜威可能不大区分 concept 与 conception。conception 有时译为观念妥当，有时译为概念更好，如此处。——译者

义的精神，尽管在技术上否定了各种绝对的可能性。他的后继者忠实于他的精神而非他的文字，于是便系统般地传授起绝对主义来了。德国人虽然有科学的资质，技术上也很精通，但在思想和行动上却陷入一种悲剧性的（说悲剧，是因为他们不能了解他们生活于其中的世界）苛刻而"倨傲"的风格之中，这是一个十足的教训。它说明系统地否认智慧及其概念的实验性特征会导致什么严重的后果。

众所周知，英国经验论产生的影响是怀疑论的，而德国唯理论产生的影响却是辩解性的，后者要加以辩护的地方，前者偏偏要加以破坏。在德国的理性观念论发现了因绝对理性的必然演化而展开的深奥涵义的地方，英国经验论却察觉
137 到，在自己的或阶级的利益影响下形成种种习惯的各种偶然联系。现代社会遭受到损害，是因为哲学在许多事情上走到极端，只提供它在强硬而牢固的相反两极中随意择其一，或是支离的分析或者是死硬的综合；侮蔑并攻击历史的往事为琐细而有害的完全激进主义，或把制度理想化为永恒理性的具体化的完全保守主义；将经验分解为无法维系稳定组织的原子因素，或用固定的范畴和必然的概念来取消所有经验——这些就是诸学派争论时所呈现的两极。

它们是感觉与思维、经验与理性这些传统对立的逻辑结果。常识已经拒绝跟随那两种学说达到它们的终极逻辑，并且已经退回到信仰、直觉或实际调停的需要。但是，常识经常遭受到混乱和阻碍，而非专业学者所提出的哲学的启发和指导。回到常识的人们，在诉诸哲学以求获得某种一般的指导的时候可能返回常规惯例，某种人格的力量，强有力的领袖，或者一时状况的压力。它所酿成的损害是难以估计的，因为 18 世纪和 19 世纪早期的自由与进步运动无法得到一个足以与其实际期望相适应的理性阐释。其精神是公正的，其意愿是人道的和社会的，但就是没有具有建设性力量的理论工具。悲哀的，还有其头脑是不完善的。对于它所持教义的逻辑，从原子的个人主义方面来看，几乎经常是反社会的；而从迷恋粗糙的感觉方面来看，则常常是反人性的。这一缺点恰好为反动派和蒙昧主义者（obscurantist）所利用。诉诸超越经验的固定原理，诉诸不能实验证明的独断教条，依赖先验的真理规范和道德标准的有力论据，而不靠经验的结果与效果——它们的长处乃是公认的哲学经验主义者所采用和传授的不包含想象的经验概念。

一种哲学的改造，应该把人们从一方面是贫乏而片面的经验、而另一方面是

虚伪无能的理性这样两个极端的选择中解救出来。它会将人类从其必须承担起
来的、最沉重的智力负担中解救出来；将消灭那个把善意的人们划分为两个敌对 138
阵营的分界线；会允许在那些尊重过去和现成制度的人们与志在建设一个更自
由、更幸福的未来的人们之间的相互合作。因为它将支配某些条件——在过去
的丰富经验与面向未来而策划的智慧之间可以有效地相互作用的种种条件。它
可以使人们尊重理性的各种要求，同时不陷入对超经验的权威的盲目崇拜，或陷
入对现成事物挑衅性的“理性化”之中。

5.
变化了的理想与现实的观念

139 前面已经提到，人的经验通过联想和记忆的存在而变成人的经验，这些联想和记忆通过想象之网而连结起来，从而合乎情感的需要。由于缺乏训练，对人来说有趣的生活，就是在平常无聊烦闷之时能够拥有令人兴奋和满意的各种意象。就是在这个意义上，诗歌在人类经验中居于散文之前，而宗教出现于科学之前。即使装饰技艺不能代替实用，也早已发展到与实践技艺不相称的地步。为要给人提供满足和欢悦之情，为要满足当下的情感并给予意识流生活以光亮和色彩，那些产生于过去经验的暗示（suggestions）受到检查和研究，从而使其不愉快的事情得到了消除，愉快感得到了增强。有些心理学家声称，人对于不愉快之事有一个他们称之为健忘的自然倾向的东西——人们在思想和记忆里回避不愉快的事情，就像他们在行动上回避讨厌的东西一样。每个严肃认真的人都知道，道德训练所需的努力大半依赖于认识一个人过去和现在行为的不愉快结果所需要的勇气。我们折腾、躲闪、回避、伪装、隐瞒、辩解、掩饰等等——就是为了让我们的精神状况稍安。简言之，自发的暗示的倾向是把我们的经验理想化，而在意识中给经验以实际上没有的一些品质。时间和记忆是真正的艺术家，它们把现实塑造得离我们的心愿更近。

随着想象变得越来越自由，它受到具体现实的拘束越来越少，理想化倾向摆脱了平凡世界的束缚，飞向更远的地方。在想象重塑经验时，想象中最受到重视的东西就是现实中缺少的东西。生活平静舒适的程度如何，想象力的懒散迟钝的程度就如何。生活越是动荡不定，想象就越是受到它的激发，从而塑造出与事
140 物相反状态的景象。通过解读任何人所构想的空中楼阁的特征，你能够机灵地

猜测到潜藏于他心中未遂的愿望。在幻想中，真实生活中的困难和失望变成为显赫的成就和胜利；事实上消极性的东西，在由幻想所构成的想象中将会是积极的；行动中的烦恼，在理想化的想象中将会得到高度的补偿。

这些考虑不只适用于个人心理学。它们对于古典哲学最显著的特征之一——它把那本质上是理想的实在看作是一种终极的、至高无上的——也具有决定性的重要意义。历史学家不止一次在古希腊宗教的奥林匹亚万神殿和柏拉图主义哲学的理想世界之间作了有意义的对比。诸神，无论其来源和原始的特征是什么，都已变成希腊人所选取的成熟的功绩理想化的投影，而希腊人就在他们的凡俗自我中欣赏这些功绩。虽然拥有着强大的力量、圆满的美丽和成熟的智慧，但诸神与这样的一些凡人一样：他们只过着人们希望过的生活。亚里士多德在批评他老师柏拉图的理念论的时候说，诸理念终究只是感觉永恒化了的事物，他实质上是指出刚才所提及到的哲学与宗教、技艺之间的类似性。除了纯技术的含义之外，亚里士多德对柏拉图的理念的批评难道不可以针对他自己的形式吗？数百年来深深地影响科学和神学进程的这些形式和本质，除了脱去日常经验对象的污点，消除其瑕疵，修补其缺陷，以及实现其暗示外，究竟还有什么？简单地说，它们如不是日常生活中的神化物又是什么呢？因为它们在许多方面被理想化的想象力所改造，以满足欲望的需求，而在那些方面实际经验总是令人失望的。

柏拉图、亚里士多德在风格上虽稍有不同，普罗提洛(Plotinus)、马可·奥勒留(Marcus Aurelius)、圣·托马斯·阿奎那(Saint Thomas Aquinas)、斯宾诺莎和黑格尔他们都说，终极实在在本质上要么是完全理想的和合理的，要么是以绝对的理想性和合理性为其必然的属性，这些都是哲学学者所知晓的事实，所以不必在此赘述。但值得指出，这些伟大的体系哲学用那些表达与令生活不快徒增 141
烦扰的东西相反的观念来定义完美的理想性。什么是诗人和道德家对经验中的诸善、价值和满足感抱怨的主要来源？抱怨很少是说这些东西不存在，而是说它们虽然存在，但瞬间即逝，其存在是短暂的。它们不停留；最坏的情况是，它们到来时只是用那理想的、即生即灭的滋味捉弄人，让人烦恼；最好的情况也不过是以真实的现实中一个瞬间即逝的暗示，对人稍加启发和指点而已。诗人和道德家关于感官的享乐、声名和公民成就的俗套话，被哲学家深深地反思过，尤其是柏拉图、亚里士多德。他们的思考结果已编织到西方的观念之网里。时间、变化和运动就是希腊人所谓非存在(Non-Being)的东西,不知何故败坏了真实存在的诸迹象。这些措词虽然古怪离奇,但是,许多嘲笑"非存在"这个概念的现代人其实也在有限或不完美的名义下重复着同一思想。

哪里有变化,哪里就有不稳定性;不稳定性就是某个事物有毛病、缺失、不足、不完备的证据。这些观点对于变化、变成与死亡、非存在之间、限制与不完美之间的关系来说是相通的。因此,完备而真实的实在必定是不变的、不能变更的;它如此充满存在,以致一直并且永远维持着固定的静止和休眠状态。布拉德雷(Bradley)——我们时代里最具辩证思维独创性的绝对论者——就是这样表达他的学说,"完善而真实的东西是不动的"。相比较而言,当柏拉图持一种把变化看作只是失误的悲观看法时,亚里士多德却持乐观看法,他把变化看作是一种达到实现的倾向。但是,在完全实现了的实在、神圣的和终极的实在是不变的这一点上,亚里士多德与柏拉图一样不予怀疑。即使它被叫做动(Activity)或能(Energy),这个动不知有变化,这个能无所为。这种动,就像一个军队永远踏着步而不走向任何地方。

从这个恒常与瞬态之间的对比中产生出其他一些特征,从而将终极实在与实践生活中的一些不完美实在划分开来。哪里有变化,哪里就必定有数量上的多元化、多样性;而且,从多样性中又产生出反抗和冲突。变化就是改造,或"变
142 成他物"(othering),而这就意味着多样性。多样性意味着区分,而区分就意味着事物存在着两面,两面之间存在着斗争。暂现的世界必然是一个不和谐的世界,因为如果世界缺乏稳定,那么,它就缺乏统一的管治。假如统一性处于完全的支配地位,这些多样性的东西将会保持在一个不变的全体之内。发生变更的东西拥有不同的组成部分和偏爱,而它们不承认统一性的支配地位,自作主张,把生活变成为一个争执与不和谐的场景。另一方面,由于终极的和真正的存在是不变的,它就是全体、无所不包的一(Total, All-Comprehensive and One)。它既然是一,就只知道和谐,因而享有完满的永恒的善,这就是完满(Perfection)。

知识和真理的各种不同程度是与实在的各种不同程度一一对应的。实在越高越完满,有关它的知识就越真实、越重要。拥有变化的、生生灭灭的世界既然在真正的存在上是有所缺失的,那么,它就不能在最好的意义上得到认识了解。要认识它就意味着要忽略它的变化更替,揭示出那限制各种在时间中变化的过程的某种永恒形式。橡子要经历一系列的变化,而这些变化只有在关于橡树的

固定形态（虽然各个橡树有别，但整个橡树种类在这个固定形态上是相同的）时才是可认知的。而且，这个形式对生长之流的两端都施加了限制，即橡树生出橡子，以及从橡子变成橡树。如果不能发现这样统一、限制的永恒形式，那么就只有毫无目的的变化起伏了，要想获得知识是不可能的。另一方面，当知识对象是在根本没有运动的情况下被接近时，知识就真的变成明确、确实而完美——纯粹无杂的真理了。天比地更能得到真正的认识，上帝这个不动的使动者又比天更能得到真正的了解。

从这个事实就得出了这样的结论：沉思的（Contemplative）知识优越于实践的知识，纯理论的思辨优越于实验，也优越于任何依赖事物变化或引起事物变化的知识。纯粹认知就是纯粹的注视、观察和注意，它是自我完备的，它不寻找自身之外的任何东西，它无所缺失因此毫无目的或意图。它断然就是它自身存在的理由。的确，纯粹沉思的认知是宇宙中最真正自我封闭的、自给自足的东西，故而它至高无上，可归因于上帝的唯一品质。它是这个存在等级中的最高存在。 143
人自身很少能够达到这个纯粹自足的理论洞见，而一旦达到，他就是神圣的。

与这样的认知相比，所谓工匠的认知就是低级的了。他必须使事物、木头和石头发生变化，而这个事实本身就是材料缺失实在的证据。它难以做到只为自身而不关心其他，这个事实更能贬损他的知识。它与所得的结果，如衣、食、住等等都有关系；它关注会灭亡的东西、身体及其需要。这样，它就有一个外在的目的，而这个目的本身就证明了它的不完满性，因为每种需要、欲望、爱好都表示缺失。哪里有需要和欲望（如在所有的实践知识和行动的事例中），哪里就有不完满和不足。虽然公民的、或政治的和道德的知识比工匠的观念等级要高，但是，本质上来说，它们属于低级而不真实的一类。道德的、政治的行动是实践的，也就是说，它包含着需要以及满足这些需要的努力。它有外在于自身的一个目的。此外，合作这个事实表明它缺乏自足性，表明它对其他事物的依赖性。纯粹的认知是唯一的，可以完全自足独立地发生。

简言之，依照亚里士多德之说（他的观点已经略述过了），对知识的价值的测量是以知识中纯粹沉思的程度为准则的，最高的程度是在对终极的理想的存在（Ideal Being）、纯粹的心灵（Mind）的认知中达到的。这就是理型（Ideal），即诸形式的形式（Form），因为它没有缺失，没有需要，不经历变化或多样性。它没有欲望，因为它的一切愿望都得到了实现。既然它是完美的“存在”，它就是完美的心智(Mind)、完美的**福佑**(Bliss)——理性和理想性的顶峰。再讲一点,就结束这个论述。自我关注于这个终极实在(也即终极理想)的那种认识,就是哲学。因此,哲学就是在纯粹的沉思中最后的和最高的一项。不管你对其他种类的知识怎么说,哲学就是自我封闭的。它与自己以外的任何事物毫不相涉。它除了是哲学之外没有其他目的、意图或者功能,换言之,它是对终极实在的纯粹自足的
144 审视。当然,还有哲学研究这回事,但它没有这种完美。哪里有学习,哪里就有变化和生成。但是,如柏拉图所说,对哲学的研究和学习的功能在于使灵魂的眼光不要自满地专注于事物的图像和有生有灭的低级的现实,而指引灵魂达到对崇高而永恒的存在的直观。于是,认知者的心灵被转化,变得与其所知的事物同一了。

这些观念通过多种途径,尤其是新柏拉图学派和圣奥古斯丁,进入基督教的神学之内;而伟大的经院思想家也教导我们说,人的目的在于认识**真在**(True Being),知识是沉思的,**真在**是**纯粹非物质的精神**(Immaterial Mind),认识它就是**福佑**,就得**救赎**(Salvation)。这种知识在生活中不能获得,没有超自然力量的帮助也不能获得,一旦获得了它,它就会使人的心灵与神圣的本质合为一体,从而实现救赎。通过这个以知识为沉思的观念移植到在欧洲占据统治地位的宗教之中,许多与理论哲学绝不相干的人受到了影响。知识本质上只是对实在的一个把握或观察,这个观念——知识的旁观者的观念——便作为一个不成问题的公理,一代代地传到后来的思想家中去了。这个观念如此根深蒂固,以致在科学的实际进步已经证明知识是改造世界的力量、在有效的知识的应用已经采纳实验法之后,它仍然盛行了若干世纪。

让我们从这个关于真正知识的标准和真哲学的本质的观念径直转到现存的求知实践之中吧。现在,如果一个人(例如一位物理学家或化学家)想要认知一件东西,他决不能只在那里沉思。无论他如何热心,如何有耐心,总不能凭着他对那件东西的观看,就认为他可以发现它确定的特征形式吧。他不能指望这样孤立的审查就可以揭示出什么秘密。他要去做点什么,给那东西加一点能量,看它如何反应;他把这个东西放在不寻常的条件下,以引起某种变化。天文学家即使不能改变遥远的星辰,也不再仅仅是凝视它们。即使他不能改变那些星星本身,但至少能够用透镜和棱镜改变它们照射到地面的光线;他能设计各种窍门来
145 窥探出没有这些窍门就注意不到的各种变化。对于变化,他不会采取敌视的态

度，以为星星有神性是完全无缺的便否定变化；相反，他常常警惕地观察，留意着要找出某种变化来，通过它形成一个关于恒星的形成和各种恒星系统的推论。

总之，变化已不再被看作是美德的衰落，不再被看作是实在的缺损或存在的不完美表现。现代科学已不再像从前那样要在各种变化过程的背后找出某种固定的形式或要素。相反，实验的方法企图打破那些表面的固定性而引起变化。对于感官保持不变的形式，例如种子或树的形式，不被看作是有关事物知识的关键，而被看作是一面墙壁、一个要毁坏的障碍。因此，科学家实验以这种或那种作用配置在这种或那种条件下，直到有变化发生，直到如我们讲的，某物起了作用。科学家假设变化一直在进行着，表面看起来是静止的每一个事物内部都有运动；由于变化进程不能被感觉抓住，了解它的唯一方法就是把那个事物移到不同的新环境中去，直到变化显而易见。简言之，要被接受、被注意的事物并不是原来被给予的那个事物，而是那放在许多不同的环境中看它如何表现后才产生出来的东西。

现在，这件事情标志着人类的态度发生了一个比初看起来普遍得多的变化。它至少表明，在某一给定时间内呈现出来的世界或其任何部分，只是作为变化的材料被接受或得到承认的。它被接受，恰如木匠发现材料时接受它们一样。如果他仅仅由于它们本身之故而观察和注意它们，那么，他永远也不会成为一个木匠。他只会观察、描绘、记录那些东西向他呈现出的形式和变化而已，它们是怎样就让它们怎样。如果碰巧发生了某些变化，向他呈现出一所房舍，那当然更好，不过也就如此而已。但是，使木匠成为建造者在于这个事实：他察看那些东西，不只是就东西本身，而是着眼于要对它们做些什么，用它们来做些什么；着眼于他心中的目标。这个木材是否适合用来促成他所希望看到的某种特别变化，就是他在观察木材、石块和铁料时所考虑的事情。他的注意力被导向它们自身
发生的变化，以及它们使别的东西发生的种种变化，以便他可以选择那些变化的 146
组合，从而达到他所期望的结果。只有靠这些为实现其目的而对事物进行积极操作的过程，他才能发现事物的性质是什么。如果他超前于自己的目的，以谦虚恭顺的名义接受事物的“真相”，而拒绝以事物对于其意图所呈现出的样子来驾驭它们，他不但不能达到目的，也决不能认识到那些事物本身是什么。事物是它们所能做的，以及能用它们来做的——即通过深思熟虑的尝试能够发现的东西。

存在正确的认知方法，这个观念的出现表明人类对于自然世界的态度的一

种深刻变化。在不同的社会条件下，旧的或传统的观念有时培育出顺从和屈服，有时产生轻蔑和逃避意愿；有时，尤其是在古希腊人的例子中，对于给定对象的一切特质的敏锐注视中显示出强烈审美的好奇心。实际上，把知识看作是观察和注意的整个观念，在环境优美、生活恬静的地方，基本上是一种与美的享乐和鉴赏相关的思想；而在生活困顿、自然条件艰难的地方，则基本上是一种与美的厌弃和不屑相关的思想。但是，当主动的知识观念占据主要地位的时候，当人们认为环境必须加以改变才能真正认识它的时候，人们就满怀着勇气而对自然采取攻势的姿态了，后者就变成可以任意塑造的、供人使用的东西。对于变化的道德态度，也被深刻地改变了。这不会引起哀婉，不再为忧郁所旋绕，而只暗示着衰败和失落。对于各种新的可能性和想要达到的目的来说，变化变得重要起来了，它成为预示一个更好未来的先知者。变化与进步相关而非与退步和没落相关。变化既然无论如何都要发生，重要的事情就是充分地了解它们，以便能够掌握它们，将它们转变到我们所期望的方向上去。对于条件和事件，我们既不可逃避，也不应该消极地忍受默认，而要把它们利用和引导起来。它们或者是我们到达目的地的障碍，或者是我们实现目的的手段。在一种深刻的意义上说，认知已不再是沉思的，而成为实践的了。

147 不幸的是，人们——受过教育的人，特别是有教养的人——由于仍然受到那个冷漠而自负的理性知识的陈旧观念的强烈支配，从而拒绝察悉这个新学说的意义。他们自以为维系理智主义的传统哲学（这种哲学把知识看作是自足的和自我封闭的东西），就是在支持那公平、彻底而无私的反思的事业。而真实的情况是：历史上的理智主义——知识的旁观者的观念——是一个纯粹补偿性的教条，这个教条是偏重知识的人们构造出来，借以自慰，并补偿他们所从事的思想职业在实际上和社会上的无能。由于受到各种条件的约束，而且勇气不足，他们不能把自己的知识转变成决定事件进程的一个因素，于是他们就在这样的观点中找到一个称心如意的庇护所：知识是高贵的，不能受到污染，不能与变化的和实用的事物接触。这样，他们就把知识转变成一种道德上不负责任的唯美主义。知识或理智的性质是操作的或实践的，这个观点的真正意义是客观的。它意味着，科学和哲学针对日常经验中各种具体的事物和事件而建立起来的一些结构和对象，并不是要建立一个与这些事物相分离的王国，让理性的沉思可以在那里满意地休息；它还意味着，这些结构和对象是代表那些挑选的障碍、物质手段和理想方法，它们给我们指明了无论如何都注定要发生的那个变化的方向。

人类对世界的态度上的变化，并不意味着人类已不再拥有理想，或不再是富有想象的动物。但是，它确实表明了人类为自己而塑造出的理想领地在性质和功能上的根本变化。在传统哲学里，理想的世界基本上是人类躲避生活中的暴风雨而寻求的一个安宁的天堂。它是人类逃避生存困苦的一个庇护所，并相信只有它才是最高的真实。当知识是积极的、实用的这个信念深入人心时，理想王国就不再是某种孤零而分离的东西了；相反，它变成能想象到的各种可能性的集合，刺激人们实施新的努力和追求。人们遭受到的麻烦成为引导人们为事物描绘更美好的图景的动力，这仍然是真的。但是，描绘一幅更好的美景的目的是让
它可以成为行动的工具，而不像在古代观念里，理念是属于一个本体世界里的现 148
成的东西。因此，古代主张的理念不过是个人所向往或自慰的一个对象；而在现代，一个观念乃是应该做的事情或行动方法的暗示。

仅举一例，即可清楚地说明这种差别。距离是一种障碍、一种麻烦。它分隔朋友，阻碍交往。它孤立人们并加大他们的接触和互相了解的难度。这种事态状况引起不满和不安；它激发人们的想象，从而构造种种不为空间所妨碍的人际交往的美景。现在有两条出路，其中一条是求助于某种天国的梦幻，在这个天国里，距离被消除，而且通过某种魔术，所有的朋友都可以永远透明地进行交流，我是说，把这种空中楼阁转移到哲学的反思中。于是，空间、距离就是纯粹现象的了，或者以更现代的视角看，是主观的。它在形而上学意义上说，不是真的。因此，空间距离造成的障碍和麻烦，在现实的形而上学意义上，也终究不是“真实的”。纯粹的心灵，纯粹的精神，都不会进住一个空间的世界里；对它们来说，无所谓空间。它们在真实世界里的各种关系，丝毫不会受到一些特别顾虑的影响。它们之间的相互交流，是直接、流畅而没有障碍的。

这个例证岂不涉及我们所熟知的所谓哲学化方法的一幅漫画么？然而，如果它不是一个荒谬的讽刺，岂不是在暗示关于理想的、本体的或超越真实的世界吗？各种哲学所传授的许多东西，归根结底，只是在利用看似真实的科学术语，将一个梦想塑造成一个精致的辩证形式。实际上，困难、麻烦依然存在。实际上，无论空间可以如何“形而上学地”存在，它还是真实的——它以某种讨厌的方式起着作用。人又一次梦想着事情发展为更好的一种状况。他从令人烦恼的事实中逃避到幻想里去。但这一次，这个避难所已不再是永恒的和遥远的庇护地了。

这种观点成为一个我们基于它审查现在发生的事情的立足点，而且通过它，
我们可以看看，在这些事情中，是否有能暗示如何实现远距离交流的某种东西，
或者可以利用来作为一种远程对话的媒介的某种东西。虽然这种暗示或幻想仍
是理想的，但它已被当作是一种在具体的自然世界中可以得到实现的可能性，而
149 不是脱离那个世界的一个高高在上的实在。同样地，它成为一个我们凭借来审
视自然事件的平台。从这种可能性的观点出发来观察，事物便暴露出还未被发
现的一些性质。根据这些发现，关于长途通话的某种中介的观念就变得更清晰
和明确了：它采取了积极的形式。这个动作与反应继续着。这种可能性或观点
被当作一种观察实际存在的方法而得到运用；而根据已发现的东西，可能性以具
体的存在形式呈现出来。它已不再仅仅是一种观念、一个空想、一种所期待的可
能性，而更多的是一个客观事实。随着发明的接踵而来，最后，我们有了电报、电
话，开始是有线的，后来就不用人造媒介了。具体环境朝着所期望的方向转变，
这不只是幻想被理想化，而且已经成为现实。这个理想是通过它自己作为一种
对具体的自然作用的观察、实验、淘汰和结合的工具或方法的用途而得到实现
的。让我们暂停下来，估计一下那些结果。将世界划分为两种存在，一种是高级
的，只有理性可以接近，而且本质上是理想的；另一种是低级的、物质的、可变的、
经验的，感官观察可以接近的。这种划分不可避免地要转到知识在本性上是沉
思的那个观念上。它假定了理论与实践之间的一个对立，而这个对立完全不利
于后者。但是，在科学发展的实际进程中却发生了一个惊人的变化。当知识的
实践已不再是辩证的而变成实验性的时候，认知的作用偏重于变化，而对知识的
检验则变成为引起某些变化的能力。对于实验科学来说，认知意味着由某种理
智指导的做的行为，它已不再是沉思的，而在真正意义上变成实践的了。现在，
这意味着哲学除非要与权威的科学精神完全决裂，否则就必须改变它的本质。
它必须呈现出实践的性质，必须成为有效的和依据实验的。而且，我们已经指
出，这个哲学的转变对两个在哲学发展过程中承担过巨大角色的概念——“实
在”和“理想”——分别引起了巨大的变化。前者不再是某种现成的、终结的东
西，它变成必须被认为是变化的材料，或者作为所期望的某种特殊变化的障碍抑
或方法的东西。理想的和理性的东西也不再被当作杠杆来改变。现实的经验世
150 界的一个与之分离的现成世界，也不再只是逃避经验缺陷的一个庇护所。它们
代表着理智地思考出来的、关于现存世界的种种可能性，它们是可以用来改造、

改善世界的一些方法。

从哲学上说，这是知识和哲学从沉思型到行动型的变化过程中的一个巨大差别。这个变化并不意味着哲学的尊严从崇高的层次降低到鄙俗的功利主义。它表明，哲学的首要功能在于将经验，尤其是集体的人类经验的各种可能性加以理性化。我们可以根据距离它多远来了解这个变化的范围。尽管有一些发明帮助人们利用自然的能量达到其目的，但我们还远远没有习惯于将知识当作积极控制自然和经验的方法。我们倾向于抱着一种看一幅完成的图像的旁观者的样子来思考它，而不是采取艺术家进行绘画的样子。于是，认识论的所有问题就出现了，这些问题是专业的哲学学者所熟悉的，它们尤其使得现代哲学如此远离对普通人的理解，远离科学的各种结果和进程。因为所有这些问题都是起源于这样的假定：一边是静观的精神，另一边是一个被观察和注意的陌生而遥远的对象。他们询问，一个如此分离和彼此独立的精神和世界、主体和客体如何可能形成彼此之间的关系，以致使真正的知识成为可能呢？如果认知被习惯地认作积极的、行动的，在假说指导的实验或关于某种可能性的想象指导的发明的类推之后，不须说，第一个效果将会是将哲学从现在困扰它的所有认识论疑难中解救出来。因为所有这些疑难都是从认知过程中有关精神与世界、主观与客观的关系的一个观念而来，在这个认识过程中，那个观念假定认识就是掌握已经存在的东西。

近代哲学思想[①]如此全力关注这些认识论的疑难问题，以及实在论者与唯心论者之间、现象论者(phenomenalist)与绝对论者(absolutist)之间的争论，使许
多学者对此困惑不解：如果除去区分本体世界与现象世界的形而上学任务，以及 151
解答一个分离主体何以能够认识一个独立的客体的认识论任务，哲学还会剩下什么？但是，消除这些传统的问题，难道就不能让哲学专心于其他更有成效、更紧要的任务吗？它难道不能鼓励哲学去面对人类所感受的、巨大的道德和社会的缺陷与困惑，鼓励哲学集中精力去澄清这些不幸的缘由和确切本质，并澄清一个更好的可能的社会的观念吗？简言之，除了那些问题，它就不能策划一个观念或理想，不是用以表示另一个世界或一个遥不可及无法实现的目标，而是用以作为理解和矫正特定社会弊端的方法吗？

这是一个含糊的说法。但首先要注意到，脱离了空虚的形而上学和无用的

---

① 原文是 modern，根据内容可判断为近代认识论哲学。——译者

认识论并具有如此正当领域的一个哲学观念，与第一讲里概述过的哲学起源是一致的。其次，要注意到当代社会、整个世界是多么需要比现在所拥有的更加普遍和基础的启蒙和引导。我已经试图表明，对知识的观念从沉思而变成为能动的这样一个剧烈变化，是现在进行探究和发明的方法的必然结果。但是，主张这个就必定要承认或者确定，这个变化大部分不过影响人类生活的技术方面。科学创造了新的工业技术。人对于自然能量的物理性支配被无限地放大了，人们控制了物质的财富和繁荣的资源。那些曾经是不可思议的奇迹的事物，现在天天由蒸汽、煤炭、电力、空气，以及人体去完成了。然而，很少有人敢于乐观地宣称，对于社会的和道德的幸福已取得相似的控制力。

与我们的经济成就相适应的道德进步在哪里呢？前者是物理科学中的革命的直接结果，但与之相应的人文科学和技艺又在哪里呢？不但认知方法的改进迄今仍只限于技术和经济的事件，而且这个进步带来了新的、严重的道德困扰。
152 关于这个，我只需举出最近的战争、劳资问题、经济阶级的关系，还有新科学虽然在医学（包括外科）中创造了奇迹，但也产生了疾病和衰弱，并使它们蔓延开来。这些需要考虑的事情向我们指出，我们的政治是多么不发达，我们的教育是多么原始和拙劣，我们的道德又是多么被动而迟钝。哲学的发生是由企图找一个明智的可代替盲目的习俗和冲动之观念，作为生活与行为的指导：这些产生哲学的原因依然存在，但这个企图还未取得成功。把哲学从无用的形而上学和认识论的重负中解脱出来，而不是使哲学丧失各种问题和题材，难道我们没有理由相信，这将开辟一条通往解决最困难、最重要的问题的途径吗？

让我详细说明此讲演所直接指向的一个难题。前面已经指出，对沉思的观念真正富有成效的运用不是在科学领域中，而是在审美领域中。除了那些对世界的形式和运动有好奇心和动情的兴趣，而且不考虑它有什么效用，艺术的任何高度发展都是难以想象的。而且，如下的这种说法并不过分，即每个在美术上已经达到高水平的民族，譬如希腊人、印度人和中世纪的基督徒，都拥有高度活跃的沉思心态。另一方面，如前所指出，在科学的进步中实际地自我证明了的科学态度，是一个实践的态度。这种态度把形式看成是被隐藏的过程的伪装，它对于变化的兴趣在于它会导致什么，它能够做些什么，它可以有什么用处。尽管这种态度已经把自然置于控制之下，但它对自然的态度有点生硬和莽撞，这不适于我们对世界之审美的欣赏。的确，有关实践科学的态度与沉思的审美鉴赏的态度能否调和的可能性以及调和的方法，这对于我们来说，是最重要的问题。如果没有前者，人将成为既不能利用又不能控制的自然力量的玩物和牺牲品；而没有后者，人类或许会变成一种经济怪物，不停地在人与自然之间以及人与人之间讨价还价，因闲暇而无聊，只知道将它用于卖弄的炫耀和过度的奢靡。

与其他道德问题一样，这个问题是社会的问题，甚至是政治的问题。西方人 153
走上实验科学并将其应用于自然控制的道路，要比东方人早。我想，我们也可以说，后者在他们的生活习惯里更多地体现了沉思的、审美的和思辨的宗教气质，而西方人则更多一些科学的、工业的和实践的气质。这个差别以及围绕它而产生的其他差别，对彼此之间的相互理解来说是一个障碍，也是产生误解的一个源头。哲学致力于在它们的关系和适当均衡中领会这两种不同的态度，它肯定能够成功地提升人们在彼此的经验中相互受益的能力，并更有效地相互合作，共同致力于富有成效的文化的任务。

的确，把“现实”和“理想”之间的关系看作是专属于哲学的问题，是令人难以置信的。这个在所有人类事务中最严重的问题已被哲学所把持，这一事实仅仅再一次证明了，以知识和智慧为某种自足的东西的见解会带来灾难。“现实”和“理想”从来没有像现在这样如此嚣张，如此独断。在世界历史之中，它们也从来没有疏隔到像现在这样如此之远。(第一次)世界大战是为纯粹理想的目的——人道、正义和强弱者之间同等的自由——而进行的。并且，它是以应用科学的现实手段进行的，烈性炸药、轰炸机的使用几乎把整个世界夷为平地，以致有心人忧虑我们所谓文明的宝贵价值能否得以保存。和平解决问题的主张在以激起人类最深切的情感的种种理想的名义下得到了大力宣扬，但这一方式同样强调以极端的现实主义态度关注按照物质力量的比例来分配经济利益，这在未来可能会造成纷争。

并不奇怪，有些人竟至以为所有唯心主义不过是掩护人们更有效地追求物质利益的一个烟幕，因而转向对历史进行唯物主义的解释。于是，“现实”就被看作是物质的力量，被看作是对权力、利益和享乐的感觉；而政治，其本质就是巧妙的宣传和对没有受到现实启蒙的人们加以控制，此外都是假象。但是，同样地， 154
也有人相信，战争对于我们来说，真正的教训是：当人类开始培植自然科学[1]并

① physical science 译为自然科学而不是物理科学。——译者

运用科学的结果去改善生活工具(即工业和商业)时,就走错了第一大步。他们将要叹息,希望旧时代的归来——在那个时代,大众像野兽般地生生死死,唯有少数精英分子投身于"理想的"事物,即精神的东西,而对科学及生活的物质的适宜以及舒泰却不加关注。

然而,最明显的结论似乎是:任何一种这样的理想都是无能而有害的。它泛泛地以抽象的概念来宣扬,就是说,它脱离了具体的细节的存在,它忘记了正是这些具体的细节存在的活动可能性,才是理想自身所要表现的。真正的道德似乎就在于实施一个相信自我独存的精神世界的理想主义的悲剧,以及坚持对于力量与效果的最现实的研究的悲剧需要,而这个研究是以比自称的"**现实政策**"(Real-politik)更具科学精确性、更完善的一种方式进行的。因为采取短视的观点,为当下的压力而牺牲将来,忽视不如意的事实和力量而夸大任何与当下欲求相称的东西的持久性,都不是真正现实主义的或科学的。说境况的不幸源于没有理想,这是错误的;事实上,这些不幸是由于错误的理想而发生的。而这些错误的理想又是由于:在社会事件上,我们缺乏对"真实的"操作条件进行有组织的、系统的、公平的、批判性的研究。我们将这种研究称为科学,它在技术领域里曾引导人们去支配各种自然能量。

让我们再说一遍,哲学不能"解决"理想和现实之间的关系问题;因为那是人生的永恒问题。但是,通过把人类从哲学自身所造成的种种错误(譬如,脱离转变成某种新的不同东西的运动的真实条件的存在,以及独立于各种物质的、自然的可能性之外的理想、精神和理性的存在)中解脱出来,它至少能够减轻人类在处理这个问题时的重负。这是因为,只要人类致力于这个极端错误而虚妄的偏见,他就总是瞎着眼睛、捆着手脚地向前走。而哲学只要愿意,就可以完成比这
155 种消极的工作更多的事情。通过展示富有同情且健全的智慧——对于具体的社会事件和力量的观察和理解——能够形成既不是错觉也不仅仅是纯感情补偿的各种理想,它能够使人类在行动上走上正确的道路。

6.

逻辑改造的意义

逻辑——像哲学本身一样——也发生了有趣的摇摆。它曾被抬高到最高 156
的、立法科学的地位，但它所拥有的财产不过就是“A是A”这样的命题，以及关于三段论法则的学术韵文。它声称它能够描述宇宙的最终结构，因为它要研究的思维法则，正是理性据以形成世界的法则。然后，它又将其主张限定为去探求正确推理的法则，这些法则的正确性与事实无关，也不会导致实践事务上的错误。近代客观唯心论者认为，它适合代替古代本体论形而上学，但也有人把它看成是修辞学的一个分支，教人精通辩术。有一段时间，中世纪从亚里士多德那里继承来的形式逻辑得到了密尔(Mill)从科学实践中总结出来的发现真理的归纳逻辑的弥补，从而出现了一个相互妥协的表面上的均衡。德国哲学、数学和心理学的研究者，虽然他们曾经互相激烈地攻击，但在对正统逻辑学的演绎证明和归纳发现的攻击上却是一致的。

逻辑学的舞台上还很混乱。它的主题、范围或目的几乎都不一致。这个不一致并不是形式上的或名义上的，它影响着对一切问题的处理。就拿判断的性质这样一个基本问题来说，我们可以通过引用令人尊敬的权威而列出各种可能的学说。判断处于逻辑学的核心，但判断完全不是逻辑的事情，而是个人的和心理上的事情。如果它是逻辑的，它的作用就是首要的，概念和推论从属于它；而它其实是概念和推论的结果。主词和谓词的区分是必要的，但这与判断的性质问题又完全不相关，又或这个区别虽有例可考，但没有什么重大的意义。在那些
主张主谓关系是基本关系的人们中，有的认为，判断是对还没有主谓词之前的某 157
种事物的分析；而另一些人则认定，它是把主谓合成为另一事物的一个综合。一

些人认为，实在总是判断的主词；而另一些人则认为，“实在”是与逻辑无关的。在那些否认判断是谓词对主词的描述而认为它是元素之间关系的人们中间，有些人认为这个关系是“内在的”，也有人说它是“外在的”，还有人说它有时是内在的、有时是外在的。

如果逻辑与实践上的考虑不相干，那么，即使这些矛盾很多、很广泛、很难调解，也可以一笑了之。如果逻辑是一件有关实践效果的事务，那么，这些矛盾就严重了。它们表明了，理智上的不调和与不连贯有某种深奥的原因。事实上，当代的逻辑理论的确是一切哲学分歧和争论所会聚和集中的地方。在经验与理性、现实与理想关系的传统观念上所起的变化，是如何影响逻辑学的呢？

首先，它影响到逻辑学本身的性质。如果思想或理智是刻意改造经验的手段，那么，逻辑学作为对思考进程的描述，就不单纯是形式上的。它并不是不关心所述内容的真伪，而仅仅局限于探求形式上正确的推理法则；在另一方面，它既不像黑格尔的逻辑学那样，关注于宇宙的内在思维结构，也不像洛采(Lotze)、鲍桑葵(Bosanquet)和其他认识论的逻辑学家那样，关注人类思想对于这个客观的思维结构的持续探究。如果思考是确保谨慎重组经验的一种方式，那么，逻辑学就是对思考进程一个清晰而系统化的规范，从而使所想要的对经验的重组可以更经济更有效地进行。用学者所熟悉的语言来说，逻辑既是科学，也是艺术。鉴于它对思维的实际过程所作的有组织的和能被检验的描述，它是科学；鉴于它在这个描述的基础上制定了一些方法，使将来的思想可用以趋向成功的操作而避免会导致失败的操作，它是技艺。

这样，逻辑学是经验的还是规范的、是心理的还是调节的争论，就得到了回
158 答。它两方面都是。逻辑学是以明确生动的经验材料为基础的。人类已经思考了无数年代。他们进行了各式各样的观察、推理和论证，得到了各种各样的结果。人类学——即对神话、传说和祭祀的起源的研究；语言学和语法学；修辞学和形式逻辑学都告诉我们，人们曾经怎样思考，以及不同种类思考的目的和结果为何。心理学，不管是实验心理学或是病理心理学，都为我们了解思考怎样进行以及思考得到什么结果作出了重要的贡献。尤其是对各种科学发展的记录，能够为具体的探究和实验提供指导，那些具体的探究和实验有时候使人误入歧途，有时候又被证明为是有效的。从数学到历史，每门科学在其自身的独特领域中都展现了具有典型意义的错误方法或者有效方法。这样的话，逻辑学就获得了

一个广大的几乎不能穷尽的经验研究领域。

传统的说法是,经验只告诉我们人类曾经怎样思考和现在怎样思考,而逻辑学则关注于规范,研究人应该怎样思考,这个说法是愚蠢可笑的。有些思考的方式已由经验证明是没有进展的,或者更加糟糕——它陷入了成体系的虚妄和谬误之中。而其他思考方式在经验中,显然已经被证明它们会持续富有成效地带来新的发现。正是在经验中,各种研究和推论方法的效果得到了令人信服的展示。人们鹦鹉学舌般地重复在经验的描述"是什么"与规范的说明"应该是什么"之间的区别,但唯独忽略了作为经验的思考(也就是,它对成功和失败事例的公然展示)所具有的最重要的事实——即好的思考和坏的思考之间的区别。凡是考虑到这个显明的经验事实的人,都不会抱怨在建构"规范性"的技艺(regulative art)时缺乏材料。对实际思考的经验记录所进行的研究愈多,失败的思考和成功的思考的特征之间的关联也就愈明显。通过经验来确证的这种因果联系,就产生了思维技艺的规范和法则。

数学常常被引用来作为依赖先验规定和超经验材料的纯粹规范思考的范例。但令人不解的是,从历史角度研究这个问题的学者何以能回避数学和冶金学都同样是经验性的这个结论。从计算和度量东西开始,正如从捣碎和熔化东 159
西开始。常言道(通常很深刻),一事可以导致另一事。某些方法是成功的——不仅具有眼前的实践意义,而且能够生发兴趣,引起注意,主动寻求改进的尝试。现代的数理逻辑学家提出数学的结构,就好像这个结构是从具有纯逻辑构造的宙斯的脑袋里突然跳出来似的。然而,这个结构却是漫长的历史发展的一个产物,在其中,人们曾进行了各种各样的试验,有些人朝这个方向走,有些人朝那个方向走;有些行动和操作导致了混乱,有些则成功地带来了秩序和富有成效的发展。这是一个在经验的成败基础上不断选择和改良材料和方法的历史。

所谓规范性的先验的数学结构,其实是长期艰苦的经历所获得的结果。冶金学家处理矿石的高度发达的方法,实际上与之也没有什么不同。他也是对过去被认为成效最大的各种方法加以选择、提炼和组织。逻辑之所以对人类意义重大,正因为它是建立在经验的基础上并被实验性地运用着。这样看来,逻辑理论的问题,不外是在刻意改造经验的探究中发展和应用理智方法的可能性问题;再增加一句:这样的逻辑虽然在数学和物理科学范围内已发展起来,但在道德的、政治的事件中仍待探究,这只不过在用更具体的形式重说了一遍用一般形式所说过的东西。

因此，先不用辩论假定这种对逻辑观念，再进而讨论它的主要特征中的某些东西。首先，思想的起源对于将会成为指导经验的理智方法的逻辑学来说，会有很大的启发。先前已经说过，经验主要是关于行为、关于感觉运动的事情，与此
160 相一致的是，思想则发生于经验中引起混乱和麻烦的特定的冲突中。人们既无麻烦要处理，又无困难要克服，自然是不会思考的。一种安逸、不劳而获的生活是不会引起思虑的，是恣意的什么都可以的。思考着的人，其生活受到制约和限制，他不能通过其行动直接就取得成功。当人们遇到困难的时候，如果遵照权威而行动，他们也就不会去思考。士兵有许多困难和束缚，但士兵（如亚里士多德所说）作为士兵所获名声，并不是因为他们是思想者。长官替他们思想。在现代的经济条件下，大多数的劳动者也是一样。只有在思考是迫切需要的或者是紧急的出路的时候，只有在思考能指示解决问题的途径时，困难才能引起思考。凡是有外界权威统治的地方，人们就会怀疑是否有必要去思考，甚至厌烦思考。

然而，进行思考不是个人解决困难的唯一途径。正如我们已经看到的，梦想、幻想、基于感情的理想化过程都是用来逃避困难和矛盾的途径。根据现代心理学理论，许多系统的幻想及思想混乱，甚至歇斯底里症本身，可能都是起源于摆脱麻烦冲突的努力。这样的看法阐明了思考作为应对困难的一种方式所包含的一些特征。刚才所说的那些走捷径似的"解决方法"，并没有摆脱冲突和问题；它们只是摆脱了关于这些冲突和问题的感觉而已。它们遮盖了对问题的意识，因为冲突事实上依然存在，只是在思想上被回避了，于是混乱便产生了。

故而，思考的第一个显著特点就是面对事实——对事实进行探究，进行精细而广泛地检查和观察。对成功推进思考（对反映和规定这个过程的逻辑也是一样）妨碍最大的，就是把观察看作是思考以外的和思考以前的事情，以及把思考看作可以不"包括"对新事实的观察为其一部分而能在头脑中进行下去的事情的那个习惯。凡是与这种"思考"接近的，都会带来刚才所说的那种逃避和自欺。它用一串合乎感情并在理性上前后一致的意义系列来代替对引起困扰的情境的
161 探究。它将产生那种被称作理智梦游病的唯心论。它创造了一个"思想者"阶层，他们远离实践，也因此而不会通过应用来验证他们的思想。他们是高高在上的，不需要负任何责任的。这种情况导致了理论和实践的不幸的分离，它使一方对理论过于重视而使另一方对理论又过于轻视。它认为，当下的实践是粗俗的、

死气沉沉的，因为它把思想和理论看作属于一个与当下实践分离的高贵的领域。这样，唯心论者就和唯物论者竟然合谋将实际生活弄得贫乏而不公平了。

把思考与面向事实分割开来，这促进了那种只知堆积粗陋的事实、忙碌于细枝末节，而从不探究这些事实和细节的意义和后果的观察——这是一个安全的职业，因为它决不考虑如何运用观察的事实来作出计划去改变现状。与此不同的是，作为改造经验之方法的思考，则把对事实的观察看成是界定问题、找到麻烦之所在的不可缺少的步骤；看成是对困难是什么和困难在什么地方形成确切的而不是模糊的、情绪的认识所不可缺少的步骤。它不是无目的、随便的、杂乱无章的，而是有目标、有针对性的，并且与所遭困扰的性质是密切相关的。它的目的在于澄清那混乱的情境，以便提出应付它所应采取的方式。科学家有时好像在无目的地随意观察，但其实，这是他非常喜欢把问题作为探究的资源和指导。他是在努力寻找不轻易显现出来的问题，如我们所说，他是在自寻烦恼，因为他能在应付困难中获得满足。

所以，对具体事实所做的针对性的和广泛的观察，常常不仅与对某一问题或困难的感觉有关，而且与对那个困难之意义的某种模糊的感觉有关，也就是说，与那个困难在随后的经验中引入了什么或指示了什么相关。它是对未来的一个预期或预见。我们在真实地谈论着“即将发生”的困难(impending trouble)，当我们观察这个困难所具有的征状之时，同时就在期望着、预测着——就是说，在构造一个观念，在明晰意义。当那困难不仅是即将到来的而且是现实地摆在眼前
的时候，我们就被压倒了。我们不再思考，陷入苦闷忧愁之中。能引起思考的那 162
种困难，那种尚未完成的正在发展着的困难，我们可以从它那里发现征兆从而推断出可能发生的事情。当我们进行理智性的观察时，既是在理解，也是在忧虑。我们警醒地注意着即将发生的事情。好奇、探索和研究既指向已经发生的事情，也指向即将发生的事情。在理智上对于已发生事情所产生的兴趣，就是要去得到可以推断即将发生的事情的证据、迹象和征兆。观察就是诊断，而诊断则包含预期和预备。它使我们预先准备好一个态度，以免在遇到困难时措手不及。

还未存在的事物，只是被预想或有待推论的事物，是无法观察的。它没有事实，没有被给予的东西，没有数据，而只是一个意义、一个观念。但这里的观念不是幻想，不是由出于逃避和寻求安慰的情绪化的记忆产生的，而是由对一个正在发展着的情境的考察而激起的、对即将发生的事情的预测。铁匠注视着铁，观察

铁的色泽和纹理结构，以寻求铁的变化的征象。医师诊察他的病人，要寻找变化的确切方向。科学家关注他的实验材料，要掌握在某种情况下将要发生的事情的线索。观察本身不是目的，而是要获得证据和征兆的一种探究，这个事实就表明伴随着观察的还有推论、预测——这就是说，还有观念、思想或概念。

在一个更专业的语境中，很值得去看看观察的事实和设定的观念或意义之间的这种逻辑上的一致，对于某些传统的哲学问题和疑难会有什么启示。一般地说，这些问题包括关于判断中的主词和谓词的问题、知识中的主观和客观的问题、"现实"和"理想"的问题。但此时，我们只能指出，在经验中观察的事实和设定的观念的起源和功能是相关的这个见解，对我们理解观念、意义、概念或其他特别用来指称精神作用的东西的本质有着重要的启发。因为它们暗示了可能发生或终将发生的某个事情，它们是应对正在发生的事情的宣言(正像我们通常所
163 说的理想性的东西那样)。一个人发觉有汽车向他迅速逼近，他感到了不安全；他作出的观察—预测可能太迟了。但如果他的预期—感知来得及时，就会有所凭借去设法避免这个危险。因为他预知到了这个即将到来的结果，可以设法使得事情朝其他方向发展。理智的思考意味着行动自由的扩大——从偶然和宿命中解脱出来。"思想"提示了某种应对方式，而这种应对方式与理智的观察，对于将来还无所推论时所采取的那种反应方式是不同的。

现在，试图取得某种结果的行动方法、反应模式——它使得铁匠能够在熔化的热铁上赋予形式，使得医生能够治疗患者促使其康复，使得科学实验者能够作出可以应用于其他情况下的结论——在还没有被这个方法模式的结果验证之前，从情境的本性上看还是试验的、不确定的。这个事实对于真理学说的重要性将在下面谈到，在这里，只要留心所有概念、学说、系统，不管它们怎样精致、首尾一致，都必须被视为假设，这就足够了。它们应该被看作能够检验它们的行动的基础，而不是终极之物。看到这个事实，也就意味着从世界上铲除了僵硬的教条。它使我们认识到概念、学说和思想体系总是通过应用而发展的。它教导我们：必须既要注意到改变它们的迹象，也要抓住肯定它们的机会。它们是工具，和所有工具一样，其价值不在于它们本身，而在于在使用它们之后所产生的结果中所体现出来的功能。

尽管如此，只有在对知识的兴趣成熟了，思考过程本身具有了价值，即有审美上和道德上的趣味的时候，才有所谓自由的探究。正因为认知不是自我封闭

的和终极的，而是改造情境的工具，所以它总有维护某种预定目的和偏见的危险。这种情况下的反思就会是不完全的，它将有所欠缺。因为它预定了必须得到某一特殊的结果，所以它就不是真诚的。说一切认知都有一个在它自身以外的目的是一回事，说认知这个行为有一个预定好了的必须达到的特殊目标是另一回事。说思考的工具性意味着它是为了让个人得到他所追求的片面的私利而 164
存在，就更不对了。限定任何目的就是限制了思考过程。它表明思考还没有得到充分的发展运动，思考被束缚着、阻碍着，受着干涉。只有目的是在探究和验证的过程中被发展起来的那个情境中，认识才能全面展开。

这样看来，无私利、无偏见的探究绝不是意味着认识是自我封闭、不负责任的。它意味着，没有预先设定一个特殊目的拘束观察活动，以及观念的形成和应用中，探究得到了解放。它被鼓舞着去关注关于认定问题或需要的种种事实，去追寻提供线索的种种暗示。阻碍自由探究的事物如此之多，如此之坚固，因此，探究行动自身是令人愉快而有吸引力的，能引起人的竞技本能。人类应该为之欢欣鼓舞。

当思想不再受社会习俗所确立的固定的目标限制的时候，劳动的社会分工就相应地成长起来了。研究成为一些人的终身职业。然而，这只在表面上证明了理论和知识自身就是目的的观念。对于一些人，它们才是以本身为目的的，这是相对来说的。这些人代表着一种劳动的社会分工，而只有在这些人与其他社会职业通力合作，对他人的问题保持敏感并将对问题的解决传达给他们，以获得行动中更广泛的应用时，他们的专业化才可以信赖。当专门从事研究的人的这个社会关系被遗忘而处于孤立地位的时候，探究也就失去了刺激和目标，将堕落成无用的专业，变成一些对社会漠不关心的人所做的一种仅在理智上忙碌的工作。琐碎的知识以科学的名义堆积起来，深奥的辩证论的诸体系发展起来。于是，这一职业在为真理而真理的崇高的名义下被“合理化”。但是，当真正科学的道路被重新获得时，这些东西就会被扫在一旁然后被遗忘，最终变成那些无能而 165
又无责任感之人的玩物。无偏见的无私心的探究的唯一保证，是研究者对于其所交往的人的需要和问题保持一种社会性的敏感。

由于工具理论倾向于高度尊崇无偏见无私心的探究，因而与一些批评家的印象相反，它非常重视演绎方法。因为说概念、定义、概括、分类和引申推论等的认知价值不是自足的，就说人们轻视演绎的作用或否认演绎的成效性和必要性，这是一个奇怪的看法。工具理论只不过想细心地指出它们的用处在哪里，以免人们误用它们。它认为，认知在界定问题的某个具体的观察上开始，在检验假设性的解决方案的某个具体的观察上结束；但它又认为，最初的观察所暗示的和最后的观察所验证出来的观念和意义本身需要被仔细地考究，有待长期的发展，因此对理论的否定要放到最后。说一个机车是一个媒介（agency），说它是经验中的需要和满足的中间媒介，并不看低机车在精细的构造上的价值，也没有忽视对用来改进其构造所用的辅助工具和方法的需要。反之，勿宁说，正因为机车在经验中是一个中间状态，既不是原初的，也不是终极的，因此对于其建设性的发展，我们无论怎样给予关注也不过分。

像数学那样的演绎科学，代表了对方法的完善。一种方法对研究它的人来说，本身就是一种目的，这一点也不奇怪，正如制造每种工具都要有一种特殊的行业一样。发明和完善工具的人，与使用它的人经常是不一样的人。但是，物质的工具和知识的工具之间确实有一个明显的差别，后者的用途往往不是直接可见的。对完善方法本身所产生的艺术性的兴趣是强烈的——犹如文明时代的日用器皿，本身可以成为最精美的艺术作品。但是，从实践的角度来看，这个差别表明，理智工具作为工具有更大的优势。这是因为它在心灵中的形成不是为着
166 一种特殊的应用，因为它是一种高度普遍化的工具，所以，它可以更灵活地适用于各种不能预先知道的用途。它能用来处理从未预料到的问题。心灵对于各种理智的紧急需要在事前是有准备的，当新问题发生时，它无须等候到一个特殊工具准备好才去应对问题。

更确切地说，如果一个经验要想应用于别的经验，抽象是必不可少的。每一具体的经验就其整体来说，都是独一无二的；它就是它自己，决不可再来一次。从它的彻底的具体性来看，它不提出什么教导，也不具有启示。所谓抽象，就是从中选出某一方面来，在其帮助下再掌握其他事物。就其自身而言，它是一块破坏了的碎片，是从中抽象出来的鲜活整体的一个贫乏的替代物。但是，从目的论或实践上看，它代表了一个经验能利用到其他经验去的唯一途径——能够确保得到某些启发的唯一途径。所谓错误的或坏的抽象论，是指这个被抽出来的碎片的功用被忘却和忽略了，而抽象本身却被尊为比它从中挣脱出来的那个浑浊而不规则的具体的东西高出一等。从功能上而不从构造上静态地看，抽象意味着从一种经验中释放出某种事物，以便移转到另一个经验中去。抽象即解放。

理论色彩越浓，抽象性就越高。一种抽象，离在具体情境中所体验到的东西越远，则越适于处置以后可能发生的任何无限变化的事物。古代的数学和物理学比现代的数学和物理学，更接近于那粗糙的具体的经验。就是因为这个缘故，它们在对于那些在无法预料的新形式中出现的具体事物的洞察和控制上，无法给人们提供帮助。

抽象和概括常常被认为是近亲。可以说，它们是同一作用的否定性方面和肯定性方面。抽象是释放某种因素，从而使得它可以被使用。概括就是这个使用。概括保持着这个因素并且伸张开来。从某种意义上说，它是黑暗中的一个跳跃。它是一个冒险。我们在事前不能保证从一个具体事物中抽取出来的东西，能有效地应用到另一个个别的事情中去。那些个别的事情既然都是一个个的、具体的，它们必然各不相同。“飞”的特性从具体的鸟中产生出来。然后，这 167
个抽象被推广到蝙蝠上去，由这个性质的适用，我们又会推想蝙蝠还有鸟的其他特性。这个小小的例子指出了概括的本质，也说明了概括的风险。它将一个先前经验的结果转移、引申、应用到对一个新经验的接受和解释中去。演绎过程就是定义、限定、净化并安置一些观念，而通过这些观念不断丰富的和具有指导性的操作就可以进行；但是，无论演绎得怎样完美，都不能保证事情的结果。

在现代生活中，组织方法所具有的实用性价值明显地被加强了，以至于分类方法和系统化方法所具有的工具性意义似乎没有必要细述了。当质性的和固定的种的存在不被看作是知识的最高对象时，分类往往就被人们，尤其是被经验论学派，看作是单纯的语言上的技巧。拥有概括若干特殊事物的词语，对于记忆和交谈来说是方便的。各种类被假定为只存在于言语里面。随后，观念被认作是事物和词语之间一种不易描摹的*第三者*，类就成了在心灵中存在的纯精神的事物。经验论的批判性倾向，在这里可以看得很明显。只要类具有客观性，那就会鼓动对于永恒的种和玄妙的本质的信念，并加强已经衰落和臭名昭著的学问的威力——洛克有力地论证过这个观点。*一般观念可以用来*节省力气，它可以使我们将各种特殊经验浓缩为更简单、更便于携带的各种整体，使识别各种新的观察物更加容易。

这样的话，唯名论（nominalism）和概念论（conceptualism）——以为种类只存在于言语或观念里的那种理论——就是对的。它强调系统化方法和分类方法的目的论特点，认为它们是为了使达到目的的过程更加经济和有效而存在的。可是，由于经验上的主动性和行动的那方面被否认或忽视了，这个真理也就沦为谬误。具体的事物和其他事物的接触方式有多少，行动的方式就有多少。一个东西在某些别的东西面前是无感觉、无反应、无生气的；而在另一些东西面前则是
168 警觉的、活跃的，具有攻击性的；在第三个场合，它顺服地接受。尽管这些各种不同的行动方式变化无限，但它们可以在对一个目的的共同关系上被归为一类。明智者不会每样事都去做，他有一些主要兴趣和主导目的，从而使他的行为前后一贯而又有效率。有一个目的，就意味着要去限制、选择、集中和组合。于是，这就提供了一个按照行动的方式与所追求的目标间的关系而选择组织事物的基础。樱桃树的归类，因木工、园艺家、技艺家、科学家和鉴赏家而相异。因所追求的目的的不同，对树所采取的行动和反应会不同，这很重要。如果注意到目的各有不同，每种分类都是有其价值的。

然而，每一种分类有一个真实的客观的好坏标准。某一分类可以帮助木工达到目的，而另一分类则妨碍他。某一种分类可以帮助植物学者富有成效地进行研究工作，而另一种分类则耽误并扰乱他。所以，关于分类的这个目的论学说，并不意味着我们要接受"类是纯言语的或纯精神的"这个观念。在任何技艺中，包括探究技艺在内，所谓组织都只不过是名义上的或精神上的，这与百货店或铁道系统里的组织没有什么不同。处理事物的需要，提供了客观的标准。事物必须被挑选整理起来，从而使它们的组合可以促进行动目的的成功。便利、经济和效率是分类的基础，但这些东西既不局限在与别人的言语交流上，也不局限在内心的意识中；它们涉及客观的行动，它们必须在世界上发生结果。

同时，分类也不是对存在于自然界的完成了的格局之摹写和复制。毋宁说，它是用于进攻未来和未知事物的兵器库。为了成功，过去的知识细节必须由单纯事实还原到意义上去，意义越少越简单，外延就越广越好。它们的范围必须足够广阔，可用来探究任何没有预料到的现象。它们必须被安排好而不至于重叠，否则的话，当它们被应用于新事件时，就会相互干扰而产生混乱。为了应对所遇到的大量的各种不同的自我呈现的事件时，行动可以顺利而高效，我们必须能够
169 敏捷而准确地更换所用的攻击器具。换言之，我们的各种类和种必须按照从更广泛到更特殊的次序安排好。不仅要有街道，而街道的安排又必须便于互相通行。分类能把经验的荒野小道变成秩序井然的道路系统，从而增进探究行动的传播和交流。人们一旦开始预测未来并事先准备有效和顺利地应付未来的时

候，逻辑演绎的作用和结果就会更加重要。各种实用的事业都会生产出产品，凡是能够减少材料的浪费和提高生产的经济和效率的方法都是宝贵的。

由逻辑的实验性和功能性而来的对真理性质的理解，我们没有多少时间来谈了。不过，这也没什么遗憾，因为对它的理解可以从思考和观念的性质引申。如果理解了思考与观念，真理的概念自然可以领悟出来。如果不能理解，提出真理学说的任何努力都会引起混乱，而关于真理的这个理论本身也免不了武断和荒谬。如果观念、意义、概念、理论和体系对积极改造某一给定的环境和消除某种特殊的麻烦和混乱来说，是一种工具性的东西，那么，对它们的作用和价值的检验就在于这项工作的完成。如果它们成功地完成了这项工作，它们就是可靠的、健全的、有效的、好的和真的。如果它们不能澄清混乱、消除缺陷，反而增加了混乱、不确定性和罪恶，那么，它们就是错误的。要确信、证实、证明，就要看它的作用和效果。美在于美的行为。只有通过它们的结果，你才能**知道**它们。在真实地指导着我们的，就是真的——所谓真理，就是证明有这样的指导能力。副词“真正地”(truly)比形容词“真的”(true)或名词“真理”(truth)更为基础。一个副词表示一个行为的状态和模式。一个观念或概念是按照某种方式行动，以澄清某一特殊情境的一种要求、命令或计划。当那要求、主张或计划得到施行的时候，它就正确地或错误地在指导着我们，即它指引着我们走向目标或远离目标。它积极和能动地发挥作用的过程是最重要的东西，正确或错误则包含在它所引发的活
动的性质里面。能起作用的假设，就是“真”的。所谓**真理**，是一个应用于各种实 170
际的、预见的和期望的事情中的抽象名词，它要在其作用和后果中得到证实。

真理这个概念的价值，完全依赖于先前对思考所作的说明的正确性，因此，考察这个关于真理的解释何以会受人厌弃，比仅就它自身去解释更为有用。它被人憎恶的理由，一部分，毫无疑问，在于它表达上的新奇和缺陷。例如，当真理被看作一种满足时，它常常被看作只是情绪的满足、私人的安适、纯个人需要的满足。但这里所谓的满足，却是对于观念以及行动的目的和方法由此产生的那个问题情境中的要求和条件的满足。它还包含公共的和客观的条件。它不为冲动的私人的嗜好所左右。当真理又被定义为效用的时候，它常常被认为是对于纯个人目的的一种效用，或者是特殊的个人所心想的一种利益。把真理当作满足私人野心和权势欲的工具，这非常可恶。所以，批评家竟将这样一个概念归给健全的人们，是很奇怪的。事实上，所谓真理即效用，即真理是观念或理论宣称

可以在经验改造中所作出的贡献和服务。一条道路的用途不能以它便利于山贼劫掠的程度来衡量，而是取决于它是否实实在在地尽了道路的功能，是否能够供方便有效的公众运输和交通之需。同样，一个观念或假设所能提供的服务，才是那个观念或假设是否为真理的标准。

抛开这种肤浅的误解，我认为，我们还能够发现，接受这种真理见解的主要障碍在于我们继承了那深入人心的古代传统。存在物(existence)分为两大界，上界是完美的实在，下界是外表的、现象的、不完全的实在；正是在此程度上，真理和谬误被设想为是事物本身固定的、现成的、静的性质。至上的“实在”是真的，低级的不完全的“实在”是假的。后者自称有实在性，但不能被实体化。它是
171 诈伪而欺瞒的，从来就不值得信赖和信仰。对它的信念之所以错误，不是因为它引人走入迷途，不是因为它是错误的思想方法，而是因为它认同并坚持错误的存在或实体。别的概念之所以真，是因为它们确与真“实在”——圆满终极的“实在”——有关。这样一个概念深藏在曾经接受(尽管是间接地)古代和中世纪传统的每个人的头脑里。这个观念受到实用主义真理观的激烈挑战，调和或妥协是不可能的。我认为，这就是这个最新的理论引起攻击的原因。

然而，这个对比一方面表明了这个新理论的重要性，另一方面于无意中妨碍了对它的接受。那个陈旧的思想，实际上使真理等同于权威的教义。特别尊崇秩序的社会认为，生长是痛苦的，变化是烦扰的，因此不可避免地要寻求一个高级真理的固定物，以作为社会的基础。它向后看存在着的事物，寻找真理的源泉和保证；它又依赖于已往的、先前的、原始的、先天的事物，以求把握和信心。往前看，向意外事件看，观望后果，这种念头总是产生不安和恐惧，扰乱了那种与现成固定的“真理”观念相伴随的安稳感觉。它把探究、永不停止的观察、对假说审慎的发展和全面的试验等重担，放在了我们身上。在自然事件中，人们已渐渐习惯了在所有特殊的信念中认为真的等同于已证实的；但是，他们在认可这种等同的含义上犹豫不前，不敢从中引申出真理的定义，因为他们在名义上虽已承认定义应从具体的特殊的事件发生，而不应凭空构造或者强加在个别事物上，这是很平常的；但奇怪的是，人们不愿依照这个准则去给真理下定义。把“真的就是证实的，而不是别的”这个认识加以普遍化，就会促使人们放弃政治和道德教条，把他们最珍惜的偏见拿来接受事实后果的检验。这样一个变化，在社会上会引起权威地位和决策方法的巨大变革。在下面的演讲中将要讨论的，就是新逻辑的最初成果。

7. 道德观念中的改造

思想方法之改变对于道德观念的影响，一般而言，是明显的。善和目的增多 172
了。规则松弛而变为原则，原则又被修改而成为思想的方法。伦理学理论起源于希腊人为生活寻找一套行为规范的尝试，他们认为，这些规范应该具有理性的基础和目的，而不单是从习俗而来。但是，代替了习俗的理性，必须提供像习俗一样稳定的规范。从那时候起，伦理理论异乎寻常地着迷于这样一个观念，即它的任务就是去发现某些最终的目的或善，或者某种终极的、至高无上的法则。这是各种不同的学说中的共同点。有些人认为，规范的目的是出于对高级权力和权威的忠诚和顺服，但关于这个高级原则是什么，他们的见解却各不相同，有的以为是神的意旨，有的以为是世俗统治者的意志，有的以为是体现统治者意愿的制度安排，有的以为是出于对义务的理性认识。但是，他们之所以彼此分歧，是因为他们都承认这么一点：法则具有唯一的和最终的源头。然而，有些人说不可能从规则的制定中寻找道德，它必须在作为诸善的诸目的中寻找。于是，有的人在自我实现里，有的在神圣里，有的在幸福里，有的在快乐的最大总量里寻找这个善。但是，这些学派都有一个共同的假定，即有一个单一不变的终极的善。他们能彼此争论，只是因为他们有这样一个共同的前提。

但问题在于：要摆脱这个混乱和冲突，是否必须通过质疑这个共同因素而追究这个问题的根源呢？相信存在单一的终极之物——或者是善，或者是权威性的法则——的信念难道不是历史上已经消失的、那个封建组织的理智产物吗？它不也是那个在自然科学中已消失了的，认为在有限的、有秩序的宇宙里静高于
动的那个信念的一个理智产物吗？当前理智改造的局限在于，它至今尚未认真 173

地应用到道德和社会活动(social disciplines)中去,这一事实已反复提起过的。这一深入应用难道不就是要求我们进而相信变化、运动、个别化的善和目的的多样性,而且相信原理、标准、法则就是分析个别或特殊的情境的理智工具吗?

断定每种道德情境是独一无二的且有其不可替换的善,看起来不仅笨拙而且荒谬。因为过去的传统教导我们说,正因为特殊事件的不规则,才有必要让行为由普遍的原理指导,并且道德品性的本质在于使每个特殊事件服从于一种固定原理裁决的意愿。由此可见,普遍的目的和法则隶属于具体的情境,这将会引起完全的混乱和无节制的放纵。但是,且让我们依照实用主义的原则,以追问这个观念的后果去发现它的意义。那么,令人惊奇的是:具体情境的独一性以及它具有自足的善这个特点的首要意义,就在于它将道德的沉重负担转移给智慧。这个观念并不毁弃责任,恰恰是确立责任。一个道德的情境就是在公开的行动之前,必须作出判断和选择的情境。这个情境的实际意义——就是说,需要为之作出的行动——不是自明的,而是要寻找的。有互相冲突的欲望,也有不能两全的善,需要人们去选择。所需要的是去找出行动正确的方向和正确的善。因此,这迫使人们进行探究:对情况的详细构成进行观察,对各种因素进行分析,对模糊的部分进行澄清,对一些持续而显著的特征进行怀疑,对各种行动方式的可能结果进行追踪,以及在促成决定的那个预期或推想的后果与实际的后果相符合之前,把任何决定都看作是假设性的和尝试性的。这个探究就是理智。我们在道德上的失败,是由于某种性格的弱点,是由于同情心的缺失,是由于使我们对
174 于具体事件作出轻率或不正当的判断的那种偏见。广泛的同情、敏锐的感觉,以及对于不愉快事情的忍耐,使我们能够进行理智分析而审慎地决定对诸利益的权衡,这些都是与众不同的道德特征——诸德性或种种美德。

更值得注意的是,这里的根本问题与在物理研究中已得到解决的问题一样。在物理研究中,长久以来,似乎只有在我们开始使用普遍的概念并将特殊的事件归于其下时,合理的确保和证明才能获得。那些开创了现在已经到处被采用的探究方法的人们,在他们当时都被(真诚地)斥责为真理的颠覆者和科学的敌人。如果说他们最后取得了胜利,那是因为如先前所指出的,对普遍概念的应用肯定了成见和包容了未经证实而流行的观念;而将最初的和最终的重点放在个别事件上,则能激发对事实艰难的探究和对原则的考察。最终,我们虽然不能获得永恒真理,但接近了日常事实。我们虽然失去了高级的、不变的定义和种属体系,

但获得了对事实进行分类的、不断发展的假说和规则体系。毕竟，我们不过是要在道德的反思中采用那在对物理现象的判断中业已证明是可靠、严密而丰富的逻辑罢了，而且理由也是一样的。旧的方法虽然在名义和审美上尊崇理性，但却挫伤了理性，因为它阻碍了审慎而不断的研究。

更确切地说，应当把道德生活中遵守规则或追求固定目标的负担，转换成对需要特殊治疗的疾病进行检查，以及设计处理它们的计划和方法，这个转变能够消除使道德学说相互争执且不能与实际需求保持密切接触的各种原因。认为存在一种固定不变的目的的理论，不可避免地会把思想引到无法解决的争论的泥潭里去。如果有一个至善(summum bonum)、一个至高目的，那是什么呢？要考察这个问题，我们就要将自己置身于那与两千年前一样激烈的争辩中。假如我
们采取一种看上去更加经验的看法，说不存在一个单一目的，但也不如需要改善 175
的特殊情境那样多，只是有许多像健康、财富、名望或声誉、友爱、审美鉴赏、学问等那样的自然诸善，以及像正义、节制、仁爱等那样的道德诸善。当这些目的互相冲突时(它们必定相互冲突)，我们要靠什么东西或由哪一个人来判定哪条是正路呢？我们是否因此就要求助于曾给整个伦理学事业带来坏名声的诡辩呢？或者我们将依靠边沁所谓“子曰”[①](ipse dixit)式的论证方法：这个人或那个人任意地偏爱这个或那个目的？或是，我们必须把一切目的从最高的善到最无价值的善依次排列成序呢？我们又一次发现自己陷入不可调和的争论中而找不到出路。

同时，需要借智慧来解决的特定的道德困惑仍悬而未决。我们不能泛泛地寻求健康、富有、学问、公正或善良。行动总是特殊的、具体的、个别化的、独一无二的。因而对于所应做的行为的判断，也同样是特殊的。说一个人追求健康或公正，只是说他希望能够生活得健康和公正。这些事和“真理”一样，都是副词性的。它们是特殊状况中行动的修改者。对于如何生活得健康和公正，每个人是不同的，因各人过去的经验、机会、气质和后天的弱点与能力而各有差异。除了承受着特定的、身体上痛苦的人，一般来说，没有人志在生活得健康。因此，健康对于那个特殊人，就和别人的意义不同。健康的生活不是离开生活的其他方法而独自得到的。一个人须要在他的生活中健康而不是要脱离生活而健康；生活

① “ipse dixit”，是拉丁文，相应的英文是“he himself said it”。其意思是：武断的言词，亲口所说。——译者

只是指他的事业和活动之总合。以健康为独一目标的人将变成一个懦弱病夫，或一个狂热者，或一个体操演技者，或一个运动员。他如此偏于一面，以致为追求身体的发展反而伤了心脏。当他实现其所谓目的的努力不能与其他一切活动相调和并为其他活动增添色彩时，生活就将陷入分裂之中。某些行动和时间是专为健康的，有些是用作宗教的修炼，有些是用于讲求学问，有些是用来做一个好公民，或用来专攻美术等等，只有这样，才能合理地代替狂热主义者的想
176 法——一切目的都是为了完成一个目的。目前这还不流行，但是，生活里不是有很多失望、虚耗及艰辛和逼狭的严酷境遇，是由于人们没有体会到每一情境自有其独一无二的目的而整个人的个性与之有关的结果吗？确实，一个人需要健康地活着，这一点影响到他生活的方方面面，因而它不能被认为是一个独立的善。

然而，健康、疾病、公正、技艺等一般性概念之所以重要，并不是因为这个或那个事件可以归属于某个单一的条目之下而把其特性排除掉；而是因为以普遍为对象的科学可以给医师、技师和公民这样的人提供他们应该问的问题，应该作的研究，使他们能够理解所见事物的意义。如果一个医生精于医道，他就会把自己所掌握的科学（无论怎样博大精深）用作工具和方法来诊察个体病症和拟定治疗方案。而如果他只是将每个个体的病症武断地归属于疾病的若干分类和治疗的若干常规之下，那么，这时候，无论他的学问多大，他所达到的不过是教条性的机械水平。他的思想和行为将变得呆板、武断，而不是自由和灵活的。

道德的善和目的，只有在做某件事情的时候才存在。要做事这个事实，说明在目前的情况下是否存在着缺陷和不幸？这个问题就是眼前这个特定的问题，它与其他情况下的问题绝不会完全一样。故而，我们必须以这个情境中要改善的缺陷和困难为基础来发现、谋划和获得这个情境中所独具的善。不能以理智思辨的方式，把善从外面注入这个情境中。比较各种不同的情境，总结人类所遭到的各种不幸，并把与这种不幸相应的诸善分门别类，这就是所谓的智慧。健康、富有、勤勉、节制、和蔼、礼貌、学问、审美能力、创造性、勇敢、耐心、进取心、周密，以及许多其他的一般性的目的，都是众所公认的善。然而，这个系统化努力的意义，是理智的或分析的。分类暗示了在研究特定情境时所注意到的可能特
177 性，也暗示了排除不幸所要尝试的行动方法。它们是智慧的工具，它们的价值在于促进特殊情况特殊对待。

道德不是行为的纲要目录，也不是规则的集合，它与随时备用的药方和食谱

是不一样的。道德中需要的是用以探究和谋划的特殊方法:探究方法用来确定困难和不幸在何处,谋划方法用来制定计划以作为对付困难和不幸的前期假设。特定情境各有其无可替代的善和原则。情境逻辑上的实用意义在于,使理论学说从关注一般概念转到如何发展有效的探究方法上来。

且就伦理学的两个重要结果来评论一下。相信存在固定不变的价值的那种信念把目的分为内在的和工具的,前者是本身真正具有价值的,后者是实现内在善的手段。的确,作出这个区别,往往被看作是智慧或道德辨别的开始。辩证地看,这个区别是有趣的,似乎没有什么害处。但如果将之付诸实践时,就会产生悲剧性的结果。在历史上,正是这种区别,带来并证实了理想的善与物质的善之间的严格区分。如今,那些思想自由的人认为,内在的善在本质上是审美的,而不单单是宗教的或静观的。然而,其结果是一样的。所谓内在的诸善,不管是宗教的还是审美的,都与日常生活的利益无关;但这些利益,因为其恒常性和紧急性,却是人民大众关注的重心。亚里士多德利用这个区别,声称奴隶和工人虽为国家——公民社会——所需要,但却不是国家的构成因素。那只被看作是工具的东西必然是近乎苦工的,它不能在理智、技艺或道德上得到关注和尊重。无论什么东西,一旦被认为内在地欠缺价值,就没有价值了。所以,拥有"理想"兴趣的人,大多选择了忽视或者躲避它。"低下"目的对人的紧迫性和压力,一直被传统的礼仪规范所掩盖。或者说,它们一直被贬低到凡人层次去,从而少数人就可以得到自由来关心那些具有真正的或者内在的价值的善。这种以"高尚"目的为名义的退却,把那些低等活动全权委托给了大多数人类,尤其是那些精力充沛的 178
"实践中的"民众。

可能没有人能够想到,我们经济生活中令人厌恶的物质主义及其残酷性,原来在很大程度上是由于经济目的被当作只是工具性的后果。如果它们和其他目的一样被当作是内在的、终极的时候,那么,我们将会发现,它们是能够被理想化的;而且,生活的意义正在于它们要获得理想的和内在的价值。审美的、宗教的和其他"理想的"目的因为已经与"工具性的"或经济的目的分离,现在是微弱而贫乏了,或者是无用而奢侈了。只有与后者结合在一起,它们才能进入日常生活的结构里,从而得到充实和普及。仅仅被当作终极的目的,却不能作为手段来丰富生活中的各个部分,这种目的的虚荣和不负责任应该是明显的。然而,现在,有关"高尚"目的的学说对于那些孤立于社会之外、对社会缺乏责任心的学者、专家、美学家和宗教家，却能给予援助、慰藉和支持。这种目的保护着他们职业上的虚荣和无用，以免被别人和他自己所识破。这种职业上的道德缺陷反而变成赞美和庆贺的原因。

其他的一般变化，在于要求彻底废除道德善（如美德）和自然善（如健康、经济安全、技艺、科学等类似东西）之间的传统区别。下面讨论的观点痛恨这一生硬的区别并竭力取消它，这种观点并不是孤立无援的。有些学派甚至承认，美德以及德性之所以有价值，只是因为它们能够促进自然善。把实验逻辑的思路运用到道德中去，就是要按照各种性质对于现存弊端的改良有无贡献来判断其善与否。这样一来，它就发掘出自然科学中的道德意义。在对现今社会的弊端作全面的批判性考察之后，人们就会疑惑，那根本性的困难是否并不在于自然科学和道德科学的分离。当物理学、化学、生物学、医学有助于发现具体的人类苦难何在，有助于发展救治计划，有助于改善人类状况的时候，它们就是道德的；它们
179 就成为道德研究或科学机构的一部分。道德就会失去其说教式的、迂腐的味道，即那种道德偏执的劝诱性的声调。它将不再是无力的、刻薄的和模糊的。它的力量将是明显的，而且其作用不限于道德科学。自然科学也不再脱离人，其本身变成为人本主义性质的了。追求它不再是为了以技术的和特定的方法去得到所谓的真理，而是为了自身的社会意义和理智上的必要。它仅仅是在为社会和道德工程提供技术这一点上，才是技术性的。

当科学意识与人类价值的意识完全结合起来的时候，现在使人感到沉重的最大二元论，即物质的、机械的、科学的事物和道德的、理想的事物之间的分裂就被摧毁了。因为这个分裂而踌躇不决的人类的力量就会团结起来，壮大起来。只要各种目的还没有被看作是满足于特定需要和机会的、某种个别化的东西时，心灵就会满足于抽象；而且，对于自然科学和历史资料的道德用途及社会用途，就会缺乏切实的感受。但是，当注意力集中在各种具体事物的时候，为了澄清特殊的事件，就要求助于理智性的材料。在道德集中于理智的同时，理智性的事物也就被道德化了。自然主义和人道主义之间令人苦恼而无聊的冲突也就终结了。

这些一般化的考察还可以更加丰富一些。首先，探究和发现在道德中所占的位置和它们在自然科学中的位置是一样的。评价和证明变成了实验性的和其后果有关的事情。“理性”这个一直被伦理学看作是尊贵无比的词语，现在却化身为各种方法；通过这些方法，我们可以仔细考察各种境遇中的需要和条件，以

及阻碍之处和可利用之处，并规划各种改良的方案。高远的、抽象的一般性概念被人们用来下结论，即“对自然进行预测”。因此，坏的结果则被看作是由自然的反常和不幸的命运所导致的。但如果将视线移到对特殊情境的分析中去，探究便是理所应当的，对结果的敏锐观察也是势在必行。如何行动既不能完全依赖于过去的经验，也不能完全依赖于旧的原则。在一特定的场合找到一个目的，所付出的辛劳再多，也不意味着下面就不要再努力了。相反，对采取的行动所产生的结果，我们必须仔细观察，在结果尚未证实目的正当性以前，目的只可作为一 180
个正在起作用的假定。错误不再仅仅是无可躲避的、可悲的偶然遭遇，也不再是等待救赎和原谅的道德罪过。它提醒我们，不正当地应用了自己的理智；它告诉我们，将来如何更好地行动。它也指出，我们需要修正、发展和调整，目的是会生长的，判断的标准是会不断改进的。人有责任认真地运用他所拥有的准则和理想，同样，有责任发展更高的准则和理想。这样，道德生活就不至于陷于形式主义和古板的重复，而是灵活的、生动的和不断生长着的。

其次，每个需要道德行动的情境彼此之间都有道德上的同等的重要性和迫切性。如果一个特定情境中的需要和缺欠表明提高健康是其目的和善，那么，在这个情境中，健康就是最终的和至上的善。它不是其他事物的手段。它具有终极的和内在的价值。这在改善经济状态、谋生、生意经营和家政中是一样的——这些事务在过去是仰仗永恒的目的才有自身的存在，只具有第二义的、工具性的价值，因而一直被看作是劣等的和无关紧要的事务。任何在一个特定情境中是一个目的和善的东西，和任何其他情境中的善具有同等的价值、品位、尊严，因而值得我们给予同样的关注。

第三，我们应当注意到根除法利赛主义(Phariseeism)根基之后的后果。我们习惯于把这看作故意的伪善，因而忽略了它在认识上的前提。从眼前实在的情境中寻求行动的目的，这在不同的情况下会有不同的判断的标准。当处于那情境中的人是有教养、有才学的时候，与愚钝而缺乏修养的人相比，他可以有更多更好的见解和行动。用判断文明人的道德标准来要求野蛮人，显然是荒谬的。无论评判个人还是团体，都不可用他们是否达到一个预定的结果为标准，而应根据他们的活动方向来评判。坏人就是正在堕落而渐渐变成不好的人，无论他原来怎么好。好人就是那些正在变得更好的人，无论他原来在道德上是多么不足取。这样的思路能够使人严于律己而宽于待人。它抛弃了那种以对一个固定目 181

的的接近程度作为判断标准时所容易产生的傲慢。

第四，生长、改善和进步的过程，比静止的结果更为重要。作为一成不变的目的的健康，不是目的和善。健康所需的改善——一个连续的进程——才是目的和善。目的已不再是要到达的终点或界限。它是改变现存状况的积极的过程。生活的目标并不在于那作为最终目标的“完美”，而在于不断完善、培养和追求精致的持久过程。诚实、勤勉、节制、正义和健康、富有、学问一样，不是能够被人们所拥有的善，就好像它们不是有待于人们去获得的固定的目标一样。它们是经验的性质上变化的方向。只有生长自身，才是道德的唯一“目的”。

尽管这个观念对于罪恶的问题，以及对乐观主义与悲观主义之间的争论所产生的影响过于广泛，无法在此讨论，但也值得略为一提。罪恶问题已不再是神学的和形而上学的了，而被视为要去减少、缓和以至于除去人生中的罪恶的实际问题。哲学无须巧妙地来证明罪恶只是表面的、不是真实的，也无须设计精巧的方案来否定罪恶，更不必糟糕地为其辩护。它承担了另外的责任，即谦逊地贡献出一些方法，以帮助我们发现人类弊端的原因。悲观主义是使人气馁的学说。它通过宣称整个世界完全是邪恶的，觉得试图为某一个特定的恶事找到救治的方案只能是徒劳的，因而就从根基上摧毁了所有使世界变得更好更幸福的努力。完全的乐观主义，企图否定罪恶，也同样是一个梦魇。

毕竟，认为现世界是一切世界中最好的乐观主义，可以说是对悲观主义的最大嘲讽。如果这个世界是最好的，那么，根本上的坏世界又是什么样呢？改良主义就是这样的一种信仰：一时存在的特殊状况，无论相对来说是坏还是好，总是
182 可以更好的。它鼓励理智去研究实现善的积极手段以及实现善的障碍，鼓励理智努力改善条件。它唤起乐观主义不能激起的信心和合理的希望，因为后者声言善已经在终极实在中实现了，从而试图向我们掩饰具体存在的诸恶。它很容易就成为生活安逸而舒适的人们和已成功地获得了这个世界回报的人们的信条。乐观主义很容易使其信奉者无视或者漠不关心不幸者的苦难，或者动辄就把别人的困境归结于是那些人本身的罪过。因此，它就和悲观主义合谋起来，麻痹了人们的同情心，阻碍了理智上对改革的要求，尽管两者在字面的意思上完全不同。它将人们从相对的和变化的世界召唤到绝对的和永恒的平静中去。

道德态度中所发生的许多这样的变化，其意义都集中在幸福的观念上。幸福曾经常常是道德家所轻蔑的对象。但是，极端禁欲的道德家也常常在其他的

名目下恢复幸福的观念,如“福祐”(bliss)。没有幸福的善,没有满足感的勇敢和德性,不追求享受的目的——这些东西实际上是难以忍受的,就像它们在概念上是自相矛盾的一样。幸福不只是一种拥有,它并不意味着固定地得到了某种东西。那样的幸福或者是道德家所严厉斥责的、毫无价值的自私自利,或者是贴着“福祐”标签的一种乏味的无聊,是没有任何挣扎和劳苦的永恒的宁静。它只能满足那些最脆弱的懦夫。只有在成功中才有幸福,而成功就意味着做事顺利、步步前进。它是一个积极的过程,而不是一个被动的结果。因而它包括对障碍的克服,对缺陷和弊病的根除。审美的感觉和享乐是任何有价值的幸福的主要成分。与精神的更新、心灵的再造和情感的净化完全脱离了的审美鉴赏,是软弱多病的,注定因贫乏而快速灭亡。那种更新和培养是无意识地来临的,没有任何刻意,这使它们更加真实。

从总体上看,在关于目的和善的经典理论向现在的这个可能理论转变的过 183
程中,功利主义的位置最为显著。它具有无可置疑的功绩。它力图摆脱模糊的普遍概念,而开始认真考虑特殊的、具体的事物。它让法则从属于人类的功业,而不是让人类从属于外在的法则。它认为制度是为人而设,而不是人为制度而设。它积极地促进了所有的改革。它使道德的善成为自然的、属于人的,从而与生活中的自然善结合起来。它反对非尘世的、彼岸的道德。最重要的,它使人类的想象力适应了把社会福利作为最高标准的观念。但是,它在根本的要点上仍然受到陈旧的思想方法的深刻影响。它未尝质疑过固定的、终极的和最高的目的这个观念。它只是疑惑当时流行的关于这个日的本质的见解,它把快乐和快乐的最大量放在了那个永恒目的的位置上。

这种观点并不把具体活动和特殊兴趣看作是本身有价值或幸福的成分,它们只被看作是获得快乐的外部手段。旧传统的支持者得以指责功利主义,说它不仅把美德而且把技艺、诗歌、宗教和国家看作是服务于感官享乐的手段。既然快乐是一个获得物,可以独立于获取它的那个积极的过程而有自身的价值,那么,幸福就是一个可以被得到而占有的东西。人的占有本能被夸大了,而创造的本能则被埋没了。生产的重要性不再是因为发明和改造世界具有内在价值,而是因为生产的外在结果能够让人们得到快乐。像所有设定固定的和终极的目标而使具体的目的成为被动性的和占有性的理论一样,功利主义把所有主动的行动变成了单纯的手段。劳动变成了一种无法避免的、有待人们去减少的坏的东西。财产上的安全，在实践中变成了首要的事情。物质上的舒适和安逸，在与尝试性的创造活动的辛苦和危险的对比中被夸大了。

这些缺陷在某些可以想象的情形下，也许还只停留在理论上。但是，时代的趋势和那些功利主义的鼓吹者们的利益，使这些缺陷具有了危害社会的力量。尽管作为新观念，它能够抨击社会弊端，但在它的教义中仍包含着某些元素能够
184 掩饰或者导致新的社会弊端。改革的热情表现在批判封建阶级制度所传承下来的恶，即经济上的、政治上的和法律上的恶。然而，代替封建制度而起的资本主义的新经济秩序也具有它自身的恶，而功利主义却要掩饰或支持这些恶。如果与当代人对财富和从财富所能得到快乐的巨大的渴望联系起来，那么，对各种享受物的获得和占有的强调就具有一种难以预料的后果。

功利主义虽然没有积极推动新的经济唯物论，但它也缺乏手段与后者进行对抗。生产活动单纯是为了产品，这种功利主义的一般精神间接地促进了粗俗的商业主义的出现。功利主义尽管也对纯正的社会目的感兴趣，但它培育了一种新的阶级性的追求，即资本主义对占有财产的追求，因为财产可以通过自由竞争而不是靠政府的维护而获得。边沁强调安全，故而把私有财产制看作是神圣的，只是要避免在私有财产的获得和转让中滥用法律。占有者是幸福的（Beati possidentes）——只要占有物是依照竞争的规则而获得的——也就是说，没有政府外来的帮助。这样，功利主义就证实了这样的观念，即以为"商业"不是服务社会的手段，也不是发展个人创造力的机会，而是为了增加个人享乐的手段。功利主义的伦理学为前文谈到的哲学改造所要求的东西，提供了一个典型的例证。从某种角度看，它反映的是现代的思想和愿望所具有的意义，但它还是被它自以为完全摆脱了的那个旧时代的基本观念所束缚：以为各种各样的人类需要和行动背后有个永恒的和单一的目的，这使功利主义不适合成为现代精神的代表。它还要通过摆脱它所继承的东西而再经过一番改造。

我之所以还要就教育话题说几句，因为道德过程是从坏到好的一个连续性过程，而教育过程与道德过程完全是一体的。在传统上，教育一直被视为一种预
185 备：去学习，去获得将来要用到的东西。目标是遥远的，教育是在做准备，是对以后会发生的、更为重要的事情的准备。童年生活只是成年生活的准备，而成年生活又是另一种生活的准备。在教育中最重要的事情总是在将来而不是在现在：获得以备将来的应用和享乐的知识和技能，养成日后用来经营生意、做好市民和

研究科学的各种习惯。教育也被看作仅是一部分人所必需的东西，因为他们需要依赖别人。我们是生而无知、不熟练且不成熟的，因而处于对社会的依赖状态。教育、训练和道德规训是成熟者、成年人用以帮助未成熟者学会照管自己的过程。儿童要做的事情就是在成年人的指导下，学会成年人的自立。所以，作为人生中重大事务的教育在年轻人摆脱了社会的依附状态时，就结束了。

上面这两个观念，虽然是笼统假定而没有被明确地推导出来，但它与以经验的成长或连续的改造为唯一目的的那个观念相抵触。不管我们从哪个阶段去看一个人，总会发现他一直处于生长的过程，如果是这样的话，教育就不是副产品，不是对未来生活的预备。在现在这个阶段中，从种类和程度上促进其应得的成长就是所谓的教育。这是一个持久的作用，与年龄无关。对某一特定的教育，如正规的学校教育，所能说出的最好的事情就是：它能使受教育者获得进一步的教育，即对于生长的条件更为敏感，更善于利用生长的条件。技术的习得、知识的拥有、教养的获得都不是最终的东西：它们是生长的标志，是持续进步的媒介。

把教育阶段看作是依赖社会的时期，把成熟看作是独立于社会的时期，这种经常出现的对比确实是有害的。我们常说，人是一种社会性的动物，但又把这句话的意义局限于社会性最不明显的领域，即政治。人的社会性的核心在于教育。把教育看作是预备以及把成年看作是生长的一个固定界限的观点，是同一个有害错误的两个方面。如果道德的要务对成年人和儿童来说都是经验的生长和发
186
展，那么，从对社会的依赖中以及社会对人的依赖中所得到的教导，对于成年和儿童就是一样重要的。对成年人来说，道德独立就意味着生长的停止，孤立意味着顽固。我们把儿童在理智上的依赖夸大了，于是儿童过分地受到管制；同时，我们又夸大了成年人对于亲密生活和与人交往的独立性。当认识到道德过程和特殊生长过程的同一性时，对儿童所进行的更有意识和正式的教育将被看作是社会前进和重组中最经济、最有效的手段；同时，很清楚，对于成年生活的所有制度的检验标准，在于它们是否能够很好地推行持续的教育。政府、商业、技艺、宗教和一切社会制度都有一个意义、一个目的。那个目的就是解放和发展个人的能力，不分种族、性别、阶级或经济状况。这就是说，它们的价值在于它们在多大程度上能够教育个人，使其达到其可能性的极致状态。民主有许多含义，但如果它有一个道德意义的话，那就在于：所有政治制度和工业组织的最高检验标准，将是它们应当对社会每个成员的完满生长所作出的贡献。

8. 影响社会哲学的改造

187 哲学的变化对社会哲学将产生多么深刻的影响呢？就社会哲学的基础来看，每种观念及其联系看来都已经形成了。社会是由个人组成的：这个明显而基本的事实，是无论怎样自命新颖的哲学也不能质疑或改变的。于是就产生出这样三种观念：社会必须为个人而存在；或者，个人必须把握社会为他们所设定好的各种目的和生活方式；或者，社会和个人相互之间是相关联的、有机的，社会要求个人的服务和服从，而同时其存在也是为了服务于个人。在这三种观念以外，逻辑上似乎再也想不出其他的见解。而且，虽然这三种类型各自包含了许多属类和变化，但那些变化似乎是环环相扣，以至于现在只能做一些微小的调整。

看起来特别真实的是，"有机的"这个概念能够满足对于极端个人主义和极端社会主义的一切批评，从而避免柏拉图和边沁的错误。正因为社会是由个人所组成，个人和个人之间的关系似乎必须是同样重要的。没有称职有为的个人，构成社会的联系和纽带就没有东西可以依赖。离开了相互间的关联，个人就彼此隔离而失去活力；或者是个人之间互相反对，从而损害个人的发展。法律、国家、教会、家庭、友谊、工业协会和其他制度组织一样，都是个人生长和获得特殊能力与位置所必需的。没有它们的协助与支撑，人类的生活就如霍布斯所说的，将会是野蛮、孤独而污秽的。

如果看到这些不同的理论都具有一个共同的缺点，那么，我们就直抵这个问题的核心了。它们的错误在于：在逻辑上，都是以一般的观念来概括种种特殊的
188 情境。而我们想了解的，是这个或那个由个体组成的集体，是这个或那个具体的人，还有这个或那个独特的制度和社会组织。由于这样一种探究逻辑，我们传统

上接受的逻辑就取代了对概念的意义及其相互间辩证关系的讨论。那种讨论应根据国家、个人、制度以及一般社会的本质来进行。

我们在解决家庭生活中那些具体的困惑需要指导的时候，碰到的往往是关于家族的许多议论，或者关于个人人格神圣性的一些主张。我们想了解处在特定时间和地点条件下的私有财产制度的价值时，会碰到蒲鲁东（Proudhon）的所谓财产一般是盗窃的回答，或者黑格尔的回答：意志的实现是一切制度的目的，而私有权作为人格对于物的控制的表现，是这种实现所必需的要素。这两种回答，可能对于特定情境有某种启发性。但这些观念的提出，并不是因为它们适合于特定的历史现象。它们是一般性的答案，被认为具有一种包括和支配一切特殊事物的普遍性意义。因此，它们无益于探究，它们终结了探究。在解决具体的社会困难中，它们不是被运用和被检验的工具，而是被加在特殊事物上面以确定事物本质的、现成的原则。当我们想要了解“某一国家”（some state）时，它们告诉我们的是“一般国家”（the state）。意思是说，关于“一般国家”所说的可以适用到我们想要了解的任何一个国家上。

把思想从具体情境转移到定义和概念的演绎上去，其结果，尤其那种有机论的结果，能够用来为现成秩序作理智的辩护。最关心实际的社会进步和民众从压迫中解放出来的那些人，对有机论的态度已经冷淡了。把德国唯心论应用到社会哲学中，其结果是筑起了一道用以支撑当时的政治现状的壁垒（纵然不是有意的），从而抵挡了法国大革命所掀起的激进思潮。虽然黑格尔曾明确主张，国家和制度的目的在于促进全民自由的实现，而其结果却是把普鲁士国家和官僚绝对主义尊为神明。这种为现状辩护的倾向是偶然的，还是从它所用的概念的 189
逻辑里必然推出来的呢？

当然是后者。如果我们谈论的是一般国家和一般个人，而不是这个或那个政治组织、这个或那个贫穷困苦的人类群体，那么，我们就会把属于一般观念的魔力和威信、意义和价值放到特殊的具体情境上面，从而掩盖后者的缺陷，遮蔽迫切的改革的需要。在一般观念中所发现的意义，被注入到那些从属于它们的特殊事物之中。为了理解和说明具体事件，我们把它们统括在一般观念之下，从而接受一般观念的呆板性，上面的情况自然就会发生。

再者，有机论的观点倾向于对特殊冲突的意义进行最小化。由于个人和国家或社会制度只不过是同一现实的两个方面，既然他们在原理和概念里得到了调和，那么，任何特殊场合下的冲突就只不过是表面的了。既然在理论上，个人和国家是互相需要、互相帮助的，那么，我们为什么又要去关注这个国家全体个人正在遭受压迫的事实呢？在“现实”中，他们的利益和他们所属国家的利益不会有冲突；对立只是表面的、偶然的。资本家和劳动者不会发生“真正的”冲突，因为它们彼此互相需要；而且，双方对于其所组成的作为整体的社会也都是必需的。性别问题也并不“真正地”存在，因为男女彼此是不可缺少的，对国家来说也是必不可少的。在亚里士多德所处的时代，他可以运用高于个体的一般概念的逻辑来说明奴隶制度符合国家和奴隶阶级双方的利益。即使其本意不是要去为现存秩序辩护，但其结果是转移了对特殊情境的注意力。以前，理性主义的逻辑使人们对自然哲学[1]中的具体事实缺乏观察；现在，它又抑制并阻碍着对具体社会现象的观察。社会哲学家困守在他的概念领域之内，用阐明观念的关系来“解决”问题，而不是给人们提供可以使用和验证的假设性的改革计划，从而帮助人们解决具体问题。

190 当然，与此同时，具体的麻烦和不幸仍然存在。它们并不会因为社会在理论上是有机的统一体，就能够魔术般地消失。具体困难所在之处，也就是需要理智地帮助制定尝试性的方案来进行试验的地方，恰恰是理智未能发挥作用的地方。在这个特殊而具体的地方，人们只能求助于最粗糙的经验主义、目光短浅的机会主义和暴力的斗争。在理论上，特殊事件都已被巧妙地安排起来，并且被归属到适当的纲目范畴之下。它们被贴好标签，被放置到一个秩序井然的标明自然科学或社会科学的框架中去。然而，从经验的事实看，它们是和以前一样令人困惑、混乱而无组织的。在处理这些事情时，人们并不是利用科学的方法，而只是靠盲目的猜测，靠对先例的引证，靠对眼前利益的算计，或是试图大事化小，或者干脆依赖强制力的使用，或者任凭个人野心的冲动。世界仍然存在着，它总是要向前运动的，这不容否认。试错法以及私利的竞争也曾推动了一些进步。然而，社会理论仍被当作是无用的奢侈品，而不是探究和筹划的指导方法。哲学改造的真正目标，不是对制度、个人、国家、自由、法律、秩序等等一般概念进行精细的推理，而是去发现改造特殊情境的方法。

---

① “physical philosophy”，胡适译为物质哲学，但许崇清等译为“自然哲学”，这更合适一些，类似于前面的“physical science”。——译者

让我们来考察一下个体的自我观念。18到19世纪的英法个人主义学派在意向追求上是经验主义的。从哲学上说，个人主义是以这样的信念为基础的，即个人是真实的，而阶级和组织是次要和派生的。阶级与组织是人为的，而个人是自然的。个人主义在什么意义上面临前述那种批评呢？不错，可以说，它的缺陷就在于这个学派忽略了个人和他人的关系（这种关系是各个个人的构成部分）。但更不幸的是，这种个人主义没有摆脱那种被批评过的、对诸制度的大规模辩护。

真正的困难在于个人被视为**被给予**①的东西，已经在那里的东西。因此，他 191
就只能是有待被满足的东西，他的快乐要扩大，他的资产要增殖。个人既然被看作是已经存有的东西，那么，凡是可以对他做的，或为他做的，无论什么事情，就只能通过这些外在的刺激和拥有而实现了：快乐和痛苦的感觉，以及舒适和安全。社会组织、法律、制度是为人而设，而不是人为它们所设，既然这是真的，那么，它们就是人类的幸福和进步的手段和工具。然而，它们不是个人用来获取什么东西（譬如幸福）的手段，而是创造个体的手段。只有在对感官来说是各自分离的那些物体的物质性感触中，个性才能成为一项原始的数据。在社会和道德的意义上，个性是要被塑造出来的某种东西。它是指创造性、发明性，是指丰富的策略，是指承担选择信念与行为的责任。它们是成就而不是天赋。作为成就，它们不是绝对的，而是与它们的用途相关的；而这个用途，会随着环境的变化而变化。

我们可以从自我观念的命运中，看到这个思想的意义。经验派的所有成员都强调这个观念。他们认为，它是人类唯一的动机。获取美德就是要去做有利于个人的行动，改善社会组织是为了使自我主义和利他思想取得一致。反对派的道德学家也不遗余力地指出，把道德和政治科学还原成利己手段的任何学说都是罪恶的。因此，他们竟把利益的观念当作是有害于道德的东西而整个儿抛弃了。这样做的结果，助长了权势的力量，带来了政治蒙昧主义。在利益的作用被抹去以后，还能剩下什么呢？还能找到什么具体的动力呢？那些把自我看成是某种现成的东西，把自我的利益看成是获得快乐和赢利的人们，能够采取最有效的可能手段来恢复法律、正义、权力、自由等抽象概念的逻辑——这些模糊的

① 英文为"given"，这里是杜威对康德的"被给予"概念进行批判。——译者

一般观念貌似严正，却可以被狡猾的政客所操纵，被他们用来掩饰其计谋，被用来把坏事当作善事。利益是具体的、动态变化的；它们是产生任何具体的社会思
192 想的自然条件。但是，当它们与卑鄙的自私自利结合起来的时候，便无可救药了。只有在自我被看作是在进程中，而利益被当作是推动自我运动的事物的时候，它们才可以被当作重要的术语得到运用。

同一逻辑也适用于"改革是从个人开始，还是从制度开始"那个旧的争论。当自我被认为是某种在其自身是完美的东西时，就很容易论证。在一般的改革中，只有内在的、道德的变化，才是重要的。据说制度的变化只是外在的，它们可以增加生活的舒适和便利，但不能带来道德的改良。其结果就是，把社会改造的重任以最不可能的形式搁在了自由意志的肩上。而且，人们在社会和经济上的被动性得到了加强。个人被认为只应关注于对自己的是非善恶进行道德反思，而对环境的特性可以不闻不问。道德不再积极地关注经济与政治的具体情况。让我们从自己的内心来完善自己吧，到那时，社会自然会起变化，这就是它的教导。于是，智者沉浸于反思，大盗横行天下。然而，当人们认识到自我是一个能动的过程时，就会明白，社会的变革是创造新人的唯一手段。对制度的评价要看它的教育效果——即它培养出什么样的个人。个人的道德改进和客观的经济政治条件的改革融为一体。要去探究社会组织的意义，我们也就有了确定的着力点和方向。我们可进而追问：每个特定的社会组织有什么样的特定动力和教育力量呢？政治与道德之间多年的分裂就因此而被连根拔起。

因此，我们不能满足于国家社会和个人是有机统一的那种笼统说法。这个问题涉及一些具体的因果关系。这个政治或经济的社会组织究竟引起了什么反应？它对于参与其中的人们的性情气质产生了什么影响？它解放了人们的能力吗？如果解放了，解放的范围又有多大？是否只针对于一些人，而其他人却因此而受压迫？抑或是以广泛而平等的方式？那被解放了的能力是否被指向同一个
193 方向而具有实实在在的力量，或者它的显现只是间歇而变化无常的吗？既然社会的组织所引起的反应是无限多样的，这些探究必定也很细微而具体。人们的感觉是被社会组织的各种不同的形式塑造得更锐敏、更精细，还是更迟钝、更笨拙？他们的心智是否得到了磨炼，手脚是否因此更加灵巧？好奇心被激发了还是被抑制了？好奇心的性质是什么，只是关于事物的形式和表面的审美的东西，还是一种对于事物意义的理智的探究？像这样的问题（以及传统上名为道德的

诸性质的那些更显著的问题)，在个性被认为不是原初给予的、而是在共同生活的影响下被创造出来的时候，就成为探究共同体各种制度的出发点。和功利主义一样，此理论不断地考察和批判组织的各种形式。但它并不会让我们去询问：它对现实中的个人带来了一些什么样的痛苦和快乐；引导我们去探究它具体解放了什么能力，并且在促成其发挥其力量方面做了些什么。总之，它所造就的人究竟是什么样的？

从一般概念出发来探讨社会事务所造成的精力浪费是惊人的。在考虑呼吸问题的时候，如果讨论只在器官和有机体的概念上打转的话，生物学家和医生能取得什么进步！例如，某个学派认为，只有坚持呼吸在个人身体内是“个人”的现象时，才能了解呼吸；而相反的学派却坚持认为，它只不过是与别的机能有机交互作用中的一个，所以，只有去参考那些同在一般性常态的其他机能，它才能得到认知或理解。这两种说法同样真实，又同样没有意义。我们需要的是对许多具体的结构和交互作用进行专门探究。一本正经地强调个人、有机整体或社会全体等范畴，不仅不能促进准确而详细的探究，反而会阻碍它们。它把思想束缚在傲慢、华丽的一般性概念内，论争不可避免，而且肯定得不到解决。这当然是真的：如果细胞彼此之间没有充满生机的交互作用，它们就既不能相互冲突，也
不会相互合作。有机的(organic)社会是存在的，但这并不解答什么问题，它只是 194
指出了问题所在：什么样的冲突和合作发生了，它们的具体原因和结果是什么。但是，因为社会哲学仍然坚持在自然哲学中已经不承认的观念的秩序——即使社会学家也把冲突和合作看作是建立社会哲学的一般范畴，因此，他们屈尊于经验事实，只是为了把它们当作例证。一般来说，他们的“问题”核心是纯辩证的，上面覆盖着大量的人类历史事实：个人怎样联合而成为社会？个人是如何被社会控制的？而这问题之所以被称作辩证的，因为它是以“个人”和“社会”的先行概念(antecedent conceptions)为基础的。

“个人”(individual)并非是一个事物，而是一个内涵丰富的词，它代表着那些在共同生活的影响下所产生、所确认的各种各样的人的具体反应、习惯、气质和能力；“社会”这个词也是如此，它代表着许多不确定的东西。它包括人们为了分享经验和建立共同利益和目标的一切联合方式：街道上的流氓群(street gangs)、强盗帮(schools for burglary)、党派、社团、贸易联盟、股份公司、村落和国际同盟等等。而新方法的作用在于，用对特殊的、可变的、相对的事实(与问题和目的相

关,而与形而上学无关)的探究来代替对一般概念装模作样的摆弄。

很奇怪的是,现在流行的关于国家的观念正是这样的一个例证。由于受到在等级秩序内排列固定不变的类别的古典秩序的直接影响,19 世纪德国政治哲学试图列举各有其本质和不可变更的意义的一定数量的制度,并根据各种制度的品位和等级将它们排列成一个"进化"的次序。**民族国家**(National State)则被放在最上面,被看作是其他一切制度的完成、终点和基础。

黑格尔是这项工作的卓越代表,但他绝不是唯一的一个。那些曾和他激烈争论的人,只不过是在进化的细节上,或是在某种制度的具体意义(也就是作为
195 本质的概念)上,与他有分歧。争论之所以激烈,只是因为所依据的前提相同。尤其许多学派在方法和结论上差别很大,但在国家所要达到的最终位置上却是一致的。他们不必走得像黑格尔那样远,即把历史的唯一的意义看作是**地域性的民族国家**的进化,每一个民族国家所包含的"国家"的本质意义或国家观念比先前的形态要包含更多,并且最终取代了它,直到我们达到历史进化的顶点,即**普鲁士国家**的建立。但是,他们并不质疑在社会等级制度里国家唯一而至高无上的地位。事实上,这个观念打着主权的旗号已经僵化为不可置疑的教条了。

毫无疑问,现代地域性的民族国家所扮演的角色确实非常重要。这些国家的形成,一直是现代政治历史的中心。法兰西、大不列颠、西班牙是最先形成国家组织(nationalistic organization)的民族,但在 19 世纪,日本,德意志和意大利也紧随其后,更不用说希腊、塞尔维亚、保加利亚等大量的小国了。众所周知,最近的世界大战最重要的一面,就是为了完成民族主义运动而斗争,其结果是导致波希米亚、波兰等成为独立的国家,而亚美尼亚和巴勒斯坦等也即将成为民族国家。

国家的至高权力对其他组织形态的斗争表现为反对地方、省、公国的势力,反对封建诸侯势力的扩张,在一些国家里,则表现为反对教会权力的僭越。社会的统一和巩固的伟大运动是在最近几个(few)世纪里发生的,这个过程由于蒸汽和电气所带来的力量的集中和结合而大大加速了,而国家明显就是这个运动的高峰。政治科学的研究者们,自然地、不可避免地注意到了这个伟大的历史现象,并且开始系统地研究其形成过程。因为当代的进步意味着要去建立统一的国家,反对社会小团体的惰性,反对争夺权势的野心,所以,政治理论发展出关于对内和对外的国家主权的教义。

但是，当统一和巩固的事业达到顶点的时候，问题也就出现了，即当民族国 196
家一旦巩固并且不再抵抗强敌时，它是否将成为仅仅促进和保护其他更自由的
团体的一个工具，而不是把自身当作为一个最高的目的？有两个实际发生的现
象，倾向于支持对此持肯定的回答。随着国家组织的不断扩大、不断渗透和不断
统一，个人也从传统的习惯和阶级所加的限制和奴役中解放出来。然而，从外在
强加的束缚里解放出来的个人并不是孤零零的。社会的各个分子立刻在新的联
合和组织里重新结合起来。强制的联合被自由的联合所取代，严厉的组织被适
意于人类的选择和目的的组织——可以直接根据人的意志改变的组织——所代
替。从一个方面看，这好像是一个个人主义的运动，但实际上，这是大幅增加组
织的种类和变化的运动：政党、工业企业、科学技术组织、贸易联盟、教会、学校、
无数的俱乐部和社团，这些组织哺育了人类可想象的各种共同的利益。随着这
些组织在数量和重要性上的发展，国家越来越成为它们之间的规范者和协调者：
规定它们的活动范围，预防和调解它们的冲突。

国家的“至高无上性”近似于管弦乐队的指挥者的位置，他本人不奏乐，但他
调和着那些在演奏中各有其内在价值的活动。国家依然非常重要——但它的重
要性越来越表现在培育和协调各种自由结合的团体的活动上面。在现代社会
里，它只是在名义上才是所有其他团体和组织存在的目的。增进能够被人们所
分享的善的那些团体，才是真正的社会组成部分。它们占据着传统的理论，宣称
只是为孤立的个人或至高单一的政治组织所拥有的位置。现行政治的实践肯定
了多元论(Pluralism)，它要求对等级制和一元论进行修正。凡能增加生活价值
的任何的人类力量的结合，自身就具有独一无二的至上价值。它不能被降低为 197
只是为了国家的荣耀。战争是导致道德更加败坏的一个原因，它迫使国家抵达
了一个反常的至高地位。

另外一个具体的事实是，地域性的民族国家对独立主权的要求和不断增长
的国际(或被称为超国家的)利益的对立。现代国家的福祸是连为一体的。一国
的衰弱纷乱以及错误的治理法则会越出其国境，传播感染到其他国家。经济的、
艺术的、科学的发展，也是如此。此外，前面提到的自由结合的团体也不局限在
一定的政治境域里。数学家、化学家、天文学家的协会，工商企业、劳工组织和教
会都是超国家的，因为它们所代表的利益是世界性的。这样看来，国际主义不是
一个愿望，而已经是一个事实；不是一个安慰感情的理想，而已经是一股力量。

然而，这些利益却被有关于排外的国家主权的陈旧教义所分割和拆散。只有国际主义精神，才能与当今的劳动、商业、科学、技艺和宗教的原动力相一致；而最强烈地阻碍这种精神之有效形成的，正是关于主权的流行教义和教条。

我们已经说过，社会是许多人的联合体而不是单一的组织。社会意味着联合，即在共同的交往和行动里联合起来，以便更好地实现那些因共同参与而得到扩大、得到确证的各种各样的经验形式。因此，有多少种通过互相交流和共同参与才能提高的善，就有多少种类的联合形式。这些东西在数量上是无限的。的确，能否经得起公开和交流，是检验真善和伪善的标准。道德家总是坚持这个事实：善是普遍的、客观的，不是私人的、特殊的。但是，他们往往像柏拉图一样，满足于形而上学的普遍性；或者像康德一样，满足于逻辑的普遍性。交往、共享、协同参与是实现道德的法则和目的普遍化的唯一途径。我们在前一讲已经说过，
198 每个内在的善各有其独特的性质。但与这个命题相应的是：有意识地实现善的境遇，不是立足于一时感觉或一己之私，而是立足于共享和交往，即公共的、社会的。即使是隐士，也要与神灵幽会；即使是身处困境者，也会爱其同伴；最极端的自私者，也有党羽同帮共享其“善”。普遍化就是社会化（universalization means socialization），就是把共享福利的人们在范围和分布区域上加以扩大。

只有通过人们的交往，诸善才能存在并持续下去；团体是共享利益的手段，这个信念日益深入人心，它隐含在现代人本主义和民主主义的精神之中。它是利他主义和慈善的保健剂（saving salt），没有这个要素，利他主义和慈善就会变成道德的高傲和道德的干涉，打着行善的旗号，或者仿佛是施恩似的赋予别人一些权利，去控制别人的事务。由此可见，组织绝不能以自身为目的。组织是促进合作、扩大人们之间有效的接触，是引导人们交往从而获取最大收获的一个手段。

把组织本身当作目的，这种倾向是形成所有那些夸大其词的理论的原因；在那些理论中，制度的名号尊贵，个人从属于它。社会是这样一种合作的过程，在其中，经验、观念、情绪、价值可以流动而成为公共的。对这个积极的过程来说，个人和制度组织才是真正从属的。个人是从属的，因为如果撇开与别人交往过程中产生的经验上的交流，他就只是一个不能说话的、纯感觉的、野性的动物。只有在与同伴的交往中，他才成为经验中的意识核心。组织，即传统的理论中所谓的社会或国家，也是从属的；因为如果它不能被用来便利和增加人类的交往，

就随时会变得停滞不前、呆板和官僚化。

把个人和社会当作是固定不变的概念而产生的对立，其另外一种表现就是在权利和义务、法律和自由之间长期争论不休。对于个人来说，自由就是发展，就是在要求调整的情况下可以及时地改变。

个人的自由是一个积极的过程，是一个能力不断释放、增长的过程。但是， 199
既然社会只有在新事物被人自由处置时才能发展起来，那么，认为自由对个人是积极的而对社会利益是消极的那个看法就是荒谬的。只有在一个社会的全体成员都尽其所能地发挥他们的才干时，这个社会对偶然事件的应付才会是强有力而不慌不忙的。要让人们尽其所能，就需要在既定的或法定的习俗之外给人们留下实验创新的余地。一定数量的混乱和无序说明，存在着一个自由的边缘地带；只有在这个地带，能力才有用武之地。然而，在社会生活和科学探究上，重要的事情不是避免错误，而是把错误控制在一定的条件下，并把它们利用起来，以增进将来的智慧。

英国自由主义的社会哲学忠于原子经验论(atomistic empiricism)的精神，把自由和行使权利本身看作是目的，要补救这个理论的缺陷，我们不需要求助于德国政治思想中所特有的强调固定义务和权威的法律哲学。正如事实所证明的那样，后者是危险的，因为它对于其他社会团体的自由自决权隐含着一种威胁。它的内部是虚弱的，无法经受彻底的检验。它敌视个人在从事社会事务时的自由尝试和自由选择，它限制了许多人或者大多数人有效参与社会活动的能力，因而使社会脱离了全体成员的贡献。要保证集体的效率和力量，最好解放和利用个人的种种能力，如创造力、计划能力、预见力、活力和忍耐力。人格必经教育而成，如果将人的活动限制在技术性的和专门的事物中，或限制在人生无关紧要的关系中，那么就无所谓人格的教育了。只有在人们能够按照各自的能力参与所属社会团体的目的和政策的制定时，才有所谓的圆满的教育。这个事实确立了民主的重要性。民主既不能被看作是宗派的或种族的事情，也不能被看作是对已获得宪法裁决的某种政体的确认。它代表着这样一个事实：只有在人性的诸因素参与管理公共事物时——也就是男男女女形成的家庭、实业公司、政府、教
会和科学团体等事物时，人性才能得到发展。这个原理适用于其他合作形式，如 200
工业、商业，也同样适用于政府。然而，把民主与政治上的民主看作是同一件事——这是导致大多数民主实践失败的原因，这是建立在一个传统的观念上的，

即认为国家和个人自身是现成给予的实体。

当新观念在社会生活中得到恰当表达的时候，它们会被同化到原有的道德规范中；并且，这些观念和信念会进一步深化，它们将在不知不觉中被传播开来，被维持下去。它们将使想象更加丰富多彩，使欲望和情感更加平和。它们不会成为一套有待诠释、推理和论证的观念，而将成为一种自然发生的领会人生的方式。于是，它们将具有宗教的价值。宗教精神将重新焕发光彩，因为它可以与人们无可怀疑的科学信念以及日常的社会活动相调和。它无须因为需要依赖那些正在不断被侵蚀毁坏的科学思想和社会信条，而去过那种羞怯胆小的、躲躲藏藏、感到歉疚的生活。尤其是，当那些观念和信念是依靠或多或少自觉的努力、审慎的反思和辛勤的思考维持时，它们自然而然被情感所滋润，转化为丰富的想象和精美的艺术，因而它们本身将更加深化、更加巩固。如果它们还没有被想象和感觉视为当然之事，仍将是技术的和抽象的。

我们一开始就曾指出，欧洲哲学兴起于理智的方法和科学的成果与传统社会（传统社会体现和巩固的是自然的欲望和想象所结出的果实）相脱离的时候。我们也指出，哲学的问题一直以来就是调节枯燥、单薄、贫乏的科学立场与长存不衰的温暖丰富的想象信念之间的关系。现代科学提出了可能性、进步、自由运动和无限多样的机会等等概念。但是，只要在人们的想象中还存在着那流传下来的永恒不变的、一蹴而就的、有序而系统化的世界，机械论和物质的观念就会像死尸一样压在情绪上，麻痹宗教，破坏艺术。当人的能力的解放对于组织和既成制度不再是一种威胁的时候——实际上，人的能力的解放是不可避免的事情，
201 并且它会对保存过去最宝贵的价值构成一种威胁；当人类能力的解放以一种社会性的创造能力表现出来的时候，艺术将不再是一种奢侈品，也不会与日常生计不相关。从经济上说的谋生，与谋求一种值得过的生活变得一致了。而且，当有关交往的、共同生活和共同经验的奇迹的那种情绪的力量，或者说神秘的力量被自然而然地感受到的时候，当代生活中的艰辛和粗野将沐浴在从未照耀过这个世界的光明之中。

诗歌、技艺和宗教都是宝贵的东西。它们是不能通过流连于过去，并妄想恢复科学、工业和政治的运动所摧毁的东西而得到维系的。它们是思想和欲望所开出的花朵，作为千千万万的日常生活片段和接触的结果，自然而然就被汇合成一种人类想象的倾向。它们不可通过意志设计而成，也不能通过暴力强迫而成。

精神之风想吹到哪里就吹到哪里，而且这些东西的天国不能通过观察得到。不过，已经失去信用的宗教和艺术的旧源头不能通过深思熟虑的抉择来保存和恢复了；但是，将来的宗教和艺术的源头却可以加速发展。当然，直接以生产出它们为目标的行动是靠不住的，我们依靠的是相信接纳现代社会的积极趋势，而不是惧怕和嫌恶它们；我们要靠那智慧激发的勇气，去追随社会和科学的变化所指明的方向。今天，我们的理想是脆弱的，因为智慧与激情已经分离。环境中赤裸裸的力量迫使我们转向日常信念和行动的细节中，但是，我们更深的思想和愿望却转向后面(不敢面对它们)。当哲学与具体事件的进程合作并使日常生活细节的意义显得清楚连贯时，科学和情感将互相渗透，实践和想象将互相拥抱。诗歌和宗教感情将会成为生活中自然开放的花朵。进一步阐述和揭示当下具体事件进程的意义，就是(我们这个)过渡时期哲学所应承担的任务、所应解决的问题。

演　讲

三位当代哲学家[①]：威廉·詹姆斯、昂利·柏格森和伯特兰·罗素

在北京作的六次系列性演讲

第一讲：威廉·詹姆斯（William James，1842－1910）

今日讲三位当代哲学家，先讲我的同胞詹姆斯。他，诸君知道的，是“实验主 205
义”的创始者。“现代”这个词，是“同时”的意思[②]。他在1910年已经死了，严格讲，已不能算同时了。然而，他的著作虽在十年以前，即1890—1910年中的二十年做的；但其著作的影响和效果现在正是发展的时候，故也算他是同时代哲学家中的一个。

詹姆斯哲学最重要的，是在1891年出版的第一部一千余页的《大心理学》

① 这是杜威于1920年3月5日起在北京大学法科礼堂的讲演系列，共六次。由胡适口述，伏庐笔记。载于1920年3月8日至27日《晨报》，又载于1920年3月13日至4月30日《北京大学日刊》。同年，与杜威在华所作的其他四个讲演系列合在一起，以《杜威五大讲演》的书名由《北京晨报》出版。此书在不同时期曾由多家出版社出版。《三位当代哲学家》后来由罗伯特·W·克罗布顿（Robert W. Clopton）和韦慕庭（Tsuin-chen Ou）翻译成英文；打印稿在檀香山夏威夷大学的哈密尔顿图书馆。罗素系列演讲出现在《伯特兰·罗素档案杂志》（*Journal of the Bertrand Russell Archives*），第2卷，1973年，第3—10、15—20页上，题目为“罗素的哲学与政治”。由于未能找到杜威讲演的英文原稿，本卷中的《三位当代哲学家》用的是由中文翻译为英文的稿子。我们现在翻译此卷，这部分内容显然不适宜由中文翻译过来的英文稿辗转再翻译成中文，于是大体采用胡适当年的中文译稿。考虑到胡适当年采用的一些译名与现在公认的译名有较多差异，我们参照英译本，在这方面作了一些调整；并且，中英文在段落上也有一些不同。在边码方面，也只能大致相当，特此说明。——校者

② 这里的“现代”这个词，既是指同时的意义，英文原词必是contemporary，而不是本卷中用得最多的modern。modern是相对于古代的，可以分别不同情况，译为现代和近代。contemporary虽然也可译为“现代”，但与所指modern意义的现代不同。为了将两者区分开来，我们将胡适原译的“现代”改为“当代”。——校者

(*Principles of Psychology*)当中。这本书之所以重要,第一,因为詹姆斯后来哲学的元素都包含在这个里面——他的哲学,是从心理学入手的。第二,因为詹姆斯的哲学是科学的,不是玄想的;而这个科学,不是物理学、物质的自然的科学,而是研究人性的心理学。这个事实很重要。他的兴趣完全在人的方面,与人性相关的方面;又因为他所注重的心理学是科学的心理学,从人性入手,从经验入
206 手,所以把历史上遗留下来已经不成问题的问题都一笔勾销了。这也是以心理学做起点的哲学的重要之处。

讲到他一生的重要事实:他虽然是个科学家,又是个美术家。他自己是学油画的,很有美术家的天才与训练;他的兄弟——亨利·詹姆斯,是近三十年来英语文学中一个小说名家,前几年才死的。他有美术的家风、天才和训练,故他讲心理不单解剖人性就算了,尤能以美术家的眼光把心的作用看成戏剧的样子,又以文学家的眼光把它当作戏剧写下来。他曾说,从前的人把哲学当作辩论,是错的。哲学是一种洞察。因为当作辩论看,所以辩来辩去,有许多问题只是为了辩论而发生的。现在把他当作洞察看,所以有美学、文学的双重价值。

詹姆斯以美术家、文学家的能力研究心理学,故而他的心理学和哲学是有血有肉、有生命的,不是死的。他对前人不满,以为他们的大毛病在于混淆了心理学者的观点与当局者的心理现状,换句话说,就是以旁观者的观点代替当局者的心理现状。旁观者是安闲无事的,拿去代替当局者自然不能清楚地了解真相了。

他晚年在一篇短文《人类之盲目性》(*On a Certain Blindness in Human Beings*)中,即不以自己的观点代替旁人的观点为然,以为应该容纳领会旁人的观点;倘处处取旁观态度,不去设身处地,决不能得到真理。他在文中把身历其
207 境看得非常重要。他之所以非常推崇新诗人惠特曼(Walt Whitman),就是因为惠特曼能把种种留传下来的文学区别都打破,只取人类共通的、普遍而初等的东西。因为这种教育太远离实际了,处处都是一些抽象的空话,结果忽略了普遍的、初等的、共通的东西,拔高的作用和后果是养成人类的盲目性。

詹姆斯注重人类共通的、普遍的、根本的、初等的东西,也注重个体的特别不同之处。他的哲学最注重个性,反对绝对派主张"真理是一"的哲学观点。他在这篇《人类之盲目性》中有一段话:"算了吧,没有一个人能知道真理的全体。每个人只能在他所立足的观点上得到一些特别的看法,从而有独特的长处。他可

以利用这个地位得到这个观点，但不要妄想推诸四海而皆准的万世真理。”①

这两点极为重要，一是注重共通人性，一是注重个体，反对绝对派的学说。因为他后来哲学的重要部分都是根据这两点而来的。他将自己的哲学用两个名词来表达：一个是激进的**经验主义**（*Radical Empiricism*），一个是**多元主义**（*Pluralism*）。前者主张人类经验是共通的、普遍的、初等的，不能以概念等几个抽象的名词来包涵。后者注重每个人都有特别的个性，没有绝对的、推当万世而皆准的普适性。他晚年有“一个多元的宇宙”的主张，那便是对一元主义的抗议 208
和反对。他所最恨的是主张“整块的宇宙”(Block Universe)的观点。

以上是一段普通的序论，我们再讲詹姆斯心理学的根本观念，作为下次讲他哲学的基础。他把生物进化的观念应用到人的心理现状，如感情、感觉、知觉等心理作用上。60年前（1859年），达尔文在他的《物种起源》（*Origin of the Species*）里讲进化的道理，导致西洋思想史上发生了大革命。詹姆斯生在生物进化论的时代，确是把这个生物进化原理应用到心理学上的第一人。

他把生物进化的作用应用到心理学上来。他在早年的心理学书中说：“现在很少有人承认，人的智慧是在实际利害上造起来的。”在生物进化原理运用到心理学，就是把一切心的作用都归于“反射作用”这个观念。例如强光射来，我们的眼睛自闭。外面无论有什么刺激，我们的心理内部一定有反应作用来应付，无论复杂还是简单，都是如此。又如路上被人挡住，就避开他。这类动作，也都可以归到反射作用，即以动作为中心，而不以知识为中心。因为这动作是应付外面的刺激的。

詹姆斯说：人类知识，不过是反射作用大圈子中的一点。低等的动物，很容易看出来，他的感觉完全是为实用的目的。有意识的高等动物的人，也是如此。人类知识的重要问题，不是理论上的是什么，而是实际上的怎样做。

詹姆斯在他的书中还说：知识是心理作用过程中的一个部分。一方是环境中来的刺激，另一方是有机物对于刺激的反应，知识不过是在这作用当中做个中间人，看刺激是什么，然后如何作出反应。知识旨在反应得当，它本身不是独立的，而与双方相关联。人类因为知识多了，故而竟有主张为知识而求知识之说。 209

① 威廉·詹姆斯，《与教师们谈心理学和与学生们谈人生理想》（*Talks to Teachers on Psychology: and to students on some of Life's Ideals*），纽约：亨利·霍尔特出版公司，1919年，第264页。

其实，知识一方面是照应，一方面是指挥行动的。

介乎中间的知识部分之所以重要，是因为它能使两方略为停顿，从而有计算筹划的余地。倘若刺激和反应中间没有知识将它们分开，而是直接相连，那就很容易误事了。有了知识，便格外靠得住了。例如火，没有中间知识的飞蛾见了，便立刻扑上去而被烧死；小孩见了，便知道这是火，要烫手的；再高一点的大人，知道火会烧死人的，便赶快跑了；再进一步，知道火可以用水救灭；再进一步，知道没有着火以前，装了桶水有备无患；再进一步，知道造灭火机器，等着专门救火；再进一步，知道研究火的燃烧起怎样的化学作用。中间知识这一部分逐渐逐渐大起来，其实还是一方刺激、一方反应的。

这种以进化讲心理的观点，可以从他对于心理作用所下的定义中看出来。他说：心理作用有两种表现：(一)向未来的目的行动；(二)选择达到目的之方法器具。有这两种表现，才算心理作用。心理作用的这两部分向来被人当作意志性的，故而人们普遍称詹姆斯为意志派的心理学家，而不是知识派的心理学家。

但詹姆斯与从前意志派的不同之处，就是詹姆斯有生物进化论为基础，把知识与意志联贯起来。知识与意志联贯以后，如果向着未来的目的行动，必定先有能力认清所想象的目的，否则也许不能满意。人们惊奇、快乐、喜怒，都是他们对
210 于外面的失败、成功的反应。

以上是詹姆斯心理学的概论，下面再讲他详细的具体观点，就是他的“意识流”。从前人把意识看作零碎凑成的，至多也不过像房子一般构成的。詹姆斯却不把它当作房子或碎块，而比作永恒流动的水流。这个观念在他的哲学中最为重要。他的哲学处处重个性，重变换，重进化，重往前冒险，重自由活动，都是从这个把意识看作流水的观念而来的。

詹姆斯说，从前人对于意识作用的见解，是像砖头一般的，整块的，死的。这个见解，好比人站在水边看水，只看见一杯一杯、一桶一桶、一缸一缸的水，而看不见永远流动不息的水。人心中所起的有定的印象，都在意识流之中，每一个印象与其他印象之间是关联不断的，而不是孤立的，它们都是意识流中的部分。

詹姆斯认为，以前研究心理学的人，他的主要错误在于把物体的性质应用到心理作用上来。他们看到外面的东西较为永久，可以说是不变的，就以为心中的意象也是如此；岂知意识流永远向前流动，没有一秒钟不变化。譬如，这张桌子，上次与今日没有什么变动，但诸君的人已经变了，再过下去也不是一成不变的。

所以没有两个意象是一样的，物体的性质断不能应用于心理作用。再说，物体可 211
以分解成为部分，譬如杯有杯口、杯柄、杯底，但是杯子的意象是整个的而不是部分的。他平常最爱用的一个例子就是柠檬水，从前人们以为它是由三个观念组成的：一个是柠檬，一个是水，一个是糖。其实，我们喝柠檬水的时候，一定只有一个观念，从来没有三个的。所以，物质不变，而意象变化；物体可分，而意象不可分。

对于我刚才讲的，你们也许觉得太琐碎了，但要知道这"意识流"在哲学上的效果的重要性，便不觉得琐碎了。哲学上的效果至少也有两个：第一是"一"与"多"的问题，也就是统一还是散乱、一元还是多元的问题。詹姆斯说：从前的大毛病在于把多元的心理看作是令人非常害怕的，以为多元便是捣乱，一定要有系统、条理一致才好，其实换一个角度，把人的经验看作不断流动的意识流，一元与多元便各有其位了。而且都不是死的，该用统一的地方就用统一，该用多元的地方就用多元。

流水也有统一之中的复杂之处，简单说来，就如大河流入海中，而水中夹有泥沙，不是纯粹的。把意识当作流水看，就可以看出许多应该统一或应该多元的地方。例如作一个计划，须统盘筹算，自然是非统一不可的；但倘若在对付困难的时候，不得不一点一点地把它解剖开来进行分析，那么，方法意见就是越多越
好。这便是把意识看作永远随时随地应变的。所以世界的一元多元并不成为问 212
题，问题在于什么地方应当用统一，什么地方应当用多元。

以上是第一种效果。第二种是对于知识的问题。从前的人以为知识是抄本，是画像人的意象，与外面的物体是否相像，在知识史上是很难的一个问题。例如杯子的意象，到什么时候、什么程度才像真的杯子呢？詹姆斯说：以意识流来讲，意象不管像不像，只管它能否将你带到其他的经验中去，能带的便是真的。

再举一例，这个法科(College of Law)的房子，许多人对它都有很明确的印象；但也有许多人的印象却很模糊；还有许多人连模糊的印象也没有，只有一个大门的印象；还有许多瞎子连大门的印象也没有，只听得到上课的钟声；还有许多人连大门、钟声等等什么也没有，只有法科这个词语。这些都是对的。照詹姆斯来说，因为这些意象都能进入打破法科这个经验中去，一定要十分相像那是很困难的。所以，意象只求能发生我们所期望的效果。这个观念，在实验主义的知识论、真理论中都很重要。也就是说，把知识、真理看作一条过渡的桥，从而达到

213 我们所期望的目的。

下次再讲他的心理学在哲学上的应用。

第二讲：威廉·詹姆斯（续）

哲学上争论最激烈的问题，就是知识从什么地方来的。许多人主张它从经验中来，也有许多人以为经验固然重要，但是普遍的必然定理另有它的来源，而不能自经验中来。

经验方面的知识，例如，糖是甜的，雪是白的，火是能燃烧的等等，大家都会承认它们是从经验中来的。但是，对于算术、代数、几何上的种种定理，物理、化学上的物质不灭说，玄学上的有果必有因的因果说，人生哲学上道德的法则等等，许多人就不承认它们是从经验得来的。因为这些定理有必定如此、决不会不如此的性质在内。例如二加二等于四，三角形的三角之和等于两直角，无论如何把经验去掉，真理还是存在的。

这些普遍的必然的定理就是先天的知识，经验派对之却很难讲。直到斯宾塞，才用进化论说明必然的定理也可以从经验来的。虽然一生的经验未必可以使他成为必然，但自下等动物进化到人类，再自原始人类进化到现在的人类，生物之经验在这么长的一条路上进化下来，积累下来，几乎成为天性的一部分。外界环境虽然几经变化，但都能符合这些定理的约束。种族的经验积累久了就好
214 像是先天的，一切普通的时间与空间都可用此解释，故而可说所谓"先天知识"也不过是种族经验的结果。

我此刻之所以提出斯宾塞的见解，因为詹姆斯在他的《心理学原理》(*Principles of Psychology*)中有一篇文章讨论到这个问题。他以斯宾塞的观点为起点，而他自己也有许多贡献。他自己提出的哲学观点固然重要，但他在别人哲学上进行应用所产生的影响尤其重要。

詹姆斯与他以前的人讲法不同之处，就是他否认经验派的讲法——把知识看作全是被动的，从外面印上去的；同时，他主张定理自内而发生，但却反对理性派的讲法——另有高等的、特别的、超经验的东西产生出普遍定理。

他的主张，即以为定理的起源是偶然的，不是特别的，也不是印上去的。因为定理最初不过是闲谈说笑话，后来才变成定理的。但有一部分也许是外面印到心里来的，如鱼无水即死等，心的方面较为被动。至于数学、物理、化学的定

理，没有人经验过。如原子、分子等，人们不承认它是从外面印上来的，而是从内在经验中偶然提出来的。

例如数目，经验派的人以为它是从经验来的。一个人，两个人，两个杯子，三个杯子，都因为人看惯了。詹姆斯说：数目是很随便的，例如一把茶壶当然是一个，然而加上盖子便有两个了，再加上柄子便有三个了；一棵树，当然是一个，然而用枝来算也许是五十，用叶来算也许是五千了，可见这不是被动的，而是内在 215
经验把关系施加到外面事物上去的。

最明显的例子是分类，它绝不是从外面印上人心来的，而是人造出来的。动物、植物、矿物等等的分类，倘若从外面时间而来，一定很粗浅，绝不会像今天的分类，把天南地北相隔数万里的东西合为一类，而把平常合在一起的东西却分为两类。所以，它不是从外面印上来的，而是人在经验中提炼出来的。詹姆斯以为，滑稽家的笑话、道德家的教条、政治家的律令等等，有许多提出来也许并不合适，而且没有多大把握。把道德伦理应用到自然界去，自然界也许不受用，也许受用，谁知道呢。理想本身可以随意提出来，可能没有把握，在应用到实际中去时就有真伪之别了。

詹姆斯对这一段哲学上知识的起源是经验还是先天的说明，有以下三个重要的观点：

第一，关于一切理想系统的起源。詹姆斯反对经验派所讲的，一切意义都是从外面硬印上来的——印的未尝没有，但未必全是如此。詹姆斯把从外面经验印上来的意思比作从前门送来的客人，但是在人心中，还有一道后门，也是可以进来的。所以，理想系统的起源有两条路：从官能感觉来的是前门；在内在经验上偶然发生的、与外面不同的是后门的。例如我们亲闻铃声，是从前门来的；但倘若吃金鸡纳（霜）多了，耳内也像铃响，那是从后门来的。外面的事物，固然可以给它一个机会，但思想自身则都从内而来的。譬如，一个人可以把药粉倒在水中，混合以后就变成一种新的东西。理想系统的起源也是如此。一切伦理的、美学的、科学的系统，都可以比作药粉的效果。理性派不承认理想系统的起源是由 216
于外面的经验，这是对的；但他们执著于有一种较高的超自然的势力，那便错了。

对于知识的两条来路，詹姆斯认为，都可以有很大的影响和效果。他以为，理想系统的起源不成问题：自后门来的或偶然产生的妄想，也许比自前门来的客人更显重要。这样，我们就讲到第二点。

第二，许多思想偶然发生以后，会引起一种兴趣、愿望、热心——听了声音觉得很好听，将来也许成为音乐家；喜欢音节，也许会成为诗人；喜欢研究观察，分门别类，也许会成为科学家。这种兴趣，可以使人找这些事情去做，所以愿望、热心、意志的一部分是很重要的。

第三，知识真伪的问题。詹姆斯认为，理想系统的起源没有什么关系：后门进来的客人也许是好出身，前门进来的也许没有出息。伦理、神学、科学本身都没有一定的价值，其价值在于看他应用到经验上去，是否能够做到他应该做到的东西，是否能够更满意地解决他想要解决的问题，是否能够将他带到别的经验中去。能的就是真的，不能的就是假的。詹姆斯说：我的讲法与从前经验哲学不同的地方，就是他们注重起点，而我看重效果，以发生的效果来确定知识的真伪。

这个见解，与上次所讲詹姆斯的根本观念相同。詹姆斯不承认知识是抄本
217 或画像，而认为它是一种工具，像不像都不要紧。一切概念、思想等等理想的系统，只能说这个比那个是否更有用，是否更能够达到目的；不能说这个是否比那个更相像。因为这是应用的东西。譬如刀，我们只能看它能不能割，能不能用，而不能以它像不像一把刀来定其真假的价值。

以上三点，在他的哲学中产生了三个重要的影响：第一点，理想的起源，影响于他的“**激进经验主义**”(*Radical Empiricism*)；第二点，知识里面还有愿望、意志，影响于他的“**信仰意志**”(*Will To Believe*)；第三点，把意志当作工具，更是他的“**实用主义**”(*Pragmatism*)的根本观念。

第一部分，“激进经验主义”，上次已讲过一点，就是把一切经验都看作真的，不像从前经验派所讲，外在经验硬印到被动的心理上去。激进经验主义的经验观是活动的、冒险的、变化的、进取的，其范围比从前的所谓经验要广得多。詹姆斯说，经验的粗鲁是经验本性的一部分。没有一个观念可以使宇宙成为整体。真的起源、结果、善、恶、福、祸、过渡、危险都是经验的事实。他把经验看作是粗鲁的、散漫的、无定的和变新的东西。

第二部分，“信仰意志”的学说，这使许多人听了难过，因为以前人们都以为真理植根于冰冷的思想，而不是客观的事实。詹姆斯以为，信仰就是行为的意志。完全信仰，就是决断行为没有反顾的意志。无论数学还是物理、化学等真理
218 的背后，都有一种意志，都要使世界可以得到解释。理性的背后，有非理性的意志存在。宇宙的真理就是我们人类情感上承认宇宙可以如此解释，这明了不过。

所以，一切哲学科学都有非理性的意志包含在内。

有许多哲学家都想批评詹姆斯。他们认为，有了信仰意志，没有证据，如何有信仰的权力呢？詹姆斯说，这个不然。倘要有了充足的证据然后信仰，那什么事都不能做了。凡事只有先信仰了，然后再找出证据来。例如，对于世界是好的还是坏的这个问题，两面证据都不充足。只有找一条路去做，然后把证据找出来。又如交新朋友，也没有证据知道他是好是坏。但是，我们因为不知道他的好坏便永远不同他做朋友了吗？好的坏的，做了朋友自然会知道的。信仰的意志之重要，由此可见一斑。

詹姆斯举过一个最明显的例子：人在山中迷了路，前面一条深涧，跳得过与跳不过，这个时候没有证据，倘信仰了跳得过的，便大着胆子跳过去；如越加筹算，便越跳不过了。这个信仰可以打破迟疑的心态。詹姆斯以为，这个词对于道德问题、宗教问题尤其有用，因为只能爱了便信仰，不能找到证据以后才信仰。只有信仰可以引你到证据的地方，站在门外不去信仰便不能找出证据。

对于这个学说，批评的人最多。有许多哲学家都不满意，竭力讥笑他，以为
这样不是随你高兴了吗？你信仰自己是一个百万富翁，但是袋子里却一个钱也 219
没有，怎么样呢？这话是误解的。因为詹姆斯是个文学家，很喜欢做文章，对于一个问题总要讲得痛快淋漓，但看的人却因此越发有不明白的地方了。我此刻先不为他辩护，先提出他的第三点来。詹姆斯主张以实验的结果来定信仰的价值。这是他的学说的保障。

第三部分，“实验主义”。詹姆斯提出这个学说来，本是当作“真理论”(Theory of Truth)的。从前有两派真理论：一派以为什么是真理呢？应该是人的意象与外物相符合，不符合的便是假的；还有一派以为，物与意象完全是两样东西，不能比较符合不符合，只要在思想系统的内部相融洽，不自相矛盾了，便是真的。詹姆斯把这两种说法都打破了，他以为意象、观念、学理的真伪，在于含义的效果能否适用到应用的地方。本身的含义能够发生应用的效果的，便是真的，否则便是假的。这是实验主义真理论的大意。

有人说，凡是学说，都要经过三个时期：第一时期，大家都说它荒谬；第二时期，以为道理是有一点的，但不甚重要；第三时期，大家都说我们本来是这样想的。对于詹姆斯的学说，第三时期的确还没有到，不过，科学的发明很可以帮助
他。科学的发明，当初也是一种假定，试验又试验以后才成为科学定理的一部 220

分。我们至少可以说，真理就是在实用上已经证实了的假设。

詹姆斯的学说简单地说，就是以"试验主义"(Experimentalism)代替传下来的绝对真理的哲学系统。他主张随时长进、增加，随时试验、证实。他喜欢自由谈话，自由发表。他不曾出过正式的哲学书，但是他的影响很大，在英国、美国尤其大。他的学说问世以后，哲学界的性质趋向有了极大的变更。

詹姆斯反对绝对的"武断主义"(Dogmatism)的哲学，但与此同时，他反对绝对的"怀疑主义"(Skeptism)。詹姆斯承认，不怀疑不能发现真理，但绝对的怀疑便没有建设性了。怀疑应有一种假设，试了对的便是真的，不对的则换一个假设。没有建设的怀疑，是詹姆斯所反对的。詹姆斯希望我们怀疑，但不愿我们绝对的怀疑；怀疑应该提出试验所得的结果，再引导我们去寻找新的真理；以实用的信仰继续试验，继续长进。

詹姆斯的价值，不但打破从前的绝对武断、绝对怀疑；他尤为重要的贡献，就是在哲学方面提倡个性。他最痛恨整块的宇宙，将它比作是普朗克拉斯提的床(Procrustean Bed)。有一个希腊故事：有普朗克拉斯提者，只有一张床，客人来了，都睡在这张床上，长的人把他截短，接在短的上面。詹姆斯以为，绝对的哲学把普天下的事理拉在一个轨道上，这实际上与普朗克拉斯提的床一样。他主张，人类应该继续试验，继续创造。

第三讲：昂利·柏格森(Henri Bergson)

221 柏格森是1859年生的，现在还在巴黎当教授。这一年正值达尔文的《物种起源》出版。他一生的哲学，就是发挥进化论哲学的一部分意义(胡适先生插一句道：杜威先生也是这一年生的，他的哲学也是发挥进化论的意义)。

柏格森与詹姆斯相同的地方，就是他们都以心理学为起点，把心理学上的观念应用到哲学上去。但是，他们有两点不同的地方：第一，詹姆斯注重试验，柏格森注重内省；第二，詹姆斯反对哲学体系，始终没有组织哲学体系的野心，而柏格森却把各方面的问题融成一片，组织有体系的哲学。从历史上看，我们总以为黑格尔以后，世界上不会再有体系的哲学了。谁知，先有斯宾塞的哲学体系，最近又有柏格森的——唯他独有的哲学体系。

因为柏格森想把种种哲学上的问题当作起点，组成哲学体系，所以我们可先看看他所注意的是一些什么问题。他的问题可以分为三组：

第一组，本体界（Noumenal World）与现象界（Phenomnenal World）的关系。一方是真际，是本体；另一方是感觉所得到的表面，是现象。柏拉图、康德都以为平常感觉所见到的只限于现象界，而以为本体界是不可知的。斯宾塞也是如此。这个问题在柏格森的哲学中很有影响。

第二组，宇宙究竟是一成不变的还是变化的、是自由的还是命定的问题。

第三组，心与物的关系。这是法国哲学史上一个重要的问题，最初提出来的 222
是笛卡尔。物与心恰相反：物有体积，心能思想。笛卡尔以后，这个问题变为世界上的重要问题，柏格森也特别注意这个问题。

柏格森入手的地方不在这三组问题，而在经验。我们所真正知道的是心中的经验，对于它，我们自己知之最明，此外都是表面的。

柏格森与詹姆斯的相同之处，就是对于心理状态的看法。上次讲过，詹姆斯把意识看作流水一般，柏格森也把心的经验看作不断的流水，没有时候休息的，也不会重复的，也没有部分的。手浸入水中，一忽儿就已不是刚才的水了。思想感觉不会有两个相同的。上次诸君看见的桌子已不是今天的桌子了，因为诸君由于经验已经变化了。所以，人生的经验是永运变更、永远革新、永远前进的。

这个说法也许与平常经验相反。平常以为经验可以分成一片一片、一段一段的。例如杯、壶、书，都可以分开的；烛台上的火与炉中的火，也可以分清楚。现在把它当作永远不断的，不是很不相同吗？詹姆斯和柏格森都说：这是因为，人把对于物的见解运用到人的心理中去，以为也可以分得开。但是，何以要把物的见解适用到人的心理呢？对此，柏格森与詹姆斯便不同了。

柏格森以为，心的经验实际上就像一条不断的河流。但是，我们何以常常觉 223
得它是断的呢？因为人要别人知道自己的意思，于是大家相互交流，不得不用语言文字把它割断开来。语言文字是代表这一片那一片、这一段那一段的符号。因为有这个彼此交流的实际需要，所以就把本体割断为无数小的片断。

在这个经验的见解上，柏格森发挥他特别激进的观点。这个观念不大容易讲的，那就是对“绵延”[①]的见解（“Duration”这个字不容易译，与中国古代哲学所用“久”字颇相近，但系单字，不甚方便，故此处译作“真的时间”，且仍用杜威先生原解）。绵延与“时间”（Time）不同。绵延是什么呢？绵延就是永远前进，把种

① 原文为“真正的时间”，现在一般译为“绵延”。以下同。——校者

种过去保存在变化当中。他把绵延比作向前滚动的“雪球”，这有两个涵义：第一，种种过去都被包括在现在当中；第二，“雪球”越滚越大，将来逐渐长进，逐渐更新。

柏格森在这个绵延的观点基础上，提出了对于人心内面的经验的新见解：第一步，存在就是变化，没有不变化的存在；第二步，变化就是长进成熟；第三步，长进成熟，就是永远不断地创造自己。第一步容易讲。第二步用滚“雪球”的比喻，也可以明白。第三步怎么讲呢？就是永远继续不断地加上新的东西。譬如，了解我最深的朋友，对于我的过去种种历史都能知道，但他决不能知道我明天做什么，甚至于五分钟以后做什么，他也不会知道。一切事情都是继续创造出来的，而不是前定的。一切过去的事情都不能作为推算未知的根据。画家画画，在未画之前，没有一个人能够知道他画出来的是个什么东西，就是他自己也不知道，因为倘若他自己知道画的什么画，那便变成没有画而先有画了，于理还讲得通吗？这个比喻，他经常用。他以为，每一点经验都是新的，都是自己创造的。

224 我们先承认他的这个根本观点，然后看他将它应用到三组哲学问题上去会发生什么效果。

先讲关于第三组“心”与“物”的问题。用这个见解来看，心与物完全相反。物质界是静的、不变的、固定的，可分为部分，甚至于原子、分子的。物质界是小部分组织起来的，从这里到那里，虽然可以重新安排组织，而物质总是不变的。譬如，这本书可以从这里移到那里，但都是这屋子里面的一部分；这张纸在火里烧了，但照化学上讲，它的原子、分子都不会失掉，只不过组织变了一变罢了。

照柏格森讲，物质界是空间的关系，而只有心理上的经验才可以用“绵延”来解说。物质只有空间上的关系，即使涉及“时间”元素，那也不过是空间关系的变相。绵延本身就是变化。物质界的是假时间。譬如说三个月后将有日蚀，这三个月好像是真的时间了，其实，可以这样隔断的还是假时间，还是空间的变相。

我们可以用比喻来说明假时间与“真正的时间”（即绵延）之间的区别：计时钟用长短针所表几点几分的时间，是利用长短针位量的关系，所以是空间的变相，而不是绵延。而另一方面，人饿极了等东西吃，沉在水里待人来救，公堂上将判决而未判决，这些时候把所有过去种种经验都想起来，立刻跳到将来，这才是绵延。用这种时间与钟上长短针所表示的时间来比较，便知道绵延与假时间之间的区别了。

这一段话总结起来说，即物质界是空间的，心界的生活经验才是绵延。柏格 225
森还有一种讲法，就是用“感觉”与“记忆”来讲。他说，感觉全是物质的影响，譬如，这个杯子把烛火的光反射出来，可以说它感觉到了烛火的热，镜子能反射一切东西，也可以说有感觉。所以，物的效果局限于纯粹感觉的范围。

杯子、镜子也可以说有感觉，“感觉”完全是一种物质性的作用。但“记忆”绝不是物所能有的了。记忆可以把种种过去都召回来，并通过生长和同化作用的过程跃进到未来。这是人所具有的最奇怪的现象，绝不是物所能有的，不过我们习惯了，也就不觉得罢了。倘若人真能懂得记忆的作用，那些纯粹唯物论的见解便不攻自破了。

现在再讲点稍微专业的东西。物质可以彼此感觉，杯子放在烛光的面前，杯子就有感觉，茶壶放在镜子的前面，镜子也有感觉，但这些都是死的。人生活上的感觉并不像物质本来的样子，还须因需要而有所“选择”。手放在眼前，便把大门遮住了。柏格森说，这是因为地位近的东西对于我们比远的更重要，所以我们把不重要的东西给挡住了，及至走到大门口，然后才恢复大门的重要性。又譬如地球是圆的，初听起来一定觉得很奇怪，以为这样不是会导致这边头在上、足在下，那边头在下、足在上了吗？柏格森说，这个例子很可以说明，我们将感觉中的区别应用到物质界去，是不可能的事情。

柏格森说，人因为动作行为上的需要，硬把宇宙割成片断；其实，真的宇宙并
不是片断的。即使物质界，虽然有上下、前后、左右的区别，像是片断的，其实它 226
本来是不断的，是我们因为实际的需要而把区别硬加上去的。

这种分析的重要性，在于柏格森用它来进行判断。他提出假说，这样看来，不动的、不变的、死的物质界也许可以是动的、变的、活的，与心界一样。这是一个极其大胆的假设。他说，我们因实际的需要，硬用人的智慧（这是他所最看不起的）把连续的世界分割成固定的、死的、有区别的世界，而物质界与心界本来是没有分别的。

这个讲法——把物质界看作与心界没有分别——是个假设，不曾有人证明。柏格森在他的著作《创造进化论》[1]（*Evolution Creation*，1907 年）中，给出了对它的证明。这层暂且不讲，先提出可以帮助理解柏格森见解的两点：第一，科学

[1] 原文为“《创造的进化》”，现在一般译为“《创造进化论》”。以下同。——译者

上把“质”与“力”的区别根本打消。譬如桌子不是物质，而是无数的力在那里动，还在那里放射。这就是科学把质与力的区别打破了而且用力来讲质的例子。第二，人的记忆确实把经验割成片断，譬如考试考哪一科便想那一科。既然如此，我们又怎么知道物质界不也是被割成片断的呢？

现在，我们再把这个观点应用到第一组本体界与现象界的问题上去。以前
227 人们认为，本体界比现象界要高，超出于现象界之上。柏格森以为，本体界并不高，也不难懂。本体界就是继续创造活动、永远更新的绵延。人只要进行内省，不因实际的需要用知识把它遮蔽割断了，自然就能进入绵延的领域。

柏格森从这个本体、现象两界的区别上，引用了知识论的两个重要概念：一个是“知识”(Intellect)，一个是“直觉”(Intuition)。这与詹姆斯很相像，认为知识与人们的需要和兴趣有密切的关系——以人的需要和兴趣来确定知识的价值。但他与实验主义有不同之处，那就是他看不起知识，不信任知识，以为知识把绵延遮蔽了。

柏格森看不起知识，而张扬直觉，以为人只要内省的程度到了，自然会有直觉，知道本体是继续不断地创造的。这个讲法不消说，是略带神秘色彩的。柏格森颇受一点古代密宗(Mysticism)的影响。欧洲哲学史上凡带一点密宗意味的哲学，多半有亚洲的渊源，柏格森是犹太人。基督教一二百年前，亚、非、欧三洲中间的亚历山大城一直流行着神秘主义的思想。不过，他作为一个科学家而带有神秘色彩，这实在是很有趣的。

无论如何，柏格森的这种学说，一方面很有科学的意味，而另一方面要顾及人类满足宗教的玄学的欲望，故而带有神秘的意味。他这种态度，也许就是他享受大名、信徒众多的原因。他以实验主义的知识论作根据，又能满足来自各个方面的欲望，自然有这么多的信徒、这么大的名声了。

再把这些概念应用到最后的问题上，即宇宙是前定的还是自由的问题。柏
228 格森以为，绵延之宇宙，创造进化，时时活动，时时变新，故不会是前定的。人无论如何知道过去，但决不能知道未来。但是，空间的物质界是固定的、隔断的、前定的。

柏格森的绵延概念作为一个持续创造的过程，具有高度的诗意。譬如诗人写诗，从一个字一个字的分开来看，诗是机械的；但其神韵诗兴却是创造的、独一无偶的，只有这个时候，这个地位，这首诗里才有的。故而，创造的内观的变新的

真的生活是自由的。不能做到这个地位，只是堕落到机械习惯去，那是前定的。

第四讲：昂利·伯格森（续）

上次讲演提出柏格森的一些重要观念。柏格森把一切实在都看作心理的存在，看作变化，这变化永远往前，把一切过去都包容在现在当中，又跳到未来，名之谓“绵延”。他的哲学把变化看得非常重要，甚至不承认不变化的东西。他还认为，变化就是变化自身在那里变化，而变化之外没有任何别的东西。

他把物质看作是从永远变化的实在里面分散出来的东西。他所承认的实在，就是永远变化的心的存在；物质便是从它里面分散出来，坠落下来，或者凝结起来的。他用进化论来解说物质怎样进化出来的学说，专门著有一部书，名曰《创造进化论》。

他想在这部书中，用他的学说解释科学家讲解进化的困难问题。他举出一个很容易让人明白的问题。达尔文当初提出生物进化的三个要点：其一，生物的
种种机能是由极其微细的变化，一点一点地积累起来而成功的；其二，这些细微 229
的变化，是由于应对四周环境不知不觉地产生出来的；其三是自然选择，变异适合于环境的，子孙繁衍昌盛了；不适合的，就自然淘汰——这便是自然的选择。

达尔文这种讲法中有一个很大的困难。例如有许多机能是很复杂的，照达尔文讲，一定以为这是一步一步很微细地积起来的，复杂了然后有用了；但是，试问这些机能在没有发达到这样复杂的时候，有什么用呢？达尔文说，眼睛是为应付环境变出来的，但是要很复杂了才能应用；当它只有一小部分而还没有成为眼睛的时候，是没有用的，没有用怎么能变化呢？

因为解释这个道理是这样困难，所以另有一个学派提出另外一种学说，以为恐怕不是像达尔文所讲的那样机械地渐变吧。这些变化，一定有一个造化的人，有了计划的目的，然后才一点一点地变化过去。例如一所房子，必须先有目的，从基础、地板、墙壁、屋顶和装饰，一层一层地堆积起来，然后才有复杂的房子。生物进化也是如此。眼睛的演化，是计划好了才这样变化的，是先有目的的。所以，这一派学说也称为目的论。

柏格森在《创造进化论》一书中，一开端便批评这两派——机械论和目的论——都不对。我们在未讲他自己的学说时，先看他对于这两派学说是怎样批评的。他批评达尔文一派的机械论和另一派目的论有一个同样的错误，那就是

都只承认现成的，而不承认新的变异。达尔文以为进化是小变异机械的因缘和
230 会，和会好的生存下来，和会不好的便死亡。这种小变异像机械的法律一样，都是现成的，没有新的变异。目的论假设一种计划，以为就像造房子预先计划好了似的，也不承认创造和发明的新要素。

柏格森以为，这两派之所以不能有满意的解决，都是因为想用知识的缘故。他们不知道知识只能应付物质，而不能用来理解生命。生物进化的生命，就是绵延。知识只能对付分段的零碎的东西，决不能懂得永远变化、永远创造的生命。譬如，潮水打过一块海上的小石，小石是死的，怎样懂得潮水是个什么东西。知识要理解生命，也和这个道理一样。

柏格森以为，知识不能用来领会生命，生命是意志的作用。要懂得生命，必须从意志的动作入手。知识的作用只能把有机体分析解剖，血脉、肌肤、筋肉，甚至分子、原子，固然分得很细了，但生命是整个的，越分越不能懂得了。要领会它，只有意志的经验在勇猛前进，奋发努力。意志生活最充足的时候，才可以懂得生命是什么。

柏格森把生命看作是意志的一种功能。意志既没有计划，也没有意识。意志只是生命的冲动，它努力往前推，遇见险阻便攻克之，还继续前进。这就是意志的经验、生命的真现象。要把握生命的真谛，只有把它看作冲动，除此之外，没有别的观点可以解释进化的道理。

柏格森相信，生物进化过程中机能[1]的演化也只有这个观点可以解释。他
231 名之曰“**生命冲动**”[2]（*élan vitale*），就是永远往前推的意思。他以为，一切官能之所以演化到这般复杂，并不像机械论、目的论那两种讲法所说，而是内在的要生活的一点意志。生命冲动，在遭遇环境有困难的时候，便立刻征服它，再往前冲动，没有什么计划和考虑的。眼睛是为了要看而冲动的结果，久而久之，遂成为最满意应付环境的机能了。

眼睛这东西，便是生命往前冲动时所留下来的痕迹。生命往前冲动时，遇着障碍便征服它，眼睛就是由内部努力出来要看的一点意志的结果。譬如，桌子上铺着许多铁屑，手摸过去，一定会留下一个手的痕迹。机械论者以为，这是偶然

---

① 大概是器官。——校者

② 原文为“生命的奋进”，现在一般译为“生命冲动”。以下同。——校者

成功的；目的论以为，这是先有计划，然后画出来的。两种说法都没有看见生命往前冲动的冲动，当它遭遇着障碍时就克服障碍，并留下这一点意志的痕迹。

以上是一种问题。第二种问题，即种种生物是怎样起源的。柏格森以为，进化论学者的一个大错在于把植物、动物和人这三者看作是一条直线，但不知这三者并不是以一条直线的形式演化而来的。当生命向前冲动的时候，它希望能够最满足、最完备、最充分地前进。但是，它随时会遇见障碍，于是便随时征服它，遇见一下征服一下，试验一下停顿一下。所以，各种动物和植物便是随时停顿的结果。

当生命从一个出发点往前冲动时，它不是采取一条直线的方式，而是随时遇
见障碍、随时征服、随时试验、随时停顿的。譬如生命冲动到了昆虫阶段，遇见障 232
碍便停顿了；另外一种动物起来克服障碍，到了蛇又遇见障碍，于是又停顿了。再有一种动物起来，直到没有遭遇到演化阻挡，就演变为现在的人类。

在柏格森以前的哲学家中，利用进化观念最强烈的是斯宾塞。他以生物环境的不同来解释生物的种种不同性质；鱼必然活在水中，鸟必然在空中飞翔，都以环境的适宜与否而定生物的种类。柏格森以为，这是错的。譬如从城中有一条到乡村的路，中间总有许多桥、山、湾吧，那都是因为具体环境的需要而不得不如此的。但这不能说是环境的结果，因为必须先有造路的意志，然后才有路。桥啊，山啊、湾啊，都是后来第二步的事。我们不能以环境去定种类。试问，生物为什么要适应环境呢？就是因为它有要生活的一点意志。

以上是第二种问题。第三种是对生物的三大部分——植物、动物、人类——进行比较的问题。柏格森讲了植物的一部分，今暂从略。他讲人与动物的比较，以为人与人以下一切动物的区别，在于动物发展天性的本能，而人则发展智慧。昆虫中的蚁和蜂也有智慧，而因天性的冲动，可以把它的本能充分发展出来。

柏格森指出，动物发展天性的本能与人发展智慧之间有三点不同：

第一，人的智慧是应付物质的，而动物则应付生命为多。他举一个很感人的
例子：寄生蜂要产卵在别的动物身体内，于是就到这动物的身上去咬他七口，这 233
七口正咬着动物的七个神经，使它刚刚麻木而不致于死，蜂于是产卵进去，将来幼虫会吃这动物的肉，由内向外咬出来。这种事，是人的智慧所做不到的，而动物发展天性本能竟能做到。

柏格森所讲人与低等动物的区别，这一层最为重要。人的天性不及动物的

发展，故以智慧补其不足。他所讲的第二个不同之处就是：人是能造工具的动物。动物也有“工具”，爪、牙、毛都是它的“工具”，而且是它随身携带的，但不能在身外造起来。人就不然，因为眼睛不够看，所以造出显微镜、望远镜来帮助看。动物需要温暖，就只会靠着自己的皮毛；而人则能用金石取出火来，乃至蒸汽和制造炉子。这些都是人类以自己的智慧来弥补天性不足的典型例子。

第三，人与低等动物各有长处，也各有短处。动物能发展它的天性，而吃亏在没有智慧，不能靠器具；人有智慧以制造器具，如刚才所讲的显微镜、望远镜等等，而因天性不能如动物那样的发展，故不能懂得生命的真义。

柏格森认为，哲学的问题就是怎样把低等动物的天性部分与人的智慧部分结合起来。他说，人类的天性本能虽然没有得到充分发展，但幸而保存了一部分，尚未全泯：譬如睡眠就是从植物的天性那里遗传下来的，做梦是从动物那里遗传下来的，幸有这一点保存，还可救药。人要把天性与智慧结合起来，只要回到“直觉”状态便能立刻领会。这是天性尚有一部分未泯的表现。低等动物不知
234 道寻找东西的方法而找得到，人知道方法反而找不到；这个弱点，只有当人学会结合理智与直觉时才能被克服。

以上所讲，不知不觉中假定了物质的存在。实在是心理的存在，即是变化，柏格森已讲过了。但是，物质是从哪里来的呢？柏格森用他的天才和进化观念勉强解释了物质的起源。我此刻只能讲个大意，一来时间不够，二来我自己也不十分了解。

柏格森讲物质也起源于心理的存在，怎样起源的呢？他有一个譬喻：大诗人读他自己的好诗的时候，听的人只听见诗中的事实、意思、活动、精彩，而把诗中字句的长短、拼法写法全忘记了。这是精神贯注的时候，但倘若疲倦了，精神略一散漫，便只见一个个的词语，而听不到诗中的意思与事实了。若再提起精神来，则又从一个个的单词合成一首好诗。

这个譬喻是说，你若在精神贯注的时候，你即在精神界里面，但略一放松，便堕落到物质界了。柏格森把这个譬喻应用到物质的起源。他说，当初是只有绵延的，但一方往前膨胀，一方也有懈怠的时候，往前膨胀时只有生命，没有物质；懈怠时，便成为物质了。他又用花炮来代表这个意思，他说，花炮一直往上是精神，掉下来的就是物质了。

时间已经不多了，我不能再详细评论他的哲学，但我可以再略说几句。柏格

森在现在的哲学家中，关于许多问题的解说是很有长处的；他有美术的天才，故有许多超绝之处。最重要的有：生活不能用知识了解，要了解只有去生活；行为 235
不能用知识了解，要了解只有去行为。这虽然不是他独创的，但以前没有讲得这样圆满。又如新元素时时加入，继续创造、继续进化的观念，虽不是他所独创的，也讲得很痛快。还有许多真理往往不能由冰冷的知识得来，而是从内在的直觉而来，也是他的精彩之处。他把许多聪明的意思堆成哲学体系的时候，用上许多的譬喻。他又是很能做文章的，只想尽力发挥，却不能自圆其说了。我对于他不满足的地方积极批评，只有一句话：他还脱不了哲学大家的气派。他有组成哲学体系的野心，想把他的哲学用一个观念贯穿起来，所以免不了困难和不圆满了。这些地方，詹姆斯比他聪明得多。詹姆斯有见解，尽管各方面尽量发挥，但一点也没有组织哲学体系的野心。柏格森免不了这个短处，这也许就是他失败的原因。

第五讲：伯特兰·罗素（Bertrand Russell）

今晚我们要讲的是第三位哲学家罗素，英国人，现在还是一个青年。前几年，他在剑桥(Cambridge)大学当数学教授。欧洲战争(European War)[①]爆发之后，由于他公开的和平主义观点招致了英国政府的厌烦，他被迫从教授职位上退 236
下来，直到战争结束。今天，我们将谈论罗素哲学的理论方面，而把对他的伦理学和政治哲学的思考留到下一讲。

很难找到另外一个像罗素这样与詹姆斯和柏格森如此迥然不同的哲学家。詹姆斯与柏格森有许多相同的地方，而罗素在理论方面的哲学与他们竟没有一点相同之处。詹姆斯与柏格森的哲学都以心理学为起点，而从人事方面有意识的生活的人类入手。罗素则从科学方面最抽象最形式化的数学入手，对于心理学，他不取信仰(态度)，以为与哲学无关；不仅无关，而且有害，因为它会扰乱一致的、整齐的哲学。

罗素以为，知识应该是普遍的，不是关于个人的；倘把人类心理的一部分介绍到哲学中来，一定会损害知识的普遍性。从前的哲学之所以不能完全根据于数学，就是因为数学还没有达到高等的层次，不配做哲学的根据。现在，照罗素

---

① 杜威这里是指第一次世界大战(1914年8月—1918年11月)。——校者

讲，数学已发达到这个地位，足够做哲学的基础方法了。

罗素哲学中有一点虽不甚重要，可以说是与詹姆斯相同的。从前讲过，詹姆斯是一位多元论的哲学家。诸君都知道，哲学上有所谓多元论与一元论之争。多元论者不相信宇宙万物最后归于一元，一元论者恰恰与此相反。詹姆斯强调个体，主张以各方面的无数个体为中心，故是多元论。罗素这层主张，与詹姆斯相近，故也可算是多元论的哲学家。

所以，他在著作中曾说：我要主张的哲学是“逻辑原子论”（Logical Atomism）①，或曰“绝对的多元论”（Absolute Pluralism）。我一方面主张多元，另一方面主张多元不能成为一个宇宙。一个宇宙的观念，是天文学没有成熟以前的见
237 解——地球在当中，日月星辰在其外围环绕。但是，从哥白尼（Copernicus）打破这个观念以后，天文学进步了；与此同时，这个统一宇宙的观念也不再成立了。

我要先声明：罗素的哲学完全根据于数理，内容太专业化了，很不容易在这两次的时间里有一个比较通俗的讲演。所以，今晚不想详讲他的哲学内容，只先说明罗素对于其他哲学的意见和批评，以帮助大家了解他的哲学概要。

对于从前的哲学，罗素说有两个根本错误：一是想建立一个统一的宇宙，以为“实在”总是一个的；二是受了宗教和伦理的影响，想把宇宙用宗教和伦理的观念来解释，以为宇宙总是好的、善的：好和善都是“实在”的一部分。

有许多信仰宗教的哲学家，想当然地把宗教的观念强加到实在的宇宙上去，以为宇宙是好的，是值得生活的；就是许多反对宗教的哲学家，也在不知不觉中受到伦理道德的影响，如讲进化论的学者，他把宇宙的演进硬拉进道德观念中来解说，以为进化就是从不好至于好，从好至于更好。罗素批评斯宾塞和柏格森等人，他们硬拉道德观念来讲进化，以人心中希望更好的一部分愿望来解释实在，那的确是错误的。

近代天文学的进步，不但打破了从前统一的宇宙观念，就是以伦理来解说宇
238 宙的观念也被打破了。从前人们以为宇宙的中心是地球，而地球上又以人为最重要；人生以宗教和伦理为中心，故宗教和伦理在宇宙的运行中占据一个重要的位置。这是以人生为标准，并将它运用到宇宙上去。但是，天文学进步以后，知

① 原文为“逻辑的元子论”，现在一般译为“逻辑原子论”。胡适使用的概念“元子”改为“原子”，以下同。——校者

道地球不过是太阳系中的一个小点，我们人在真世界中占据一个极不重要的位置。那么，人生的宗教伦理，怎样才能在宇宙中占有重要的位置呢？

罗素在欧战发生以后对于世界文明感到很失望的时候，在他的文章中有一段讲到人生在宇宙中的不重要性时说，银河在宇宙中不过一小片；在这一小片当中，太阳系又是极微细的一个黑点，在这极微细的黑点中，地球这行星真是要用显微镜才照得出的一个小点；在这小点上，有许多碳水化合物构成的污浊东西，在那里跑来跑去忙个不停，想在这很短的时间中延长他们自己的生命，努力杀害人家的生命。在太阳生命中，人的生命固然很短，但还有一个希望；而人们如此互相残杀，也许灭亡得更快一些。这是从地球以外看我们地球上人类的生活。

照罗素讲，人须把人事方面的成见、私见去掉，才可以讲哲学。哲学是纯粹无所为的，属于静想的、关于宇宙真际的知识。科学中，只有数学最不近人事方面，也最近于静想而无所为，故配做哲学的基础。

照他讲，哲学决不能从科学的结果入手，而应从科学的方法入手。科学中只
有数学最纯粹正确，故而数学的方法便是哲学的方法。心理学、物理学等科学所 239
针对的对象，都是万有存在的东西——心理学的对象，便是心理的存在，还是存在，数学与这些存在是完全无关的。数学所讲的只是最抽象最普遍的公式，把存在完全踢开。所以，数学的方法便是哲学的方法。

那些心理学、物理等科学，都是关于存在的个体的，而不是关于普通的、抽象的共相。数学则只有最普遍、最抽象的公式，可以应用到各方面去，而不受这一个体、那一个体的限制。唯用最普遍的、最抽象的共相，才可以讲知识的真相。

这些共相都是关于真的存在，但它们自己却是不存在的。哲学是应用于普遍方面的，故哲学的定理不能以经验的证据来证实，也不能以经验的证据来反证，因为经验是物质性的，而哲学的定理则是普遍的。无论世界如何变化，哲学定理永远存在，因此，只有数学的定理和逻辑的原则配做哲学的基础。

罗素的这个主张，的确是极端的。他甚至把人生哲学上最相反的“爱”与“恨”看作可以相比的东西。他的意思是，在经验上无论有多么重要区别的东西，在逻辑上、哲学上都可以相比，而不再是相互对立的。

罗素的哲学有一个很奇怪的现象，那就是他在伦理学、社会学方面，那是相当激进的，很近于民主的；而他在理论方面，却很有贵族意味——他崇拜理性，看

轻感觉，注重共相，藐视个体，以为理性比经验高得多，与理性派的主张很相近。这是很怪的现状，哲学家中再也找不到第二个人，其理论方面有这样贵族的态
240 度，而实践方面却如此趋向民主。

这个态度，我们称之为贵族的态度，是什么缘故呢？大凡有些不耐烦人事方面琐碎事实的人，都想跳出这凡庸的生活，进入更纯粹清洁的层次。这种态度，由于美术的天性，被叫做贵族的态度。罗素在他的理论方面，就很明显地表现出这种态度。

他在一篇赞美纯粹数学好处的文章里，讲到人的实际生活与理想生活的不同之处。他说：人的实在生活至多不过调和理想与可能；但是，纯粹理性的世界是没有什么可调和的，没有什么东西要限制的，对于人类创造性的活动和高尚的希望是没有拦阻的。这个纯粹理性的世界，远远地高出于所有人类的愿望；它广大无边地超出自然贫乏的现象；在那里，人可以为自己建构一个体系化的宇宙，并安居于完美的和平之中。在那里，人类的自由能够得到实现，而现实存在的痛苦不复存在。

在罗素稍为通俗一点的著作中，我们常常看到他的悲观和愁惨的理想。他说：人的生活如一次在黑暗中的长途旅行，四周都是看不见的仇敌；长途中既辛苦，又疲倦；人向着一个目的走去，但是达到的希望渺茫；如果他达到了，他也只能稍事休息，并不得不继续赶路。在哲学中，这种悲观主义并不鲜见，特别是在那些认为普遍原则的世界必然超越个人经验世界的哲学家所阐述的哲学中。

我从前引用过詹姆斯的一句话：个体事实最重要、最宝贵。何以许多哲学家都趋于注重共相呢？罗素的气质，我们看起来，与詹姆斯的恰恰相反。他说，共
241 相是安身之所，是我们最高贵的希望的目标。同时，他把神秘的时间概念默许为实在的一个不重要的和表面的方面，他告诉我们，人通过智慧之门的第一步就是：学会在把时间当作是不重要的、表面的思考中寻找真理。

罗素哲学的细节不能在此详讲，以上不过是他对于其他哲学的态度和批评的大概。有人说，世界上真能够懂得数学哲学的人，至多不过20人。我既不是20人之一，我也不能懂得。然而，有一点可以提出来讨论。这些自然科学联系不同的个体和普遍的共相两部分，共相的部分是科学的定理、法则、律令，它们全都是抽象的、普遍的；而科学的对象却是具体的、个别的、个体的事实。自然科学怎样把这两部分联系起来，这是一个重要的问题。

这个问题是近代唯心论(Idealism)发生的原因，也是它有别于古代唯心论的地方。近代爱尔兰人贝克莱(Berkeley)讲唯心论，以为一切外部世界的真知识都不过是基于知觉(Perception)，知觉所包含的不过是感觉(Sensations)。譬如烛，看上去是白的光、黑的心；摸上去是柔软的，油腻的；把许多这样的感觉合起来，就成为有关蜡烛的知识。此外，也许还有真的本体，但是不可知，即便知道也没有关系。种种感觉之和就是知识，本体不本体则是没有问题的。

自然科学的进步，似乎支持了这种讲法。原子、分子的运动都是物质的真实，而我们懂得的一切性质，不过是动作的效果。但是，唯心论者否认物质的存在，以为原子、分子不过是我们意向上、心理上假设的效果，所以也是主观的。

我讲这一段话，并不是要提到唯心、唯物的问题，只不过是想讲明辩论之点 242
在什么地方。罗素也解释说，数学家提出原子、分子来，与个体事物的存在有什么关系——怎样可以使用算式表示原子、分子与感觉中直接见到的材料有关系呢？

罗素承认知识的起点是感觉的材料，但他并不是唯心论者。他解决问题的方式，很像近代[1]哲学家莱布尼茨(Leibniz, 1646 - 1716)的“单子”[2](Monad)的观念。每个人的感觉代表了不同的观点，有个体真实存在。每个“单子”都有自己的观点，每个人都有自己的宇宙。

罗素以为感觉的材料都是个体的观点，个人观点不同，知觉也不同。但是，罗素的知觉有实际的存在，例如桌子，我从上面看下来是一个样子；而各位从下面看上来，又各有不同的样子，没有两个人的知觉是相同的。按照罗素的主张，桌子并不只此一张，这样知觉便有这样的桌子，那样知觉又有那样的桌子，各人有各人的桌子。莱布尼茨的“单子”，即意味着各有各的观点，各有各的世界。用数学科学来与他们沟通一下，也许你的桌子与他的桌子是一样的东西，一个体系化的宇宙就能够开始被组织起来。其实，各人都有各人的宇宙，其所以能交流，都是逻辑、科学和数学的功劳。

柏格森有一段文字，讲到人的智慧不配懂得真正的存在、变化、真的时间，故而他把真正的存在分割成片断。用电影做譬喻：在电影里面，人呀，马呀，车呀，

① 原文为“古代”。——校者

② 原文为“小一”，现在一般译为“单子”。以下同。——校者

种种动作，好像是真的，其实懂得它的做法，便知道那不过是一张一张的片子连起来的。知识把实在①割成片断，也是如此。罗素向来是不看电影的，见了柏格
243 森这段文章，特地到电影院去看了一次电影，说柏格森的话真不错，真可比科学家把实在割断了。

但是，罗素虽然承认柏格森描摹这个问题的正确性，而他自己所得的所谓割断却与柏格森的恰恰相反。柏格森以为真的变化是不断的，割成片断是假的。但是，罗素以为动的是假的，片断是真的；个体存在是真的，每个个体都各有宇宙；所以，他自称为“绝对的多元论”。实在是分开的、不相连贯的，全赖抽象的定理使之结合而组成一个连续的宇宙。宇宙的建构是科学的功能，它并非本来如此。

这是一种极端的个人主义，下次再讲他的人生哲学和政治哲学。

第六讲：罗素（续）

照上次所讲，罗素的哲学，理论方面与实践方面截然不同。这个不同的原因，在于他对理性和经验之间的区别太严格：一方是理性，一方是经验；一方是知识，一方是动作；一方是普遍的共相，一方是个体的事实。这个区分造成他哲学的理论方面和实践的社会方面之显著不同。

这个相当严格的区别，使得他哲学的理论方面和社会实践方面之注重点完全相反：在理论方面，人的知识只能服从于事实；人心对于事实，只取静想的、旁观的态度；犹如镜子，把实在照下来，一如其真。在实践的社会方面，人生行为的方面，就不然了：个体事实不重要，重要的是创作、长进、变化和更新。

244 在理论方面，罗素很看不起“冲动”（Impulse），而在人生行为方面，“冲动”却占有很重要的位置。罗素在实践哲学方面注重“冲动”，这很像柏格森哲学“生命冲动”的重要性。他不愿把“冲动”引进到知识的领域来，是因为他担心这可能扰乱知识的宁静；而在实践方面，他对“冲动”却看得很重要，以为人生行为都不过是一种本能的冲动。

此刻，我们不能详细讨论这理论与实践相反的哲学在逻辑上是否矛盾，也不能详细讨论他的理论方面哪些地方影响到其实践方面，而只能略讲他的社会哲学的几个要点。罗素的理论哲学与其社会实践哲学之间的差别，不仅仅是一个

---

① 原文为“真际”。以下同。——校者

内容不同的问题，而且反映在其广泛不同的写作风格上。他在理论哲学上的文章是根据数学，所以很难懂；而实践方面则很通俗，看的人也很多。

他的社会哲学最重要的有三部著作：一是《社会改造之原理》（*Principles of Social Reconstruction*）；二是《政治的理想》（*Political Ideals*）；三是《自由之路》（*Roads to Freedom*）。这三部著作都写于欧战以后，可以说，它们是直接或间接地受到了欧战的影响而撰写的。罗素看到欧战爆发，受到很大的感动，并把战争看作是人类各种邪恶力量——毁灭的力量、减损生命意义的力量、阻碍生命的发展与创造的力量——结合的结果。要使这种恶势力受到制裁，他希望人类创造、进步能力的进一步发展。这就是他的社会哲学。

我还可以加一句：24年前，即1896年，他出版了一本书，即《德国的社会民主》（*German Social Democracy*）。此书出版在马克思以后，社会民主正处于发展之时。该书的性质虽然差不多纯属记实和历史的，但由此可以想见，当时罗素已有研究社会问题的兴趣了。

现在讲到他的实践哲学细节，我们可以拿他的理论哲学来作比较。罗素的 245
理论哲学基于最普遍的数学，他看不起个人心理学，以为它不重要；但在他的实践哲学里，却又很看重心理学，以为一切制度都起源于心理学的基础，与本能的冲突趋向有重要的关系。他不但根据心理学，而且用心理学做标准，去批评一切制度，看它是否引起高级冲动，抑或压制高级冲动，从而引起低级冲动。

罗素承认，人的心理有三个重要的部分：（一）天性（Instinct）；（二）心或知识（Mind）；（三）精神（Spirit）。

天性的生活，包括一切自然的冲动，如自卫、生殖、饥、渴、情欲，因生殖而推至家庭、国家。总之，所谓天性的生活，就是只限于自己或家庭或国家的成功、失败的生活，是低等动物遗传下来的生活。

心或知识的生活，与天性的生活不同。天性的生活是关于人的（Personal）部分，而知识的生活，则关于非人的（Impersonal）部分，即抛开个人的利益，专求普遍的知识。

精神的生活也与知识的生活相同，是超越个人的；不过，超越个人的知识与超个人的感情是不同的。以这个感情为中心，代表的就是美术和宗教。美术以天性为起点，渐渐上去达到感情的层面，宗教以感情为起点，渐渐下来普及于天性的生活。

理想的发展最好是这三部分相互调和，不论是最高的，还是最低的，都向各方面均衡发展。天性这部分供给精力，知识供给一条路，而精神最高则指示目的。有精力，有路，有目的，自然就是最好的了。但是，我们平常总难以做到。发展了这部分，就把另外两部分摧残了，很少有平衡发展的。

246 如天性的生活太发展了，而其他两方面不能同时并进，结果便是野蛮民族的生活。情欲发展，知识不足，自然是不开化，没有达到文明的程度。但是，当用知识生活来补救的时候，极端批评者说，他太偏于天性，结果养成了怀疑的态度，对于世间不能信仰，只有冷酷的批评，而没有热忱、真挚的天性。于是，毅力就逐渐减少了。

罗素以为人类太偏向于知识高度发达的生活，故有几派哲学起来补救，强调协调知识与天性的生活。我们前两次所讲到的詹姆斯的实验主义和柏格森的生命主义，照罗素讲来，都是想调和知识生活与天性生活的，但它们都是错的。罗素以为，他们的错误在于把知识附属于天性。他以为，应该做到普遍的感情(Universal Feeling)不受个人、家族和国家的限制，而以全人类幸福为前提，并以之为目标而奋斗。

何以个人不能充分而全面地发展到最高的境界呢？罗素认为，其主要原因在于社会制度的阻碍。但是，社会对于个人的发展，虽然极力反对和压制，并不要紧，因为无论如何也不能取消他内在的自由。最大、最可怕的原因，在于社会的诱惑和贿赂。例如，一个美术家本可以有创造美术的天才，但因为社会用金钱或名誉使他投降，使他不敢创作，不敢不投社会所好，遂不能做到他应该做到的地步。文学家也是如此，政客尤其如此。罗素最憎恨政客，以为政客没有一个不投降社会的；投降以后，又继续安然去做社会所好的事情去了。这个引诱、收买
247 和贿赂，可以使人的内在自由死去，永远没有发展的希望，这比反对和压制等障碍要可怕得多。

为什么这些引诱、收买和贿赂可以妨碍个人自由的发展呢？因为社会的组织摧残个人创造的冲动，而鼓励他占据的冲动。人类的活动可以分为两种：一种是创造的(Creative)；一种是占有的(Possessive)。故而天性的冲动也有两种：衣、食、货物等，一个人有了以后别人就不能有的，关于这些的冲动就是占有冲动；还有，科学家发明新的科学定理、新的东西，不想个人私有，却是分诸大众的，关于这些的冲动就是创造冲动。社会的组织没有不鼓励人去做占有冲动而摧残

创造冲动的。

罗素分冲动为创造的和占有的两种，这个根本观念在他的社会哲学中最为重要，可以说每一篇都是这个观念的应用。他把这个观念应用到社会一切制度上去，看哪一种制度发展哪一种冲动。他认为国家和私有财产的两个观念都是不对的。

现在看来国家财产所有制和私有财产所有制对于我们的社会运行来说，都是不可或缺的。罗素以为，这两种制度都是提倡占有冲动的。简单地说，罗素把社会主义和无政府主义的精义搜集起来，再用他的根本观念连贯起来，形成他辩论的基础。如财产，本以占为己有为中心。如国家，对内保护私有财产，帮助富人而压制贫人；对外则利用国家的势力欺凌弱小的民族，发展帝国主义。

刚才说过，罗素受欧洲大战的刺激，以为战争是一种恶势力——破坏的势
力——的表现，战争可以证明国家财产所有制和私有财产所有制这两种制度的
破产。私有制会引起工商业的竞争、海上陆上殖民地的开拓、帝国主义的发展； 248
而国家制度保护私有财产，就会摧残个人自由，不让他有理性，而只受国家势力
的压制和指挥。这两种制度的坏处，在欧战中完全表现出来。

除了这两种制度以外，教育、家庭和宗教三种制度应该可以鼓励创造冲动了，但事实不然，不但不让创造冲动自由发展，还为占有冲动所侵入，并受其影响而至于堕落。教育本应提倡发明和冒险，是创造的，而结果则是提倡占有；财产制度侵入，使教育不能自由发展，而反过来维持现状。教育的目的，只是要人服从，守规矩，就范，不许他创造的一部分自由发展！

现在教育的目的不在于提倡思想而在于提倡信仰。这是什么缘故呢？因为
教育制度受了财产制度的支配，教育者的心理只恐怕有独立的思想来破坏捣乱。
创造的教育，应该鼓励冒险的兴趣。罗素说，人类怕思想，比怕世界上什么事件
都厉害，比怕死、怕灭亡还要厉害。思想是倔强的、革新的、破坏的、可怕的；思想
对于特殊的权力、已成的制度、适意的习惯，是无情的；思想是无政府、无法律、不
怕权威的；思想是伟大的、敏捷的、自由的，是世界的光明，是人类最大的荣耀。
创造的教育，不应该只是保护过去，而在于希望创造一个更好的将来。罗素利用 249
这个创造的和占有的两种冲突的根本观念，不但批评现有的制度，还批评社会改
造的计划。他对于种种计划都有批评，没有完全赞成的。他对于社会主义的批
评是：

第一，这分明是一种经济的哲学。大凡批评工业制度，有四个重要的标准：(1)是否有最多的出产品；(2)出产以后，分配是否较为公道；(3)出产者是否得到公平的待遇；(4)最为重要的是，是否会引起物质方面的发展，尤其引起精神方面的发展与进步，并且有生气。用这个标准，我们可以批评任何工业的制度；只有第一步的，唯希望出产的更多，固然简直是发疯；但社会主义也不算彻底，资产平均，只可以说做到了二、三两步，第四步还是没有做到。

第二，社会主义实行，一定会增加国家的权力。而国家是罗素所反对的，它是压迫个人、不使个人自由发展的一种制度。

罗素的破坏方面，已大略讲完了；他的建设方面没有什么独立的意见，大概折中各派社会主义的主张，略加选择。例如土地、矿产和交通收归公有，这是他所赞成的；互助协济的计划、公共买卖消费，也是他所赞成的。他还赞成工团主义、商团主义，并主张行业自治、管理制造出产等计划；国家不过是一个保护人们权利的判官；国家之上，还有世界的联邦，不许国家乱用威权压制本国的人民。

詹姆斯、柏格森和罗素这三位现代哲学家，不但他们的文章著作与我们同时，就是他们的意见也代表着我们时代的精神。表面上，罗素虽然与前面两人不
250 同，其实不同之处仅仅只是表面。倘若先从罗素的社会国家方面入手，看他的主义，与詹姆斯、柏格森实在没有什么区别；与两人相同，罗素也主张创造、长进、变动和更新。罗素虽然批评詹姆斯想把天性附属于实践生活，而他自己也用知识包括普通的感情。不过，詹姆斯比罗素更为妥当：罗素以人类全体为前提，而詹姆斯则注重个人。詹姆斯没有抽象的人类概念，而是个人对个人的生活。

总结起来，三位哲学家都各有贡献。詹姆斯主张一种靠得住的将来，它是活动的、可以伸缩的，是由我们人类自由创造出来的。所以，他的主义是一种激进的自由主义，各人都可以自由地创造出一个未来世界。这是詹姆斯的贡献。柏格森的直觉就是对于自己创造的未来有一种新的感觉，这种感觉绝不是用推理计算可以得到的，而在于我们有一种信仰，有向前的冲动。这是柏格森的贡献。罗素主张用广大的、普通的、不偏于个人的知识来补救直觉的不足，使人类往前冲动时有一种指示。这是罗素的贡献。

杂　　记

布尔什维克主义在中国[①]

调查报告

中国北京，1920 年 12 月 1 日

我亲爱的考尔·缀斯代尔(Col. Drysdale)： 253

我现在就回复你的询问：我没有看到布尔什维克主义(Bolshevism)在中国的直接证据。去年五月一日，我抵达上海。在此后的一年半里，我去过九个省，包括各省省会。虽然大部分时间是在北京度过的；我还去过上海四次、杭州两次。我确信，布尔什维克主义在中国是不存在的，因为我与那些有时被称作布尔什维克主义者的教师、作家和学生一直保持着密切的联系，尽管他们的社会与经济观念事实上也的确是相当激进的。

这个国家的学生团体大体上都是非常反对中国的旧体制与现存政治状况的。他们尤其反对他们的旧式家庭秩序。他们厌恶政治，而同时共和党人在信念上也断定 1911 年的革命[②]是一个失败。因此，他们认为，在民主政治稳固建立起来之前，必须有一场理智的转变。他们在年轻的教师中拥有坚强的、有影响力的领导者。然而，绝大多数教师在观念上仍然是相当保守的。众所周知，中国的学生团体无纪律，他们积极插手于学校经营、罢工，并要求解雇教师，等等。这不是什么新鲜事，在日本只是程度稍轻而已，尽管那里存在着巨大的政治压制。

所有这些事情都使得学生们非常倾向于新观念，倾向于社会和经济的变化方案。虽然他们几乎没有什么经验背景，但他们欢迎任何观念，只要是新的，与 254

---

① 本报告于 1920 年 12 月 2 日由美国驻中国大使馆的武官收到，报告在 1960 年 7 月 22 日由美国国务院解密。首次公开发表于《杜威的新闻书信》(*Dewey Newsletter*) 1972 年 6 月 7—10 日。

② 即辛亥革命。——译者

事实上已经存在的不同就行。他们实际上都是社会主义者，有时也自称共产主义者。许多人认为，俄国革命是一件非常好的事情。所有这些，可能看起来或多或少是布尔什维克的。但是，它根本没有受到俄国的鼓舞。虽然我试图追索所有的谣言，我还是没有听说过什么布尔什维克主义鼓动家。在南方，有人说他们在北方；在北方，又说他们在南方。我不怀疑在中国确实有一些这样的人，但是我确信，他们人数不多。而且，我绝对相信他们与这个国家激进思想的普遍氛围与气质无关。两个月前，在北京有一个学生因为传播“布尔什维克主义”文学而被捕。我调查发现，他实际上是无政府主义的，而不是布尔什维克主义的，因为他倡导废除政府和家庭。

然而，如果运动实际上是危险的，那么，它是否受到俄国的鼓舞或者指导就没有多大关系了。事实上，它只是学校男生的狂热而已，是理智和感情上的，而不是实践的。它是被政府的腐败无能以及前内阁的亲日态度激发起来的；它是中国从旧状况向新状态转变的征兆。它大多是相当愚蠢和肤浅的，但是，也反映出学生们在开始思考社会与经济的问题。这对于未来是一个好的迹象，因为这表明他们觉醒了，并认识到宪法与政府的仅仅纸面上的变化并不会对中国有任何帮助。激进的思想由于战争的缘故而得到了加强，但是，它一直伴随着这二十年的新运动。1901 年或 1902 年被中国革命采纳的第一个平台是社会主义的，国民党——孙逸仙创办的革命党——的计划也是如此，直到它被袁世凯解散为止。但是，在这个国家，没有一种力量能带来一个社会革命或者任何类似的东西。农民仍然是高度保守的，他们占人口总数的 90%，其中有相当多的佃农，但更多的是家庭资产所有者。一个经受着像北方那样饥荒的农业国家没有暴乱或混乱的爆发，这说明它比地球上其他任何国家都更少有布尔什维克主义的危险。
255 而且，工业主义才刚刚开始。况且仍然只局限于上海和其他五六个城市。在这少数几个城市之外，没有任何不满的“无产阶级”可以号召起来。而在这些城市，虽然工会正在形成，但人们最感兴趣的还是他们的工资。他们没有受到巨大经济变化的观念的影响。几周前在长沙，我受邀参加一个组织劳工联合会支部的会议。会议上，实际没有一个散工、劳工，主要是商人，还有一些学生。这更像是国内的[1]某些市民福利或者慈善机构，而不是什么劳工党，虽然这个会议是由一

---

① 指杜威的祖国，美国。——译者

个从上海来的代表国家的组织者召集的。因而学生即使想要开始一个实际的运动，也没有工作的对象。他们也仍然太过理论化，不能成功地从事实际的运动。虽然他们在两年前相当成功地攻击了某些腐败的皖系派官员（Anfuites）[①]，但是，强烈的流行意见伴随着他们。而目前，即使他们在政治上的影响——如果说在任何地方，他们还有一些实际影响的话——也是非常微弱的了。我想，大多数与他们有接触的外国人都希望他们更加积极一些，更希望他们能够开始什么行动，而不是只说不做。

整个事情总括起来说，就是：知识阶层在信念上是激进的，对所有社会改革的计划也都很感兴趣。但它毕竟是一个规模较小的阶层，产生的实际影响很小，而且也不大注重自我组织以获得更大的影响。作为一个对实际还在进行着的事情的关注，布尔什维克主义的整个社会与经济的背景还是贫乏的。随便找十个受过教育的、非官僚阶层的中国人（在皖系派政权时期试图通过称他们为布尔什维克分子而阻止学生运动），或者十个与中国人有接触的外国人问问，你就会得到同样的回答。许多人希望来一场政治革命，以推翻当前的官僚阶层，从而有一个新的开端。可能有这种剧变，那些不喜欢它的人称之为布尔什维克主义者的剧变。但是，恐怕它不会很快到来，而且一旦它真的到来，也将局限于重做那些在 1911 年宣称要做的事情。

你诚实的
约翰·杜威

---

① 北洋军阀时期有两派，即直系与皖系，杜威分别用“Chili faction, Anhwei faction”来表达。——译者

25 年之后看改造[①]：1948 年《哲学的改造》再版导言

I

256 这本书中的文字是在大约 25 年前写成的——也就是第一次世界大战之后不久，文本未经修改就付梓了。本导言就是依据那个文本的思想而作的。另外，我写作这个导言，也是基于这么一个坚定的信念：这些年所发生的事情已经创造了这样一种形势，在这种形势中，对改造的需要比起写作这本书的那个时候显得更加广泛而紧迫。更具体地说，我相信，当下的形势更清楚地表明了所需的改造必须集中在什么地方，新的细节发展必须前进的方向。今天，"对哲学的改造"这个题目比《哲学的改造》更为合适[②]。因为，这(25 年)期间所发生的事件鲜明地表明了本书基本假定的内涵，这个基本假定就是：哲学独特的职能、问题和主题是从共同体生活中的压力与紧张而来的，正是在这种共同体的生活中，才产生出了某种独特的哲学。因此，这种哲学中独特的问题将随着人类生活的变化而变化；生活的变化永不停息，这种变化也就不停地在人类的历史中产生危机和转折点。

第一次世界大战对早期的乐观主义来说，是一个强有力的震撼。那种乐观主义曾经普遍地抱着这样一种信念：持续的进步必将导致不同的民族与阶级之

---

① 首次是以《哲学的改造》重印版的导言发表的(波士顿：灯塔出版社，1948 年，第 5—11 页)。

② 原文是：Today Reconstruction of Philosophy is a more suitable title than Reconstruction in Philosophy。——译者

间的相互理解，并且必然走向（全世界的）和谐与和平。今天，那种震撼令人难以置信地更加强烈了。不安全感与各种争端非常普遍，社会上弥漫着一种对不确定性焦虑的悲观态度。因未来生活而感到的不确定性，已经给我们当下生活的方方面面涂上了一层沉重而忧郁的阴影。

哲学是否有能力解决这个时代的重大问题呢？对此，今天在哲学上已经很 257
少有人能表现出足够的信心了。这种信心的缺乏，表现在人们只关注于各种技术方法的改进，或者对过去体系的反复推敲。这两种兴趣在某种程度上都是情有可原的。但是，对于第一种情形来说，技术方法倾向于不断改良和精化出更加形式化的技巧，然而，改造的方式是不应该牺牲实质内容而只关注形式的。关于第二种情形，（改造）不能仅仅通过增加有关过去的、对现在困扰人类诸多问题没有启发性的广博学识来进行。我们可以毫不夸张地说，当刚才提到的那两个话题中的兴趣成为主流时，哲学从当下的现实情境中越来越明显地退缩了；这本身就表明，人类生活的其他方面所存在的混乱和不安到了什么样的程度。的确，我们可以进一步说，这种退却表明了以前的各种（哲学）体系对于当前的困扰不能提供出什么有价值的东西，这些体系的确存在这样的缺陷：渴望寻找某种固定不变的、确定的东西，从而（为人类的心灵）提供一个安全的避难所。一种与当下相关的哲学必须解决从变化中产生出来的问题，这些变化发生得越来越快，所涉及的人文-地理范围越来越大，渗透得也越来越深；这个事实清楚地表明，（我们的哲学）需要一种非同寻常的改造。

当一种与此相似的观点在前文以及下文中被向前推进时，它一直被批评为是一种对于过去伟大体系的“敌对态度”（a sour attitude），这是由一位温和的批评者提出来的。因此，当我们说，对过去的哲学体系的批评，不是针对这些体系与它们所处时代与处境的知识与道德问题的相关性，而是针对它们与变化了的人类处境的相关性，这时候，这种说法就与所需要的改造的主题相关了。那些使得伟大体系在其自己的社会文化语境中受到尊重和羡慕的东西，从长远看，正是使那些体系脱离现今这样一个世界的原因：这个世界的主要特征已经发生了很大的变化，我们可以从过去几百年来谈到的“科学革命”、“工业革命”和“政治革
命”看到这种变化的程度。就我所能看到的来说，只有我们深思熟虑且批判性地 258
注意到改造工作所置身于的、并与之相关的那个背景，才能提出改造的要求。这种批判性的关注远非一种轻视的标志，对于发展一门哲学的兴趣而言，它是不可

缺失的一部分。这门哲学将为我们的时代和处境(time and place)去完成过去那些伟大学说在其文化媒介中,以及为这种文化媒介所做的事情(过去的那些体系正是在这些文化媒介中兴起的)。

还有一种批评与上面的讨论相似,即关于哲学的工作和职能,这种批评还停留于对那些能够被"理智"所完成的事情的浪漫主义夸张上。假如"理智"这个词被当作过去时代一个重要学派所称为的"理性"或者"纯粹理智"(pure intellect)的同义词使用,那么,这个批评就是非常有道理的。但是,这个词意指某种与那被认为获取终极真理的最高机能或者"功能"完全不同的东西。它意指一种一直在发展壮大的观察、实验和反思推理的方法;这些方法在非常短的时间里,对生活的自然的条件①、在相当程度上也对生活的生理条件进行了革命;但是,这种方法本身明显而基本的人文性的因素还没有被开发应用。即使在探究自然的领域里,它还是一个新手;而在人文情境的各个方面,它还没有得到发展。要采取的改造,不是那种把"理智"当作某种现成的东西来应用的事情;而是要在任何人文和道德主题的探究中引入这种方法(观察、理论假设和实验测试的方法),正是通过这种方法,对自然本质的理解才达到其当前的程度。

就像那在科学探究存在之前发展起来的认知理论,不能为一种基于当前实际探究行为的认知理论提供范式或者模式一样,早期的体系反映了自然世界的前科学观念、前技术的工业状况,以及它们学说成型时期的前民主的政治状况,因此,它们也不能为当前的探究行为提供认知理论的范式。古希腊、特别是雅典(正是在那时候,欧洲古典哲学得以塑造成型)的实际生活条件,在知与行之间设
259 置了一个显著的区分,这个区分被概括为理论与"实践"的完全分离。在那个时候,这个区分反映了某种经济结构,其中"有用的"工作大多是由奴隶来完成的,自由人从劳动中解放出来并由此而"自由"。显然,这样的状况也是前民主的。然而,在工业生产衍生出来的工具和过程成为观察和实验行为(这是科学认知的核心)所不可缺少的条件之后很久,在政治事务中,哲学家们还保持着理论与实践的分离。

显而易见,现在需要实行的改造的一个重要方面,与知识理论相关。其中,这个理论的主题需要发生一个根本的变化;新理论将考虑认知(也即有效的探

① physical,也可译为自然的。在杜威这里,physical 与 natural 基本可互用。——译者

究)如何展开,而不是假设它必须与由某种有机体机能独立形成的观念相符合。而且,尽管在刚才所指的那种意义上用"理智"(intelligence)替代"理性"(reason)是所需变化中的一个重要因素,但改造并不仅限于此。至于所谓"经验的"知识理论,尽管拒绝了唯理论学派的立场,但仍然按照它们所认定的所谓知识的充分必要条件来进行论述,使认知理论迎合于预先形成的有关"感觉-知觉"的信念,而不是从科学探究的活动中引出这种感觉-知觉来。①

人们将会注意到,面对上文中提到的批评我的目的首先不是为了回应批评,而主要是论证改造为何紧迫而必须,其次是说明哪些地方需要改造。因为改造工作只能认真考虑以往的体系如何,以及在哪些地方蕴含了当前改造的必要,它并不承诺去发明和发展一种与当下为哲学观念和问题提供材料的状况相关联的哲学。

II *260*

哲学从人类事务中产生,并且意在为人类事务服务,这一点已经说过了。进一步说,这个观念蕴含着这样的看法,即对这个事实的认识,是现在所需要的改造的一个前提条件;但是,它并不仅仅意味着,哲学应当在将来与人类事务中的危机和紧张相关联。因为从哲学所发挥的实际效果来看(如果不是从哲学作为一门职业来看),西方哲学的伟大体系都被认为是如此激发而产生出来的。荒谬的是,这些体系声称它们对其所从事的东西总是充分了解的。它们在公众的面前,把自己的任务看作是去处理那些命名为存在(Being)、自然或者世界、作为全体的宇宙、现实、真理的事物。然而,不管使用什么名称,它们都有一个共同点,即都被用来指称某种被认为是固定不变的东西,是超出时代的永恒的东西。它们也被认为是普遍的、无所不包的事物,这时候,这个永恒的存在就被认为是高于并超出空间上的所有变化了。在这件事情上,哲学家们以一种概括的形式反思了流行的信念,这种信念认为,事件(events)是发生在无所不包的时间与空间之内的。一个熟知的事实是,开启了自然科学革命的人们认为,时空是彼此相互

① 心理学理论在这一点上的明显不足,参与了已经提到的形式主义的发展。不是利用这个不足作为心理学理论改造的根据,而是这个有缺陷的观点被当作心理学而接受下来,因此被用来作为一个关于认知的"逻辑"理论的根据。这个理论完全排除了所有涉及知识发展的实际道路。

独立的，而且独立于存在的事物和在时空中发生的事件之外。我们假定了隐藏在事物背后的不变的东西，例如，空间和时间以及永恒的原子。这个假定主宰了“自然”科学。所以，我们不必奇怪，这个假定以一种更概括的形式成为哲学上的假设，是自然而然的；我们也不必奇怪，这个假定必然建立自己的结构体系。几乎什么也不认同的哲学在这一点上却是共同的，即，它们都假定哲学所要关注的是去追寻终极不变的、与空间和时间无关的东西。在自然科学的领域里，在道德标准和原则中，最近有了新发现。自然科学自身的发展迫使它放弃固定物的假
261 定，承认对它来说是普遍的东西，其实就是过程。但是，直到最近，这个事实在哲学领域中仍然只是作为一种流行的意见、一个技术的事实，而不是一个最具革命性的发现。

人们通常假定，道德需要永恒的、超时间的原则、标准、规范和目的，唯有如此，才能防止道德混乱。但是，这个假定已经不能诉诸自然科学的支持了，也不能通过科学来作辩护，道德（在理论上和在实践上）可以脱离对时空的考虑——也即变化过程。情绪的（emotional）——或者感情的（sentimental）——反应毫无疑问会否认这个事实，并拒绝在道德上使用现在已经进入自然科学中的立场和观点。但是，不管怎样，科学和传统道德两者之间，在按照各自的角度看什么样的东西是永恒不变的这一点上，一直是格格不入的。于是，在科学的“自然”主题和道德的“自然之外”的主题（如果不是超自然的）之间，形成了一条深广的不可跨越的鸿沟。一定有许多思想深刻的人，被这种分裂所带来的后果深深地困扰；他们将欢迎一种观念上的变化，这一变化将使自然科学的方法和结论能够应用于道德的理论与实践。我们所需要的改变，就是接受这样一个观点，即道德所探讨的问题也具有空间和时间上的性质。考虑到各种道德理论的纷争及其公共尊严的丧失，在这里所需要的牺牲对于那些不受已经成型的制度利益影响的人来说，似乎并不构成威胁。哲学的事业建立在永恒不变的事物的基础上，但正是这一职能和主题，而不是其他什么东西，致使它因为自己的骄傲自大而越来越失去公众的尊重和信任。因为它所要从事的工作现在被科学驳倒了，它只能从旧制度那里获得有力的支持，而那旧制度的权力所能得到的威望、影响和收益得依靠旧秩序的维持。而就在这个时候，人类状况如此纷乱不安，它比以往任何时候都更加紧迫地需要对那些历史上的哲学所做的事情进行广泛而“客观的”调查研究。对于那些既得利益来说，维持一种对时空超越者的信仰，以及人类（“仅仅”

是人类)堕落的信仰,对维护一种权威是必不可少的前提条件;这种权威,事实上 262
已经被理解成从上到下全面管理人类事物的权力。

尽管如此,还是存在着一种关系中相对普遍性的东西。人类生活的实际条件和情形在其深度和广度上各有不同。为了弄清楚情形为何如此,我们不需要建立一种已被科学摧毁了的控制理论——这种控制是由来自人类生活之上和之外的自我推动、自我运动的力量实施的。相反,我们在试验观察的时候,使用假设把具体的事实连结在一个更广的时空体系中。这个态度代替了教条主义的态度,并开始在天文学、物理学、生理学等科学的多种领域中发挥作用。属于科学理论中的所谓"普遍性",不是指某种内在的东西,如通常所认为的上帝和自然,而是指一种应用的范围——是这样一种能力,它把事件从其明显的孤立性状态中带离出来,并将其安排到体系中,这些体系(正如所有生命物共同构成的那种状态)因为其中有变化即所谓的"生长"而保持为活生生的状态。从科学探究的角度看,接受某种结论是最终的,只能对其做一些数量上的扩张而不能进一步发展,这样的事情是非常有害的。

在我写这个导言的时候,我收到一份一位英国杰出的科学家最近的演讲稿复印件。他评论道:

> 专就科学来说,科学发现常常有意无意地被看作是创造出某些能够增加到旧的知识体系中去的新知识。这对于那些琐碎的发现来说,是真实的;但对于基础性的发现来说,就不是真实的。例如,力学定律的发现、化学的化合作用的发现、进化论的发现。这些发现最终推动了科学的发展。在新知识创构成型之前,旧知识总要被解体或解构的。①

他继续提出一些特别的实例来说明从沉重的习俗和惯例中解脱出来的重要性,这种习俗和惯例常常推动着每一种人类行动的方式,理智和科学探究也不例外:

> 最先发现细菌的是一位管道工程师,这不奇怪。同样,氧是被一位神论 263

---

① C·达林顿:《康威纪念演讲》(*Conway Memorial Lecture*),见《社会与科学的冲突》(*The Conflict of Society and Science*),伦敦:沃茨公司,1948年。

官员分离出来的，传染病理论由一位化学家所建立，遗传理论由一位僧侣学校的老师所创建，进化论由一个不适合大学植物学或者动物学教职的人所创立。

他总结道："我们需要一个**掌管动乱的部门**(Ministry of Disturbance)，这是一个让烦恼有节制倾泻的地方、一个毁坏常规的地方、一个打破自满的地方。"习俗的常规甚至也常常使科学的探究变得僵化；它阻碍着探究之路，阻碍着富有创造性的科学工作者的道路。因为从职业上说，发现和探究是同义的。科学是一种探索行动，而不是去占有不变的东西；作为观点的新理论，比在数量上增加我们手中已有的储备，更应受到奖励。当演讲者说科学上伟大的革新者是那些"第一个对他们的发现产生害怕和怀疑的人"，这将涉及习俗统治的问题。

这里，我要特别关注针对科学家所说的话对于哲学工作的影响。科学上的假设和哲学上的思辨(常常是贬义的)之间的界限，在新运动的开始时期是脆弱而模糊的——这些运动与"技术的应用和开发"形成对比。当一个新的革命性的世界观最终获得认同之后，它们就自然而然地发生了。在当时的文化背景中，那些现在看来是伟大的哲学家们所倡导的"假设"，与那些已经在科学领域中作出了伟大的(同时也是破坏性的)创新的人们所提出的"思辨"是不同的，因为前者涉及更广阔的领域，具有更广的应用范围：他们的主张涉及的不是"技术性的"东西，而是深刻而宽广的人文事实。观察和处理事物的新方式是科学意义上的，还是哲学意义上的，那时候还没有办法辨别。后来，分类相对来说更容易了。如果其应用的领域是如此的专门、如此的有限，进入这个领域相对来说很直接——尽管表面上会伴有情感的骚动，那么，它就是一个"科学的"事件，达尔文的理论就是这样的情况。当其应用的领域是如此的广泛，以致不可能在某种特定的研究中一下子构成某种可应用的形式和内容，这个时候，它就被认定为是"哲学"的事
264 件。这个事实并不表明其无效性(futulity)；相反，当代的文化状况有效地推动着"假设"的发展，以至于它能够对特定的观察和实验给予及时的指导。正是这些明确以事实为基础的观察和实验，构成了科学。科学探究的历史清楚地显示了，正是在"现代"，探究采取了"讨论"的形式，从科学上说，这肯定不是无用的、无聊的形式。因为就如这个词在词源上所蕴含的，这场讨论是一次革新、一次骚动，它松动了早期宇宙论对科学的统治。这个讨论时期及其带来的震荡标志着

这样一个时代的到来：把那些现在归类于“哲学”的东西，渐渐演变成现在归属于“科学”的东西[①]。“意见之潮”(climate of opinion)并不单单是“意见”，它还是一个文化习惯的问题；这个文化习惯，决定着理智的、情感的和意志的态度。哲学史上的而不是科学史上的伟人所完成的工作，推动了科学运动思潮的兴起，而运动的结果就是取代旧本体论宇宙论的天文学和物理学。

不需要深奥的学问就可以看到，在那个时候，人们把这种新科学看作是对宗教以及和西欧宗教密切联系在一起的道德的恶意攻击。当19世纪生物学发生革命性变化的时候，情况也是如此。历史事实证明，那些“讨论”由于其范围非常广泛而深远，还没有在细节上展开(这正是科学的特征)；但如果没有这项工作，科学将不会是现在这个样子。

III

然而，上述讨论的关键并不在于它与过去的哲学之间的关系，而在于它与改 265
造的工作与主题之间的关系。今日的哲学，需要改造来重新赢得它过去曾有的活力。早期科学史上发生的事情非常重大，以致被称为“科学和宗教的战争”。然而，当把它与现在由于科学更普遍地进入生活之中而带来的情形相比较时，这个名称所指的那些事件就是有限的了，而且几乎是技术性的。科学当前延伸所及，通过教育行为及其提出的问题，通过美术以及工艺令人不安地影响着当代人生活的方方面面，从家庭和妇女儿童的地位到国际和国内交往的政治与经济关系。它们是如此多种多样、如此快速地发展着，以致无法被概括。此外，这些事件给我们带来很多急切需要立即关注的实践问题，以致人们一直忙于应付它们，没有时间对它们作出一个概括的或者理智的观察。它们就像贼一样，在晚上突然降临我们，在我们毫不知晓的情况下俘虏了我们。

因而，改造的首要条件就是提出一个假设来解释这个巨大变化为何如此广泛、深入和迅速。这里提供的假设是：人们在全世界范围里，在生活的各个方面所遇到的危机是由某种混乱造成的；这个混乱的根源在于，由科学研究者在其相

① 值得提起，有相当一段时间，牛顿被归属于“哲学家”一类。对那个主题的划分，仍然按照“自然的”与形而上学的和道德的区分开来。甚至于其追随者，把他对笛卡尔的背离也处理为非物理科学的，而是“自然哲学”的。

对孤独和偏远的被称作实验室的技术工作室里所做的工作带来的过程、物质和兴趣，走进了日常生活。它不再是一个干扰宗教信仰与实践的问题，而是一个干扰短短几个世纪前在现代科学出现之前所建立起来的机构的问题。早期的“战争”不是由于争论中某一方的彻底胜利告终，而是以划分各自领域与权限的折衷形式结束的。在道德理想上，至高无上的东西仍然很陈旧，它们的旧形式基本保持不变。随着新科学的运用在许多实践事务上证明是有益的，新物理学和生理
266 科学也被接受了，人们这样理解：它仅仅处理低级的物质关系，不能进入存在(Being)的较高的精神“领域”。这个“分离”导致了各种二元论，它们是“近代”哲学的主要关注点。在实际发生尤其是最近达到顶点的发展过程中，划分领域和权限的做法实际上完全瓦解了。我们可以从当前那些热烈而富有挑衅性的运动中看到这一点。运动中的人们接受“物质”与“精神”之间的分离，但同时也认为自然科学没有停留于它们所属之处，而是在实际上——并且时常在理论上——篡夺了确立某种态度和过程的权力，这种权力应该属于“更高”的权威。按照他们的观点，当前伴有冲突和焦虑的混乱、不安全、不确定的景象正因此而不可避免地产生了。

在这里，我并不想直接地反驳这个观点。的确，假如它被用来说明哲学改造的中心问题的话，我也可以认同它。因为它通过对比，指出了在现存条件下，理智上、道德上的开放的唯一方向。他们把自然科学看作是当前不可否认的弊端的根源，其最终的结论是认为应将科学限制于某种特别的制度“权威”之下。另一个选择就是广义(generalized)改造，它是如此根本性的，以致不得不通过认同如下说法而得到发展：虽然由于当前“科学”进入我们的公共生活方式中而产生的弊病不可否认，但之所以这样，是因为我们没有采取系统的努力去使基于旧制度性习惯的“诸道德”经受科学的探究与批评。所以，这就是哲学要做的改造工作。为了推进对人类事务和道德活动的探索，改造工作必须进行。这正是过去几个世纪以来的哲学家们，为了提升在人类生活的自然的与生理的各种条件和各个方面的科学探究所做的事情。

哲学需要关注人类现状，重新获得其正在失去的生命力，这一观点的关注重心并不在于否定科学进入人类的各种活动与兴趣存在其破坏性方面。的确，在
267 这里表达的关于哲学中需要改造的观点其关键是这样的：科学对日常生活的关注，也就是对旧事物的敌意性改变，是导致当前人类状况的主要因素。而且，当

人们带着可怕的偏见攻击科学要为它带来的破坏负责,它也应为它忽视了人类自然积累起来的许多重大利益而感到歉疚。这个时候,我们不能通过制作一张人类得失的平衡表并指出得多于失来面对这种攻击。

事实上,事情要简单得多。当前对科学的攻击所依据的前提是:旧的社会习惯,包括社会信念,为科学对社会生活的影响提供了一个足够的且最终的评判标准。那些坚持这个前提假定的人蓄意地否认,在造成今天这样困局的过程中,“科学”是有同谋者的。我们只要稍微注意一下就可以看到,在前科学时代的那些社会事务中(这些社会习惯没有被科学探究转化成后来出现的与科学探究相适应的那些道德原则),科学不是单独地凭空起着作用。

从一个简单的例子就可以看出孤立地看待科学所导致的缺陷和混乱。使用原子核裂变所带来的破坏性后果常被用来攻击科学,但被人们忽略甚至被否认的是,这个破坏性后果只会在战争中出现,而且是源于战争的存在。战争作为一种社会现象,比任何与科学探究相似的人类活动要早千万年。在这个情况下的破坏性后果直接源于以前存在的社会条件,这是非常明显的,用不着争论。但是,这并不证明每一个地方、每一个时候的情况都是如此;不过,它对于我们当前不负责任的、不分青红皂白的教条主义,的确是一种警示。它给予我们明确的忠告,让我们想起那些非科学的社会条件;正是在那些条件下,实践和理论上的道德获得了形式与内容。我们去关注这个不能被否认但却被蓄意忽视的事实,其目的与从一般的角度或从特定情况出发来对科学探究者的工作进行评价的意图,并不是完全不相关的。它是要将注意力引向那个显著的、引起科学探究的事 268
实。科学探究的发展是不成熟的;在人类所关心的事情、利益和主题上,它还没有超出物理学和生理的探究思路。因此,它的作用还是片面的和夸大的。**科学探究进入其中并在其中发挥影响的社会制度条件,迄今还没有受到任何科学意义上的认真而系统的探究。**①

这种社会条件和当前哲学之间的关系,以及和应该进行的改造之间的关系,是这篇导言的主题。在继续这个主题之前,我想就道德的当前状况说一说。我们应该记住的是:“道德”这个词既代表一种与是非好坏相关的社会文化事实,也代表一种在检查和评价具体事实时要依据的目的、标准、原则方面的理论。现在

① 英文原文是斜体的,这里改用楷体表示。——译者

一个简单的事实就是：对属于人类之事务的任何探索都必然进入诸道德的独特领域之中，不管它是否意图如此，也不管它是否知道，它都会如此。当"社会学的"理论基于将会被牵涉到的"价值"与科学的研究没有关系这一点，而从对人类文化中的基本利益、关注点以及活生生的目的考虑中退出来的时候，不可避免的后果就是：对人的领域的探究受制于肤浅的、相当琐碎的东西，无论它展示什么样的技巧。但是，另一方面，如果探究试图以批判性的方式进入完全意义上的人的领域的时候，它就以反对前科学时代巩固起来的各种偏见、传统和制度性习惯的方式出现了。这是因为，宣称道德在其两种意义上都是在现在所理解和实践的科学诞生以前的时代就形成了的前科学的产物，这是同义反复，而不是宣告一个发现或者推论。而且，当具体的人类事务被广泛改变时，我们仍然在事实上拒绝构造一种道德探究的方法，从而使现存的道德（在理论和实践两种意义上）变成了反科学的东西，这种做法是不科学的。

如果已经有理智的立场、观点或者哲学上称作"范畴"的东西作为探究的手
269 段，那么，情况就相对简单一些。但是，假定它们随时能被应用也就是假定，那么，反映前科学状态中的人类事务、关怀、兴趣与目的的理智成果，就足以应付这样一种在极大程度上日益与新兴科学密切相关的人类处境。一句话，它就是决定延续当前飘忽不定和不确定的状态。如果上面的说法能被准确理解的话，那么，在此提出的关于哲学中的改造（reconstruction in philosophy）的观点也就是显而易见的。从这里采取的立场来看，改造的工作可以这样说：完全就是去开发、构造和生产（在这个词的字面意义上）理智工具，它将逐渐地把探究引导到深刻的属人的（也就是道德）当前的人类现状。

第一步，即在大体方向上相同的后续步骤的前提条件，确切地说，就是认可人类当前的情景——无论善恶害益——是现在这个样子，这是因为，植根于自然探究（physical inquiry）中的事物进入日常公共（在普遍与共同的意义上）生活之中。"科学"的方法与结论并不局限于"科学"之内。即使那些把科学想象成一个自我封闭、独立实体的人们也不能否认，事实上，科学并非一直如此。把它看作是一个实体、一种理论上万物有灵论的神话，那些把科学看作是人类当前悲哀之源（*fons et origoa*）的人们犯的就是这个错误。迄今深刻而广泛地渗透进人类实际生活事务中去的科学，是片面而不完全的科学：它在自然方面是胜任的，现在对于生理学方面的状况也日益胜任（从医药与公共卫生方面的发展可以看出

来)；但是，对于人来说极其重要的事情——即那些特别的属于人的、为了人的和由人而来的观念——却还不胜任。那些观察与理解人类当下状态(estate)的各种理论都会留意到生活中存在着的巨大的分裂，这种分裂来源于两种行动的不协调：一种是证明前科学时代的道德并使之永恒化的努力，一种是在突然由科学决定的特定情境下的努力——科学对生活的影响已经越来越广泛了，但科学自身还是片面的、不完全的，因此在发挥影响上必然是片面的。

IV 270

在前面，我们好几次提到17世纪、18世纪和19世纪的那些哲学家们，他们的杰出是因为理清了在理智和情绪上都被吸收进西方文化的那些宇宙论和本体论残余的根基。但是，那些逐渐变革了天文学、物理学(包括化学)以及生理学等特殊探究领域的人们，并没有被看作是哲学家。作为历史事实，哲学家们完成了这样的工作，他们促成了被人们接受的文化氛围和习俗，而这是科学家们开展工作必不可少的前提条件。对此以及它对哲学改造的影响，我还想说的是：在做专门的研究工作时，科学家们设计了一种探究的方法，这个方法范围如此宽广、如此敏锐、如此普遍深入，它提供了某种模式，而这种模式允许甚至是需要哲学来阐述。这种认知方法在运用时可以自我纠正，它既从成功中获得经验，也从失败中吸取教训。这种方法的核心，在于它看到了探究即是发现。在自然科学专门化的、相对技术性的活动中，发现、揭示新事物，遗弃旧事物这个职能被认为是理所当然的。然而，在各种理智活动中，这个职能的重要性是类似的；但是，人们还没有看到这一点：在被分离为“精神的”与“观念的”，尤其是在有关道德的事物上，单单就是“发现”这个观念就会使许多人震惊，而这些人在其特殊探究领域中却把发现这个观念看作是理所当然的。众所周知，当“发现”是科学的和理论的时候，与它实际相关的活动是“发明”；在人类事务的物质方面(physical aspects)，现在甚至有一种方法能够用来概括各种发明是怎么发明出来的。在那些特别是有关人类的事情上，发明很少发生，只有在紧急的情况下才发生。在广泛深远的人类事务及其关系中，仅仅“发明”这个观念就能唤醒恐惧与敬畏，因此发明被认为是具有危险的、破坏性的。这个重要但很少受到关注的事实，被假定为就是属于诸道德作为道德的本质。这个事实既证明了要进行改造，又证明了 271
实施这种改造的极端困难。

最终调和了——而不是完全铲除——早期的科学与传统社会习惯之间的分裂的是一份休战协定(truce)，而远没有达到一体化。事实上，这个协定所使用的方法和一体化毫不相干。它僵化地把人类行动的兴趣、关怀和目的分成为两个“领域”，或者用一种古怪的话来说，是两个“圈子”(sphere)，而不是两个半球(hemisphere)。其中一个被认为是“高贵”的，因而对另外一个而言，拥有至高无上的权限；而另一个被认为内在的就是“低贱的”。那个被认为是高高在上的东西被冠名为“精神的”、理想的，是与道德同一的；而另外一个就是“物质的”，它由新的自然科学方法所规定。由于低级，所以它是物质的；其方法只是适合于物质的以及感官知觉(sense-perception)的世界，而不适于理性与启示(revelation)。这个新的自然科学只能被迫呆在自己的领域里，并只能关注自己的事情，这些领域和事情预先被规定好了。对于哲学来说，其结果就是：它是给哲学带来诸多“现代问题”的各种二元论的温床。这是文化状况的一个反映，这些文化状况正是道德与自然之间分离的原因。这些话代表了一种努力，即一方面去获取把新科学“运用”到日常生活事务中的那些实际好处，如安逸、舒适、方便与能力；另一方面，那些被冠以“精神的”高尚道德的事情则仍然要保持完整的、至高的权威。最终成为人们(正是这些人提出了新方法，并运用这一方法对传统上把自然理解成宇宙的所谓科学论述进行了革命性的改造)最可依赖的同盟者的，是新科学在物质上与功利性的优势，而不是任何对新方法的理智意义——更不要说伦理意义——的认可。

停战维持了一段时间，它所表现出来的平衡显然是不稳定的。这种状态好像要保存一块蛋糕而同时又要吃掉它。一方面，它要努力享受新科学带来的实
272 际的功利性的好处；另一方面，它要防范新科学对传统社会中作为各种规范和道德原则的基础的那些习惯和信念产生破坏性的影响。其所产生的结果是，两者之间的分界线不可能泾渭分明。从整体上看，新科学的使用而产生的结果不断影响到名义上为“精神”保留的价值与行动，尽管这不是刻意的(不过，还是有一批“进步”的哲学家们谨慎地鼓励着这种倾向)。这个影响的过程就是所谓的世俗化过程(secularization)，而从这个运动的发展来看，它被看作是对神圣精神的一种亵渎。即使在今天，那些几乎完全不接受传统教会制度以及与其相关的形而上学的人们，在谈到世俗化的时候，还带有遗憾甚至是歉意。新科学的方法和精神在于“探究”；它必然引起“发现”，因此旧的观点和结论就得让位于新的。要

真正地推广这种精神，我们要抓住的机遇就是去构造世俗化过程的各种因素的形式、内容，以及赋予其权威——这种权威在名义上属于道德，但实际上，那些从前科学时代继承下来的道德已经不再具有这种权威了。这种权威的丧失，体现在旧的人性学说的复兴——用人性的内在堕落来解释道德权威的丧失，也体现在对人类未来的盛行的悲观主义之中。如果人们把以前科学时代的行动与信念为基础的社会传统当成是终极的、不变的，那么，这些抱怨与怀疑就持之有理。然而，如果这些抱怨和怀疑果真是以这个观念为基础的话，那么，它们将对我们建立一种能够实际有效指导道德活动的道德理论提出巨大的挑战——要知道，这些道德活动将会利用现有的资源，为人类的活动和利益提供能够代替原有的混乱且其范围在历史上前所未有的广阔的秩序和安全。

现时最流行的抱怨和宣传主要关于三件事情，它们是：(1)对于自然科学的攻击；(2)这样一种学说认为，人类本性堕落不求助于一个外在于人、外在于自然
的权威，就完全不可能形成代表稳定、公平和(真的)自由而运作的道德；(3)由某 273
些特定社会组织的代表所提出的主张，他们认为，单靠自己就能完成需要做的事情。我在这里提到这件事情，并不是为了要直接地去批评它。我之所以提及它，因为它代表了一种立场，这种立场为哲学从与己无关的冷漠中走出来，指出了一个方向。形成鲜明对比的，是它指向了哲学可以前进的另一个方向：有计划地去观察和陈述在新科学革命影响下的人类未来；做到这一点的前提条件，是坚决而明智地去发展一套建立在现有条件基础上的信念-态度体系、一门哲学。

这个问题实际上是攻击新科学和大范围谴责人性的结果，也是希望全面恢复古代中世纪制度权威的产物；简单地说，即我们是否沿着新条件所指示的方向进步着，或者是否这一点在本质上并不值得信赖，因此必须将它们置于一个外在于人类、外在于自然(至于“自然的”意义则由科学的探究所决定)的权威之下？全面地洞察这种哲学方向上的差异，我们就会认识到，那些号称“现代的”东西仍然没有成型，还不成熟。混乱的冲突与动荡的不确定性说明，新事物和旧事物还没有融合到一起，真正现代的东西还没有诞生。哲学要承担的职责不是去从事实际的生产，这个工作只能由具有良好意愿的男男女女的人们坚决而有耐心的合作行动来完成，由每一种有用的职业来完成，而且还不知道需要多长的时间。那种认为哲学家们、科学家们或者任何一个团体组成一群神圣的牧师以受托这个工作的主张，是荒谬的。但是，就像最近两个世纪里，哲学家们在促进自然探

究上完成了一件必需的、有用的工作一样，他们的后继者们在促进道德的探究上，也将面临类似的工作。那种探究的各种结论自身将会建构成一套完整的道德理论，以及一种以人为主题的实践科学（working science），正如他们的先驱者
274 促进了人类生存的物理和生理的条件的形成和成熟。但是，这一点在构建一门道德人文科学的工作中，将会扮演一个积极的角色。道德人文科学将作为一个必要的前提，改造人类生活的实际状况，从而建立起一种秩序，创建一种比人们现在所能享受到的更加完满的生活。

各种哲学是如何、在哪里以及为什么会适应古代的与中世纪的条件，适应过去这几个世纪的条件？——在这几个世纪中，自然科学在人类场景（scene）中的出现却与人类处理当前事务的理智如此不相关，以致成了一种破坏性的因素。试图揭示这一点，本身就是一项富有挑战性的理智任务。就像早先表明的，改造不是挑毛拣刺或者发发牢骚就可以完成的事情。严格地说来，这项理智工作需要对过去的哲学体系和现在的文化环境之间的关系有一个广泛的学识，正是这些文化环境为这项理智工作提出了问题，并且形成了不同于流行见解的一种新科学知识。而且，当这项理智活动摆脱了前科学、前技术——工业的和前民主的政治时期形成的习惯所施加于它们之上的沉重负担时，它们否定性的一面必然涉及一些价值的全面探究，这些价值属于在最近和当下的科学、技术以及政治的运动中诞生的真正的新东西。

现在，我们常会遇到这样一个日盛的趋势，它反对那种认为科学和新技术要为当前的各种罪恶承担责任的观点。人们已经认识到，作为手段，科学和技术很强大，能给我们提供很多有用的东西。我们现在所需要的是：同样有力的道德上的更新，只有这样，才能更好地为实现真正的人的目的而使用那些手段。这个立场与那种攻击科学和技术在特定的社会上使事物从属于它们的立场相比，的确有了显著的进步。只要它觉察到问题的核心在道德或人文上，那么，它一定会得到认同。但是——至少在我所遇到的情况下——它有一个严重的缺陷。看起来好像我们已经拥有了一套现成的道德体系，为我们使用那些日益丰富的科技手段设定了目的。然而，当我们支配的手段各有不同而把这些手段固执地塞进已
275 经设定好的目的时，是有困难的；实际上，我们忽视了这个困难。但是，着眼于理论或者哲学，比这更重要的事实是：手段（包括单纯的手段）和目的（包括本质上内在的目的）之间的分裂仍然完好无损。因此，实际上，一个重要的可以联系道

德来考虑的问题就被不幸地忽视了，尽管这不是故意的。

从它们的本性来看，目的和手段之间的分裂根源于一个旧时代，在那个时代中，“有用性”的活动是指那些在生理上而不是道德上给人们提供服务的活动；这些活动由奴隶和仆人来完成，而那些从低贱的物质的劳动中解放出来的自由人则享受着这些服务。与这种互相适应的情况类似的是，在今天我们这个新的时代，我们所掌握的资源在质和量上都各有不同，因此，首要的任务就是要为使用我们的新手段找到新的目标、理想和标准。使已经彻底改变了的手段适应至多只是在其固定的范围里被改变了的目的，这在逻辑和道德上都是不可能的。一直持续着的对手段和机遇的彻底的世俗化，已经革命性地改变了我们的生活，扰乱了旧日的生活秩序。只有在我们用清晰的理智和体系建立一套新的目的、标准和道德原则之后，才能促进和谐和秩序，否则，一切都是白费力气(在实践上也不可能)。

简而言之，无论从什么角度来理解，哲学改造的问题之产生都是因为我们想要揭示：那些在科学上的运动，以及相伴而来的工业上和政治上的混乱的、不成熟的运动，该如何完成自己的使命？要想推进这个运动在其方向和动力上顺利完成自己的使命，我们首先需要的是一套人性的、能够用来建构道德秩序的目的和标准。

为了未来，我们需要进行这样的改造，哪怕是局限在哲学的领域之中。我们需要通过改造来完成尚未完成的任务。要想令人满意地列出这个过程牵涉到的
哲学问题，我们必须等到这个方向上的哲学运动超出目前已达到的水平。但是， 276
下面这个重要的问题还没有得到足够的重视，即单纯的手段和自在的目的之间的鸿沟——这是把人分为高等的自由人和卑贱的奴隶的理论后果。行动的、实践的科学已经完全打破这些分离和孤立。科学探究产生了曾经被认为是实践的(在一种低级的功利的意义上)那类行动、材料与工具，并将其与科学探究融为一体。天文台里的工作方式，以及物理实验室里的工作方式，对此就是一个很好的说明。形式理论至今还是远远落后于科学实践理论。事实上，在科学探究中，理论已经不再以最终断言的方式来表达，而是以假设的方式来表达。这个事实在特定的范围以及一般的范围中对道德尚未言明的意义，还有待哲学来指明。因为在那些被看作是道德的事物中，固定不变的、静止的事物仍然占据着主导地位，即使那些道德理论家和道德教条主义者还在为到底是什么样的目的、标准和

原则才是终极的、永恒的、放之四海而皆准的争论不休。在科学上,不变的秩序已经不可避免地成为“过程”中相互联系的一种秩序。要想发展可用来探究人文道德的一套工具,对哲学改造来说,最紧迫的任务就是系统地探究“人类”发展的进程。

现在就来关注只有在后面的文本中才能提出来的某些流行的错误观点,还为时过早。我想明确得到的结论,也就是在这个导言的前文中反复提到的那个观点。一直受到质疑的是:这里提出的哲学的职能和主题,会使那些认同它的人们以为,哲学所做的工作,也就是那些所谓的“改革者们”(不管是贬义还是褒义)所做的工作。在字面意义上,“再-改革”和“再-改造”[1]有着密切的联系。但是,这里提出的“再-改革”或者“再-改造”,严格说来是这样一种理论,即它的范围非常广阔,足以成为哲学。在一种被改造了的哲学中,我们需要做的事情之一,就
277 是说明为什么在理论和实践之间的鸿沟不再存在,因而像霍尔姆斯(Justice Holmes)这样的人就可以说,理论是世界上最具实践性的东西,无论好坏。一个人的确可以希望,这里提出的理论的事业将承担解决实践问题的责任,而且是一劳永逸的解决。但是,这个成就是人类作为人的功劳,而不是他们以任何专门的职业能力所能获得的。

---

① 杜威在这里使用“re-form”和“re-construction”,而不是“reform”和“reconstruction”,以表达“再”(re-)的意义,即重新构造、构成一种新哲学的愿望。故而译为“再-改革”、再-改造。——译者

注　释

14.31　S——E——P］这可能是杜威或者《日晷》(*Dail*)杂志编辑对《周六晚报》(*Saturday Evening Post*)这个刊物名称的缩写，后来在《人物与事件》重新发表时给出了说明。[①] 278

22.21　Consortium］联盟，美国竭力维护门户开放政策，从而导致1901年国际银行联盟的形成，并为中国所有的铁路提供贷款。后来，美国在1913年以中国政府管制权的完整性遭到破坏为由退出了联盟，从而变成为其他国家对中国各种资源进行操控的一个平台。

① 这个注释已经在前面正文相应部分以脚注形式给出。同页下面的另一个注释亦然。——译者

文本研究资料

文本说明[①]

《杜威中期著作》(1899—1924)第 12 卷包括杜威自 1920 年起完成的 19 篇作品。 281
这是杜威在那一年除了《来自中国和日本的书信》之外的所有写作。这些书信没有收录进来,因为它们是私人信件,其中有的是爱丽丝·奇普曼·杜威(Alice Chipman Dewey)写的,而且全都是由伊夫琳·杜威(Evelyn Dewey)编辑的。

第 12 卷的 19 篇中有 11 篇是论文,它们都曾在杂志上发表过。此外,本卷还包括一本书,即《哲学的改造》;其 1948 年再版的导言,也收录在此卷的杂记部分。其余各篇是 6 个演讲(其中 4 个以前没有发表过,它们是杜威在国立北京大学所作),以及一份关于中国的调查报告(它在 1960 年已由美国国务院解密)。在此出版之前,所有这 19 篇作品,不管发表过还是没有发表过,其唯一的权威形态必定是作为范本(copy-text)出现的。

虽然某个单一文本的存在消除了范本的问题,但是,有关这 19 篇中几篇的缘起与接受的注解,将澄清杜威在这具有创造性的一年中的写作习惯与行为表现。与此同时,它们也为这些写作与杜威其他作品之间的关联提供了洞见。

在 1918—1919 年之间,作为一个休假年[②],杜威从哥伦比亚大学启程出发前往东方,开始了他那愉快的私人之旅。他在日本和中国进行了广泛的巡回演说和两年的教学,于 1921 年结束了这个行程。就在他 1919 年离开旧金山前往日本之前,东京的帝国大学通过电报邀请他去演讲。在抵达横滨港的顺宇丸(Shunyu Maru)之后,杜

① 这是布瑞基特·A·沃什附加的注释,在精装版和电子版中都有。此外,注释序号与原文不同,原文按照顺序连续编号,而这里每页重新编号。——译者

② "Sabbatical leave",美国大学老师每七年一次的休假年。——译者

威接受了记者采访。他说，还没有确定系列演讲的总主题，“在与大学里的人协商之前，让这个问题保持开放”。①

282 在与帝国大学哲学系的成员商量后，杜威在1919年二三月间开始着手一系列的公开演讲。他的“关于‘哲学改造的问题’的8个演讲提纲”，出现在《杜威中期著作》第11卷的第341—349页。在这些演讲中，杜威“试图通过总体性地对比古典哲学来评论现代精神”②的努力变成了《哲学的改造》的内容，它由亨利·霍尔特出版公司(Henry Holt and Company)于1920年初公开发表。

杜威在向他哥伦比亚大学的同事文德尔·T·布什(Wendell T. Bush)就这个即将出版的出版物所写的书信中说：“我认为它有一个优点，那就是它在相当程度上摆脱了哲学的派系偏见……我正在试图改变某些早期演讲的次序。”③在《哲学的改造》出版之后，杜威从远方跟踪这本书的进展情况。应父亲的要求，伊夫琳·杜威在1921年2月给霍尔特写信，寻问这本书的销售情况以及出版商的计划；亨利·霍尔特出版公司的林肯·麦克威夫(Lincoln MacVeagh)回复说：《哲学的改造》“目前已经售出了1500本……此外，我们还将英国(英语)的版权卖给伦敦大学出版社，并给他们提供一套复制图版……我们获得了极高的称赞评论”。④

的确，杜威对观念改造的理解，受到了东方文化渴望新颖观点的热情和好奇心的鼓励和影响，并获得了热烈的评论。⑤ 支持杜威的评论认为，他的历史分析锋利有力，为首的是博伊德·H·博德(Boyd H. Bode)的《民族评论》(*Comments in Nation*)
283 这本杂志，它把《哲学的改造》作为一份奖品送给订阅这份杂志的人。博德说：“论述

① 乔治·戴奎真：《约翰·杜威的一生与精神》(*The Life and Mind of John Dewey*)，卡本代尔：南伊利诺伊大学出版社，1973年，第187页。

② 杜威：《杜威给文德尔·T·布什的书信》(*Dewey to Wendell T. Bush*)，1919年8月1日，《专集》，纽约：哥伦比亚大学，巴特勒图书馆。

③ 同上书。

④ 麦克威夫：《麦克威夫给伊夫琳·杜威的书信》(*MacVeagh to Evelyn Dewey*)，1921年2月25日，亨利·霍尔特档案，普林斯顿大学图书馆。

⑤ 这些评论出现在如下条目中：*A. L. A. Booklist* 17(1920)：92；John Adams，*Bookman* 60(1921)：141 - 142；Ralph Barton Perry，*Dial* 70(1921)：454 - 457；Horace M. Kallen，*Freeman* 3(1921)：140 - 141；Clara Millerd Smertenko，*Grinnell Review* 16(1921)：378；Boyd H. Bode，*Nation* 111(1920)：658 - 660；Arthur S. McDowall，*New York Evening Post Literary Review*，13 November 1920；Victor S. Yarros，*Open Court* 37(1923)：596 - 604；George P. Adams，*Philosophical Review* 30(1921)：519 - 523；*Springfield Republican*，20 January 1921；Harry T. Costello，*Yale Review* 12(1923)：407 - 410.

的简洁与透彻，使得这本小册子的重要性与其厚薄完全不成比例。”[1]在发现《哲学的改造》“具体、清晰，不寻常地摆脱了深奥的推理和技术措辞”[2]的同时，评论者也注意到杜威写作中实用的人本主义精神，就像霍瑞斯・M・卡伦（Horac M. Kallen）在《自由人》（*Freeman*）中所说，“把永恒的观念与时间、空间与环境有效地连接起来，从而使它们成为活生生的”。[3] 但是，以《耶鲁评论》（*Yale Review*）的哈瑞・T・卡斯特罗（Harry Costello）为代表的一些评论家，对杜威没有提供一个对他书中所谴责的对象的替代方案而感到失望：“奇怪的是，《哲学的改造》在其建设性的事项上并不具体，这使读者产生急切地想要做事的冲动，但对于究竟应该做什么，此书却语焉不详。”[4]杜威自己曾说，他极力避免“为任何一个特定的解决方案进行派系性的辩护”（第79页）；而且，他在写给哥伦比亚大学的同事约翰・J・科斯（John Jacob Coss）的书信中说，他“试图总结过去，并摆脱它而面向一个新的开始”。[5]

《哲学的改造》受到了全世界学者的欢迎，这表明他们把这本书看作一件重要的事情。在1921—1965年间[6]，《哲学的改造》除了被翻译成11种文字以外，它的初版被再印了12次。

直到1942年，《哲学的改造》的销售量才“下降到大概每年60本”。[7] 亨利・霍尔特出版公司在其第一次版权失效之前将版权让给了杜威，此公司的布瑞斯托（H.
Bristol）写信给杜威说，“电子图版的融化……是军工生产局命令他们上交在未来没 284
有确定的用处的电子盘片以作为废旧金属的结果”。[8] 杜威就购买了他们价值15美

---

① 博伊德・H・博德：《民族》（*Nation*），第3卷（1920年），第658页。

② 见《书单》（*Booklist*），第17卷（1920年），第92页。

③ 霍瑞斯・M・卡伦：《自由人》（*Freeman*），第3卷（1921年），第141页。

④ 哈瑞・T・卡斯特罗：《耶鲁评论》，第12卷（1923年），第408页。

⑤ 杜威：《杜威致科斯的书信》，1920年4月22日，《专集》，纽约：哥伦比亚大学，巴特勒图书馆。

⑥ 这些评论出现在如下条目中：Arabic by Amīn Mursī Qandīl (Cairo, 1957); Chinese by Ch'ung-ch'ing Hsü (Changsha, 1939), and by Shih Hu and Yüeh T'ang (Taiwan, 1965); Czech by Joseph Schützner (Prague, 1929); Iranian by S. A. Saeedi (Tehran, 1958); Italian by Guido de Ruggiero (Bari, 1931); Japanese by Meikichi Chiba (Tokyo, 1921), by Shin'ichi Nakajima (Tokyo, 1921), and by Kokusaburō Nieda (Tokyo, 1950); Korean by Pŏm-mo Chŏng (Seoul, 1960); Malay by K. M. George (Kottayam, 1955); Portuguese by Eugênio Marcondes Rocha (São Paulo, 1958), and by Antonio Pinto de Carvalho (São Paulo, 1959); Spanish by Domingo Barnés (Madrid, 1930), and by Amando Lázaro Ros (Buenos Aires, 1955); Tamil by A. S. Jhanasambandhan (Madras, 1957).

⑦ 布瑞斯托：《布瑞斯托致杜威的书信》，1942年8月24日。

⑧ 同上书。

元的废料金属盘片。

1948年，杜威以89岁高龄写信给悉尼·胡克，“看来，我在我的阅读中严重地落后了。位于波士顿的灯塔出版社（The Beacon Press, Boston）（它一开始是个一神论派出版社，现在的出版范围扩展了）正在筹划对《哲学的改造》进行再版……我不得不写一个导言”。[1]

在《哲学的改造》1948年的再版中，灯塔出版社利用了杜威从亨利·霍尔特出版公司买来的盘片；灯塔出版社那时也更新了版权。有关约翰·杜威财产的皇家报告显示，新版到1973年卖出了266445本。[2] 杜威针对1948年版本所写的37页导言，由于其来自原初盘片不变的文本，将不出现在其按照年代顺序排列于《杜威后期著作》中，而且也不包含在此卷中。[3]

在亨曼（Hinman）机器上的检查表明，《哲学的改造》所已知的第一个和最后一个压痕拷贝，其文本是一样的。当前版本的复制文本，其版权保留的副本号为＃A597586。

杜威在远东的旅行，想不到被一个邀请——来自杜威的前学生们努力的结果——所延长。从1919年6月到1920年3月，他受邀到国立北京大学做演讲。在杜威抵达北京之前，中国五个进步教育机构请求胡适（杜威以前的学生，后来做了他演讲的翻译）“作四个关于实用主义运动的系列演讲，从查尔斯·S·皮尔士和威廉·詹姆斯开始，但其重点是杜威。关于杜威教育哲学的一系列文章在上海发表，并由蒋梦麟博士（杜威在哥伦比亚大学师范学院的学生）编辑成册”。[4]

285 在杜威于国立北京大学所作的演讲中，有一篇是关于《三位当代哲学家：威廉·詹姆斯、昂利·柏格森和伯特兰·罗素》的系列，其中最后一讲是应特别要求，作为对罗素1920年到中国作一系列演讲之前的一个介绍而作的。[5] 由于杜威不会说中国话，所以用英语演讲，并即时翻译成中文，由记录员记录下来以供出版。[6] 现在没有

---

① 杜威：《杜威致胡克的书信》（*Dewey to Hook*），1948年1月4日，《专集》，卡本代尔：南伊利诺伊大学，莫里斯图书馆。

② 灯塔出版社版权与许可于1974年6月4日分发给乔·安·博伊兹顿（Jo Ann Boydston）。那时，关于《哲学的改造》的合同档案存放于南伊利诺伊大学（卡本代尔）的杜威研究中心。

③ 事实上，却出现在此卷中。——译者

④ 胡适：《杜威在中国》，《哲学与文化：东方与西方》（*Philosophy and Culture East and West*），檀香山：夏威夷大学出版社，1962年，第764页。

⑤ 胡适：《哲学》（*Philosophy*），第765页。

⑥ 同上书，第764页。

任何关于杜威在中国演讲的原始英文手稿了;据推测,他是特别地按照笔记来讲的。

在当前的版本中,这些演讲的范本(copy-text)是由罗伯特·W·克罗布顿(Robert W. Clopton)与韦慕庭(Tsuin-chen Ou)从中文直接翻译而来的,现在以打字稿的形式被保存在夏威夷大学的托马斯·黑尔·哈密尔顿图书馆(Thomas Hale Hamilton Library)。除了有关伯特兰·罗素的以外,这些演讲都是在此版中首次发表。伯特兰·罗素演讲出现在1973年的《伯特兰·罗素档案馆杂志》(*Journal of the Bertrand Russell Archives*)上,它被引用在校订清单上,作为在拼写、大小写和标点符号方面的八个校正的第一个出现。由《伯特兰·罗素档案杂志》所作的所有在罗素演讲中的文本修订,都出现在《1973年"伯特兰·罗素"变更清单》上。

这六次"当代哲学家"系列演讲属于以"杜威在北京的五大主要系列演讲"而著称的组成部分,它们由杜威的前学生胡适翻译成中文,发表于《北京晨报》(*Peking Morning Post*);后来,又以书籍的形式在中国出版。杜威的演讲,在他1921年离开中国之前,一共经历了10次大的再版;在后来的30年里,它被不断重印。[①]

杜威一抵达东方就告诉记者,他"非常想与……领袖谈论国内事务和国际重要问题,并汇报他在《新共和》和《日晷》上的发现"。[②] 杜威抵达中国,恰好是"五四"运动前夕,他随即与政治领袖、学生、教授、商界人士以及宗教团体成员交换了意见。对于杜威来说,这次旅行是"最有趣的,从理智上来说,是我所做过的最富有成效的事情"。[③] "西方没有什么东西看起来与之一样,它就好像是在这个世界上还可以有青 286
春的再现一样。"[④]

在与中国市民的广泛接触中,杜威写出了8篇系列文章,都发表在《新共和》上,它们分别是:《学潮的结局》(1920年2月25日),《山东:从内部看》(1920年3月3日),《我们国家的困境》(1920年3月24日),《思想与工作的自由》(1920年5月5日),《中国的噩梦》(1920年6月30日),《保守派运动是如何发挥作用的》(1920年9月1日),《中国的政治剧变》(1920年10月6日),《工业中国》(1920年12月8日)。由于这些文章都没有保存下来的手稿或打印稿,《新共和》上第一次出现的稿子就是范本。

为了应邀延长在中国1920—1921学年的访问,杜威于1920年4月写信给约翰·雅可比(John Jacob)。他写道:"我决定留在这里再教一年……争取解决今年开

---

① 胡适:《哲学》,第764页。

② 戴奎真:《杜威的一生与精神》,第187页。

③ 杜威:《杜威致科斯的书信》,1920年11月7日。

④ 杜威:《杜威致科斯的书信》,1920年1月13日。

始了的所有问题……学生们又在罢工,以抗议政府的对日行为,但是他们也期待着我的演讲。我的演说……每周总共8小时,但是需要即时翻译,所以更像是一堂选择、浓缩和论证的课。”①

除在中国发表大概58篇演讲之外,杜威还挤出时间为《亚洲》期刊写了两篇文章:《中国政治中的新催化剂》(1920年4月),以及《是什么阻碍了中国》(1920年5月)。由于缺失任何其他的权威文档,它们在《亚洲》期刊上第一次出现的版本就是范本。

《杜威中期著作》第12卷的11篇短文中,有一篇《美国精神与地方主义》(《日晷》,1920年4月)。由于打印稿没有保存下来,该文章的第一次出现就当作是其范本。在杜威的短文付印之前,《日晷》的一位编辑修改了所有含“-or”词语的式样,将它们变成“-our”的形式——如“neighborhood”,“flavor”,“color”变成“neighbourhood”,“flavour”,“colour”;在这里,这些英国拼写式样被返回到众所周知的杜威用法(“-our”变回到“-or”)。

除了写于1920年的这11篇短论之外,杜威还有一份调查报告。杜威把它送给了科罗那尔·亚历山大·缀斯代尔(Colonel Alexander Drysdale),即那时美国驻中国大使馆的武官,杜威尽可能地满足了他的要求。当缀斯代尔将这份报告送到位于
287 华盛顿特区的美国国务院时,他在粘贴的备忘录上写道:“杜威先生……具有非同寻常的机会接触中国可以被认为是激进的元素。我不知道还有谁——无论何处——比杜威先生更具有条件报告这件重要的事情。”②题名为“布尔什维克主义在中国”的这份调查报告,后来在1960年7月22日被美国国务院解密,现归档于美国国家档案馆,美国国务院记录第59组。美国国务院打字文件在此版中作为其范本。该调查报告首次发表于《杜威的新闻书信》[(*Dewey Newsletter*),第6卷(1972年),第7—10页];自那个版本之后,总共有十次修订本被采纳,主要是拼写、标点符号和大小写上的改变。

布瑞基特·A·沃什(B. A. W.)

---

① 杜威:《杜威致科斯的书信》,1920年4月22日。

② 缀斯代尔:《缀斯代尔致国务院的书信》(*Drysdale to State Department*),1920年12月2日,美国国家档案馆,美国国务院记录第59组。

文本注释

68.40　China] 范本中用“日本”而不是“中国”，从上下文看，这是一个明显的错误。这个在文章第一次打印时的错误，可能是由于频繁地涉及这两个国家所致。 *288*

235.1　outspoken pacifism] 保留范本上的“公开”(outspoken)，这里是恰当的；虽然杜威说罗素是从他的剑桥职位上辞职的，实际上，罗素是被解雇的，或者如管理人员所说，他没有终身职位，而且其任职不再被延续。

校勘表

289 下面记录了范本中引入的所有实质性的和次要的两个方面的校勘，但下面所描述的正式的变化除外。每一篇文章的范本，在那一篇勘误清单的开始即被确定；因为这些文章之前出过单行本，因此在清单本身中不会出现范本的缩写。左边的页码行号来自于当前版本；所有印刷行都计算在内，除了页头书名。方括号左边的文字来自于当前版本；方括号之后是对第一次勘误之来源的缩写。W 表示 Works（著作）——在当前版本——并被用于这里首次作出的勘误。对那些限于标点符号的勘误，波浪号（～）表示与本括号之前一样的字词；向下的脱字符号（‸）表示缺省一个符号。

缩写[rom.]表示罗马型（roman type）字体，并用于表达对斜体字的省略；[not present]（[不出现]）用于那些适于表达其来源不确定的材料。在一个勘误页码—行号之前出现的星号（asterisk），表示那些文字将在文本注释（Textual Notes）中有详细论述。

许多正式的或者机械的更改依照如下原则进行：

1. 书和杂志的名称都以斜体字型表示；文章和书之章节都以引号标记。书和杂志的名称都将给出，并在必要情况下给以详述。

2. 杜威文档的形式保持一致：卷号以大写罗马字体（roman）表达，但随后的句号被消除，章节号以阿拉伯字体（arabic）表达，缩写被规范化。

3. 对于杜威的脚注，每一章内号码连续，并采用上标形式。

290 4. 对于非内引材料，单引号将被修改为双引号；然而，在必要和记录时，也加上开放的或封闭的引号。

下面的拼写和连接字符实例，都按照已知的杜威使用方法，进行了规范化的编辑处理。它们出现在括号之前：

cannot] can not 230.21
centre(s)] center(s) 9.26, 23.30, 24.19, 30.18, 31.22, 31.30, 233.2, 245.30, 256.13, 266.18
color] colour 15.16, 15.34, 16.11
cooperate (all forms)] co-operate 100.7, 100.14, 138.3, 153.12, 164.29, 182.12, 193.40, 194.2, 194.6, 201.31, 273.28
coordinate (all forms)] co-ordinate 132.1 - 2, 193.18
deeper-lying] deeper lying 87.34
flavor] flavour 12.28
guarantee] guaranty 92.23, 134.19, 219.12
joint-stock (adj.)] joint stock 72.11, 194.21
maneuvering] manoeuvering 67.8 - 9
matter-of-fact (adj.)] matter of fact 85.8, 86.27, 86.37 - 38, 87.9, 87.24, 87.29, 92.30, 121.37 - 38
neighborhood(s)] neighbourhood(s) 12.12, 16.10
one hundred] one-hundred 5.9
pent-in] pent in 111.40
programs] programmes 135.11
reorganized] re-organized 224.10
role] rôle 149.35, 195.13
wage-earners] wage earners 8.31

《我们国家的困境》

范本首次以论文形式出现于《新共和》，第 22 期(1920 年)，第 117—118 页；重新发表于约瑟夫·拉特纳编辑的《人物与事件》(纽约：亨利·霍尔特出版公司，1929 年，第 2 卷，第 615—619 页)(CE)，其中记录了 3 个第一次出现的变更。

4.13 Doctrine] CE; doctrine
5.3 Jewish$_{\wedge}$] W; ~,
5.9 of Americans] W; Americans
5.12 sword] CE; swords
5.30 *New Republic*] CE; [*rom.*]
6.39 supervise] W; supervises
6.39 direct] W; directs

《思想与工作的自由》 291

范本首次以论文形式出现于《新共和》，第 22 期(1920 年)，第 316—317 页；重新发表于约瑟夫·拉特纳编辑的《人物与事件》(纽约：亨利·霍尔特出版公司，1929年，第2卷，第522—525页)(CE)，其中记录了2个第一次出现的变更。

8.14　far-reaching] CE; ～∧～

8.15　it] CE; in

《美国精神与地方主义》

范本首次以论文形式出现于《日晷》，第68卷(1920年)，第684—688页；重新发表于约瑟夫·拉特纳编辑的《人物与事件》(纽约：亨利·霍尔特出版公司，第1929年，第2卷，第537—541页)(CE)，其中记录了1个第一次出现的变更。

15.18,26　Wilkins's] W; Wilkins'

15.32　Melchizedek] CE; Melchisedek

《保守派运动是如何发挥作用的》

范本首次以论文形式出现于《新共和》，第24期(1920年)，第21—22页；重新发表于约瑟夫·拉特纳编辑的《人物与事件》(纽约：亨利·霍尔特出版公司，1929年，第2卷，第815—819页)(CE)，其中记录了3个第一次出现的变化。

17.28　1918] CE; 1919

18.17　Reactionaryism] CE; Reactionarism

19.32-33　radicalism] CE; radicalicm

《学潮的结局》

范本首次以论文形式出现于《新共和》，第21期(1920年)，第380—382页。

22.17　Twenty-One] W; Twenty-One

23.16　Pekingese] W; Pekinese

26.31　incident∧] W; ～,

27.11　is its] W; it its

292 《山东：从内部看》

范本首次以论文形式出现于《新共和》，第21期(1920年)，第12—17页；重新发表于《中国、日本和美国》(纽约：共和出版公司，1921年，第9—21页)(CJ)。其中记录了6个第一次出现的变更。

30.28　Yangtze] W; Yangste

30.30　Railway] CJ; railway

30.39 - 40 minimum] CJ; mimimum
33.25 immeasurable] CJ; immeasurably
33.32 year (1920),] W; year, (1920) CJ; year,
34.20 China.$_{\wedge}$] CJ; ~..
37.8 consciousness] CJ; consciousnes
37.34 of] CJ; in
39.1 Treaty] W; treaty

《中国政治中的新催化剂》

范本首次以论文形式出现于《亚洲》,第 20 卷(1920 年),第 267—272 页;重新发表于约瑟夫·拉特纳编辑的《人物与事件》(纽约:亨利·霍尔特出版公司,1929 年,第 1 卷,第 244—254 页)(CE),其中记录了 3 个第一次出现的变更。

41.20 essence] CE; essense
48.16 hands] CE; hand
48.23 than by] W; than
49.17 Young China] CE; it

《是什么阻碍了中国》

范本首次以论文形式出现于《亚洲》,第 20 卷(1920 年),第 373—377 页;重新发表于约瑟夫·拉特纳编辑的《人物与事件》(纽约:亨利·霍尔特出版公司,1929 年,第 1 卷,第 211—221 页)(CE),其中记录了 1 个第一次出现的变更。

52.37 there] CE; this

《中国的噩梦》

范本首次以论文形式出现于《新共和》,第 23 期(1920 年),第 145—147 页;重新 293
发表于约瑟夫·拉特纳编辑的《人物与事件》(纽约:亨利·霍尔特出版公司,1929 年,第 1 卷,第 193—198 页)(CE),其中记录了 3 个第一次出现的变更。

60.26 are] W; is
60.27 - 28 *The Break-up of China*] CE; [*rom.*]
61.12,40 Twenty-one Demands] W; twenty-one demands
62.12 Bay] CE; bay
62.14 Treaty] W; treaty
62.25 Yangtze] W; Yangtse
62.28 *Break-up*] CE; "Break-up"
63.11 Treaty] W; treaty

《中国的政治剧变》

范本首次出现于《新共和》，第 24 期(1920 年)，第 142—144 页；重新发表于《中国、日本和美国》(纽约：共和出版公司，1921 年，第 27—32 页)，(CJ)，其中记录了 4 个第一次出现的变更。

65.5 Yuan Shih-kai's] W; Yuan Shi Kai's

65.6 in 1917] CJ; three summers ago

65.8 (September 1920)] CJ; [*not present*]

66.1 Yuan Shih-kai] W; Yuan Shi Kai

* 68.40 China] CJ; Japan

69.15, n.1-9 Hsu.[1] . . . [1]This was written . . . in China.] CJ; Hsu.

69n.6[1] Government] W; Govrenment CJ; [*not present*]

《工业中国》

范本首次出现于《新共和》，第 25 期(1920 年)，第 39—41 页；重新发表于《苏俄与世界革命诸印象：墨西哥—中国—土耳其》(纽约：新共和出版公司，1929 年，第 237—251 页)(SR)。其中记录了 8 个第一次出现的变更。

71.23-24 journals,] SR; ~∧

71.30 Province] W; province

72.12-13 as did . . . companies] SR; as most of the early companies did

73.10 be recorded] SR; recorded

74.22 while at the same time the] SR; while the

74.35 land ∧] W; ~,

294 74.35 trade,] W; ~∧

74.36 mills∧] W; ~,

75.1 a small] SR; the small

75.32, n.1-2 struggle?[1] . . . [1]The nationalistic . . . class-war.] SR; struggle?

76.20 conceivable, and only] SR; conceivable: only

76.21 best.] SR; best, not necessarily probable, to say nothing of certain.

《哲学的改造》

本著作的范本是定期版权摹本 A597586(纽约：亨利·霍尔特出版公司，1920 年)。

81.1 are] W; is

99.28 through] W; though

114.10 itself,] W; ~∧

116.27-28 governs,] W; ~∧

120.15 *Homo*] W; *Home*

137.3　　opposites] W; opposities
137.29　　its] W; their
141.16　　infects] W; infect
141.26 - 27　　dialectically] W; dialectially
141.27 - 28　　doctrine,] W; ～∧
142.8　　changeless,] W; ～∧
151.38　　matters,] W; ～.
153.3　　suppose,] W; ～∧
153.3　　fanciful∧] W; ～,
158.4　　formal] W; former
183.9　　other-worldly] W; ～∧～
191.4　　can] W; it can
195.33　　and] W; ad
200.8　　the ideas] W; will the ideas
200.9　　will be] W; be

《三位当代哲学家：威廉·詹姆斯、昂利·柏格森和伯特兰·罗素》

这些演讲的范本是由罗伯特·W·克罗布顿和韦慕庭从中文翻译过来(UH)的，中文本收藏于夏威夷大学的哈密尔顿图书馆(1973年)。其中有关罗素的演讲，发表于《伯特兰·罗素档案馆杂志》，第2卷(1973年)，第3—10、15—20页(RA)。它第一次出现时，有8处修改。后来出版的修订本，以“1973年‘伯特兰·罗素’变更清单”出现。

205.15,20,24;206.5,25;208.6;210.5,16,25;212.10;213.1;215.20;216.38;217.13,24,33;218.7,37,39,40;219.10,13,35;220.4,28;221.7,11;240.39;246.12;250. 295
18　　James's] W; James'
206.4　　nature.] W; ～∧
206.33　　a Certain] W; A Certain
208.30　　stimuli] W; stimulii
210.37　　changing.∧] W; ～..
215.28　　out∧] W; ～,
221.6　　evolution.] W; evolution.[1]... [1]At this point, Dr. Hu Shih, who was interpreting, interjected the remark that Dr. Dewey, himself, was also born in this same year, and that his philosophy, as well as that of Bergson, had been instrumental in developing the philosophical implications of the theory of evolution.
226.14　　the separation] W; that the separation(对于这一点，当时承担翻译的胡适先生插话说，杜威先生本人也出生于那同一年，而且，他的哲学和柏格森的哲学在发展进化论的哲学内涵上，都是工具性的。)
228.34　　of] W; or
229.25　　architectural] W; architectual
229.33　　teleological] W; teleogical
241.32　　Knowledge] RA; knowledge

243.9 his] RA; hiw

243.28 had] RA; have

244.4 *élan*] W; *elan* RA, UH

246.37 constituency] RA; constituence

248.7 War] RA; war

249.10 production?∧] RA; ～?;

249.11 distribution?∧] RA; ～?;

249.12 treatment?∧] RA; ～?;

249.37 Russell,] W; ～∧ RA, UH

《布尔什维克主义在中国》

范本是1920年12月2日由美国驻中国大使馆的武官收到的调查报告。该报告在1960年7月22日由美国国务院解密。该报告首次公开发表于《杜威的新闻书信》(1972年6月7—10日)(DN)中,其中记录了10个第一次出现的变更。

253.6 Bolshevism] DN; Solshevism

253.7 since,] W; ～∧

254.5 it has] DN; has it

254.6 able,] W; ～∧

254.7 rumors,] W;～∧

254.15 not] DN; no

254.28 accentuated] DN; accentusted

254.31 1902,] W; ～∧

296 254.32 Kuomintang] W; Kuo Min Tang DN; Kou Ming Tang

254.33 Yuan Shih-kai] W; Yuan Shih Kai DN; Yuan Shi Kai

254.39 less] DN; loss

255.2 isn't] DN; isnt

255.3 "proletariat"] DN; "proloterist"

255.4 forming,] W; ～∧

255.7-8 wasn't one] DN; wasnt on

255.26 at ... educated] W; who are educated at random

255.32 don't] DN; dont

255.33 won't] DN; wont

《25年之后看改造:1948年〈哲学的改造〉再版导言》

范本以《哲学的改造》重印版中的导言首次发表(波士顿:灯塔出版社,1948年),第5-11页。

274.10 are] W; is

1973 年“伯特兰·罗素”变更清单

在关于现代哲学家的演讲系列中，第五个和第六个有关伯特兰·罗素的演讲重新发表于《伯特兰·罗素档案馆杂志》(第 2 卷，1973 年，第 3—10、15—20 页)，标题为“罗素的哲学与政治学”。为了后来的出版而在那些文章中作出的实质性改变，标注在下面括号的右边。括号前面是范本，如果有勘误的话，就不与当前版本相符了。这些文字用一个栅格符号(♯)标注。 297

235.33	FIFTH LECTURE: BERTRAND RUSSELL] Russell's philosophy and politics/Lecture V. Russell's philosophy
236.1	out spoken pacifism] pacifism
236.9 - 10	as far as] so far as
237.35	and good into better] into better
238.18 - 19	universe. He . . . universe;] universe;
239.17	even without] without
240.12	practical] a practical
♯241.32	knowledge] Knowledge
242.36 - 37	movement] movements
243.7	separated] separate
♯243.9	hiw] his
243.19	SIXTH LECTURE: BERTRAND RUSSELL (CONTINUED)] Lecture VI. Russell's ethics and political philosophy
♯243.28	have] had
244.13	question] questions
245.31	begin] being
246.26	no matter] not matter
♯246.37	constituence] constituency
246.40	of buying] of buy

#248.7	war] War
248.11	and religion] the religion
248.40	free;] ～,
#249.10	production?;] ～?$_\wedge$
#249.11	distribution?;] ～?$_\wedge$
#249.12	treatment?;] ～?$_\wedge$
249.29	for consumers] consumers

行末连字符列表

I. 范本表 298

对于范本中行末有连接符连接的，我们重建它们可能的复合词。如下：

4.19 non-participation
23.3 semi-official
29.33 today
32.22 Today's
61.38 semi-civil
73.1 egg-factories
81.10 resurveys
96.2 one-sided
96.4 quasi-magical
99.3 ready-made
99.7－8 pseudo-science
103.29 preeminently
121.22 wholehearted
134.33 readjustment
148.13－14 castle-building
170.36 ready-made
173.38 one-sided
192.12 free-will
196.30－31 coordinate
222.23 ever-changing
227.16 overshadowed
258.25 ready-made
267.18 pre-scientific
269.36 pre-scientific
269.40 one-sided
274.17 present-day
274.23－24 pre-technological-industrial
274.37 ready-made

II. 校勘文本表

在当前版本的各副本中，对于那些行末有连字符连接的、模棱两可地断开的复合词均未保留，除了以下这些：

8.21 monkey-wrench
9.30 hang-over
13.22 nation-wide
31.7 China-wards
31.11 sea-port
40.4 fair-play

44.37	law-abidingness
47.20	re-form
47.38	short-circuited
60.8	extra-territorial
82.20	well-being
299 99.7	pseudo-science
113.11	full-grown
113.19	pre-arranged
113.36	so-called
119.16	well-known
143.19	self-sufficiency
143.21	self-sufficing
147.6	self-enclosed
160.37	self-delusion
175.35	so-called
177.25	so-called
258.34	pre-democratic
259.19	so-called
261.4	extra-temporal
268.36	anti-scientific
269.22	self-enclosed
270.20	self-corrective
276.35	re-form

资料引用中的实质变更

杜威用诸多不同的方法再现资料来源，从记忆性的复述到逐字逐句的引证。在有些地方，他会完整地引用资料来源，而有些地方只是提到作者的名字，还有些地方连参考材料都省略掉了。 300

杜威在资料引用中的实质变更一直被认为是相当重要的，这表明了本清单的重要性。所有位于引号之内的材料，除明显属于强调或者重述的之外，都搜索出来了；我们还对杜威的引用进行了查证，必要时作了修改。

除校勘表中列出的必要修订，所有引用都按照它们在范本中的那样保持原样不变。对于可能出现的排版或印刷错误，我们把在保持原样的实质用词(substantives)或偶发拼写(accidentals)上的改变作为著作(W)校订。像那个时代的其他学者一样，杜威对于形式方面的准确性不大留心，这样在印制过程中就很容易导致许多引用上的变化。例如，对比原文与杜威的引用可以看出，所引资料除了杜威自己的变动之外，也带上了一些杂志社特有的印刷风格。所以，在当前版本中，我们恢复了原始资料的拼写和大写。

杜威经常在引用的材料中改变或者省略掉标点符号。当这样的改变或者省略具有实质性的内涵时，我们就需要恢复原文出处的标点符号；此类改变，记录在校勘表里。杜威还常常不指出他已经省略了所引用的资料中的一些东西。我们在这里列出那些省略的短语；对于省略了一行以上的，就用一个被括起来的省略号([……])来标记。资料来源中的斜体字，作为实质用词来处理。杜威省略掉的和加上的斜体字也都在这里标识出来。

对于杜威的引用与可归属于引用所出现的语境的原文之间的差异，我们这里就不予注明了,譬如数字或时态的改变。

301 对于杜威翻译资料来源的情况,参考文献在"杜威的参考文献清单"中列出,而对引用的校勘就不在这里列出了。

这部分使用的格式旨在帮助读者判定:杜威到底是将资料摆在案头,还是仅凭自己的记忆。这部分的符号遵循这样的格式:页码—行号来自当前的版本,随后是标题,然后是一个括号。圆括号内分别是:原初的形式,随后是作者的姓,缩短的资料来源——标题来自杜威的参考文献清单,资料来源的页码—行号。所有这些,都在圆括号内。

《哲学的改造》

91.36 is vision] has often been defined as the quest or the vision (James, *Pragmatism*, 129.20-21)

100.22 the] a (Bacon, *The Advancement of Learning*, 294.8)

100.24 men, but as] men: as (Bacon, *The Advancement of Learning*, 294.15)

100.24 they] there were (Bacon, *The Advancement of Learning*, 294.15)

100.24 couch whereon] couch, whereupon (Bacon, *The Advancement of Learning*, 294.15-16)

100.25 wandering spirit] restless spirit (Bacon, *The Advancement of Learning*, 294.16)

100.26 tower for] tower of state, for (Bacon, *The Advancement of Learning*, 294.18)

141.28 that is perfectly] perfect, nothing genuinely (Bradley, *Appearance and Reality*, 500.3)

141.28 real moves] real, can move (Bradley, *Appearance and Reality*, 500.4)

《三位当代哲学家:威廉·詹姆斯、昂利·柏格森和伯特兰·罗素》

207.19 the good] good (James, *Talks to Teachers*, 264.6)

《25 年之后看改造:1948 年〈哲学的改造〉再版导言》

262.30 of] and of (Darlington, *Conflict*, 3.2)

262.37 first understood] first seen under the microscope by a draper, that stratigraphy was first understood (Darlington, *Conflict*, 5.18-19)

263.1 isolated] first isolated (Darlington, *Conflict*, 5.20)

263.2 established] first established (Darlington, *Conflict*, 5.22)

杜威的参考文献

这里对杜威参考文献中的题目与作者进行了校正和扩展，以与原著保持一致；所 302
有的校正都出现在修订清单上。

这一节对杜威所引用到的每个著作都给出了全面的出版信息。在杜威为一个参考文献给出页码时，他所使用的版本通过对他所引用的定位被准确地确认下来。同样地，我们还利用了杜威个人图书馆中的书籍来证实他对于某一个特别版本的使用。对于其他参考，这里列出的版本是指他可能获得的多个不同版本中最可能得到的那个版本，这考虑到发表的时间与地点，或者依据信件和其他材料，以及那个时期通常容易得到的版本。

Bacon, Francis. *The Works of Francis Bacon.* Edited by James Spedding, Robert L. Ellis, and Douglas Denon Heath. Vol. 3. London: Longmans and Co., 1876.

Beresford, Charles. *The Break-up of China with an Account of Its Present Commerce, Currency, Waterways, Armies, Railways, Politics and Future Prospects.* New York: Harper and Bros., 1899.

Bergson, Henri. *Creative Evolution.* Translated by Arthur Mitchell. New York: Henry Holt and Co., 1911.

Bradley, Francis Herbert. *Appearance and Reality: A Metaphysical Essay.* 2d ed. rev. New York: Macmillan Co., 1908.

Darlington, C.D. *The Conflict of Science and Society.* Conway Memorial Lecture delivered at Conway Hall on 20 April 1948. London: Watts and Co., 1948.

Darwin, Charles. *On the Origin of the Species by Means of Natural Selection.* London: J. Murray, 1859.

Dewey, John. *John Dewey: Lectures in China,* 1919 - 1920. Translated and edited by Robert W. Clopton and Tsuin-chen Ou. Honolulu: University Press of Hawaii, 1973.

Harrison, Ernest John. *The Fighting Spirit of Japan and Other Stories.* New York: Charles Scribner's Sons, 1912.

James, William. *Pragmatism: A New Name for Some Old Ways of Thinking.* New York: Longmans, Green, and Co., 1907.

303 ——. *The Principles of Psychology.* New York: Henry Holt and Co., 1890.

——. *The Will to Believe.* New York: Longmans, Green, and Co., 1897.

——. "On a Certain Blindness in Human Beings." In *Talks to Teachers on Psychology: And to Students on Some of Life's Ideals,* pp. 229 - 264. New York: Henry Holt and Co., 1919.

Kant, Immanuel. *Critique of Pure Reason.* Translated by Francis Haywood. London: W. Pickering, 1838.

Lippmann, Walter. "The Political Scene: VI. A World Pool; VII. Alternatives." *New Republic* 18 (22 March 1919): 7 - 9.

Miner, Luella, ed. *Two Heroes of Cathay.* New York: Fleming H. Revell Co., 1903.

Oppenheim, James. "Poetry — Our First National Art." *Dial* 68 (1920): 238 - 242.

Russell, Bertrand. *German Social Democracy; Six Lectures.* New York: Longmans, Green, and Co., 1896.

——. *Political Ideals.* New York: Century Co., 1917.

——. *Principles of Social Reconstruction.* London: G. Allen and Unwin, [1916].

——. *Roads to Freedom: Socialism, Anarchism, and Syndicalism.* London: G. Allen and Unwin, 1918.

Shakespeare, William. *Shakespeare's Comedy of "A Winter's Tale."* 14th ed. London: J.M. Dent and Co., 1906.

Wilhelm II. *The Kaiser's Letters to the Tsar.* Edited by N.F. Grant. London: Hodder and Stoughton, 1920.

索 引[①]

① 本索引的每个条目后所附的页码均为英文原版书的页码,即本书的边码。——译者

306

"Celebrated Jumping Frog of Calaveras County, The", xxixn,"卡拉维拉斯县驰名的跳蛙"
Central Kingdom, xxiv,中央王国、中国;*See* China,参见:中国
Certainty, 91,92,确定性
Change: 变化
ancient idea of, 112,古代关于变化的观念;Bergson's view of, 231,234,柏格森的观点;Chinese student movement seeks, 253—254,中国学生运动寻求;Darwin's view of, 229,达尔文的观点;existing view of, 144—145,存在的观点;and knowledge, 259,和知识;as law of universe, 114,作为宇宙(普遍)规律;Plato and Aristotle on, 141,柏拉图和亚里士多德论;progress and, 146,进步与;related to duration, 224,228,与绵延相关
Chang Tso Lin, 67,70,张作霖
Chemistry, 122,217,224,化学
Chili faction, 67,70,直系派
China:中国
Bolshevism in, 5,19,23,26,44,46,布尔什维克主义在;characteristics of people of, xxii—xxiv, 29, 35—38, 41—42, 48,人民的特征;communisim in, xxiii, 26, 253—255,共产主义;complexity of, 51—60,复杂性;economics in, 22—27, 28—40,71—76,经济学;foreign domination of, 22—23,26,28—40,45,58—59,60—64,65—70,254,外国统治(支配);and Germany, 26,29—30,37,和德国;government in, 41—50,65—70,政府;industry in, 28—40,59,71—76,工业;language reform in, 24—26,语言改革;military in, 43—44, 65—70, 73—74,军事;needs of, 73,75—76,需要;Old, 74—75,旧;politics in, xxiii, 5, 22—27, 28—40, 41—50, 51—54, 59—64,65—70,253—255,政治;relationship of, with Japan, xxi, 22—23, 28—40, 45,58—59,61—64,65—70,254,与日本关系;revolution in, 35—37,65,253—255,革命;and Russia, 60—64,俄国;student movement in, 22—27,32,41—50,学生运动;and U.S., 4—6,32,36—40,61,75,与美国;and Versailles Peace Conference, 23,28,32,36,41,与凡尔赛和平会议;and Western civilization, 26, 28,34—37,41—50,53—54,57,和西方文明;Young, 25,49—54,59,75,青年
Chino-Russian-Japanese relations, 60—64, 中—俄—日(三边)关系
Christianity, 89—90, 104—106, 143—144, 152,基督教
Civil rights, xxi—xxii, 9—11,公民权利,*See also* Freedom,也见:自由。
Classification, 167,176—177,215,263,分类
Class structure, xv, 113, 122—123, 167, 169,阶级结构;*See also* Dualism,也见:二元论
Clemenceau, Georges, 3,乔治·克列孟梭
Colonization, 35,殖民主义
Common sense, 137,常识
Communication, xx, xxii, 147—148, 149, 233,242,交往、交流
Communism, xxiii, 26,253—255,共产主义;*See also* Bolshevism,也见:布尔什维克主义
Comte, Auguste, 85,奥古斯特·孔德
Conceptions, 126,162—163,169—170,172, 观念,概念
Concessions:让步
abolition of, 47,废除;Chinese business drawn to, 46,中国的商业让步;and extra-territoriality, 37,46,65,额外领土权;as outlet for liberals and malcontents,47;treaty ports in, 71—72,条约口岸
Concreteness, 166,172,187—188,具体
Condillac, Étienne Bonnot de, 126,艾蒂安·

Economics:经济学
in China, 34—40,47,74,在中国;ends of, 177—178,200—201,结果
Education, xvi, 152,184,199,教育;characterics of, 248,特征;James on, 207,詹姆斯论;science causes changes in, 265,科学带来教育上的变化
Egg-factories, 73,鸡蛋—工厂;*See also* Industry,也见:工业
Élan vital, 231,232,244,生命冲动;*See also* Bergson, Henri,也见:昂利·柏格森
Emotion, 139,200,情感
Empirical:经验的
and rational, 126,130,经验的与合理的; theory of knowledge, xiv, 259,知识论
Empiricism, 124,126,136,213—215,经验主义
Ends:目的
conflicting, 175,冲突的;fixed, 119—120, 174,固定的;"higher",178,"高级的"; intrinsic and instrumental, 177,178—179,内在本质的与工具的;means and, 121,手段与;moral, 175—176,道德的; values and, 180,价值与
Energy, 226,245;*See also* Science,也见:科学
England,英国;*See* Great Britain,参见:大不列颠
Enlightenment: thinkers of, in England and France, xiv, 107,启蒙:思想家,在英国与法国
Environment:环境
coping with, 229,231,征服;and formation of ideas, 85,232,观念的形成;life and the, 128,生命与
Epistemology, xxix, 107, 119—120, 150, 152,227,认识论;*See also* Intellect; Intuition,也见:理智;直觉
Estheticism:审美主义
and environment, 117,146—147,182,和环境;reconciling science and, 152—153,协调科学与
Ethics, 172,237,伦理学
Etiquette:礼节
in Japan and China, 55—56,在日本与中国;*See also* Crowd,也见:大众
Europe:欧洲
intellectual revolution in,100—103;理智革命;nationalistic movement in,195,民族主义运动
European aggression:欧洲侵略
in China, 28,34—37,62,在中国;for financial ends, 36,因为经济援助;*See also* Western civilization,也见:西方文明
European War,欧洲战争;*See* World War I,参见:第一次世界大战
Evil:恶
cause of, in political China, 49,原因,在政治性的中国里;problem of, 181,问题; science and technology responsible for, 274,为恶承担责任的科学与技术
Evolution:演化论
in Aristotle, 112—113,在亚里士多德那里;Bergson on, 228—232, 235, 237—238,柏格森论;of the state, 194—195,国家的
Existence, 92,223,存在
Existentialists, xxi,存在主义者
Experience, xi, xiv, xv, xvi, 97,129,139,经验;classic and modern notions of, 106, 125—127, 132—134,传统观念与现代; empirical, 239,经验的;evil as result of conception of, 137—138,作为观念的坏结果;as guide in science and moral life, 124—125,131—134,作为在科学与道德生活中的指导;James on, 217,222,詹姆斯论;separation of, 222, 226,分离,as source of knowledge, 133—134,213,作为知识之源
Experience and Nature, ix,《经验与自然》

Experimentalism:实验主义
James on, 220,詹姆斯论;method of, 87,方法
Exploration, 101—103,探究
Extra-territoriality, 46—47,额外领土权

Facts, 85,135—136,160—162,243,事实
Family:家庭
in China, 72,253,在中国;as developer of creative impulse, 248,作为创造冲动的开发者;principle, 114—115,188,原则、原理
Fanaticism, 176,狂热,盲信
Farmers: in China, 254,农民:在中国
Faulkner, William, xxvi,威廉·福克纳
Fear, 101—102,恐惧
Feudalism, 103—104,113,114—115,184,封建主义
Fighting:战斗,*See* Conflict,参见:冲突
Final good, xiii, xx, 172—74,184,终极善;*See also* Good,也见:善
Finite:有限的
or Imperfect, 141,或者不完美的;and infinite, 117,与无限的
Fire, 85—86,111—112,129,209,火
Flux, 112,141—142,流量
Foo-chow, China, 22,23,39,中国福州
Foreigners:外国者
in China, 44—49, 74,在中国;*See also* United States; Western civilization,也见:美国;西方文明
Formalism, xxiii,形式主义
France:法国
agreements of, with Japan, 35,同意,与日本;and Alsace-Lorraine, 60,与阿尔萨斯—洛林;demands for concessions by, 62,要求让步;history of philosophy in, xiv, 107, 222,哲学史;and Versailees Conference, 5,18,凡尔赛条约
Freedom:自由
of franchise, 10—11,特权;internal, 246—247,内部的;law and, 198,规律与;realization of human, 240,人的实现;religious, 105,宗教的;secured by vigilance, 17—18,警惕性保障;of thought, 8—11,思想的;of will, 192,意志的
"Free Mans'Worship", xxix,"自由人的崇拜"
Freudian psychology, xxvi,弗洛伊德心理学
"Frontier Defense"army, 66,"前防"部队
Fukien, China,22,23,中国福建
Function, xviii,功能
Future, 106,250,未来

Generalizations, 85,166—167,193,一般化
Geology, 122,地质学
German social Democracy, 244,《德国的社会民主》
Germany:德国
and Alsace-Lorraine, 60,在阿尔萨斯—洛林;compared with Japan, 26,29—30,与日本比较;Japan's take-over of Shantung from, 29,37,日本从德国手中接管山东;philosophy in, 90,194,199—200,哲学;psycology of, 136,心理学;seizes Chinese railways and mines, 34,获得中国的铁路与矿山;and Versailless Peace Conference, 5,18,和凡尔赛和平条约;*See also* China; Japan; Russi,也见:中国、日本、和俄国
Gestault psychology, xxvi,格式塔心理学
God, 85,142,上帝
Good:上帝
existence of single, questioned, 172—173,善;intrinsic, 177,197—198,本质的;as part of experience, 217,作为经验的部分;state and common, xii, xx, 249,国家与公共的;*See also* Final good,也见:终极善
Government:政府

pure knowing as, 143, 纯粹认知; social, 185—186, 社会的
310 India, 6,35,102, 印度
Individual, 99—100, 104—105, 108, 个人; James on, 236, 250, 詹姆斯论; in social and moral sense, 190—194, 在社会与道德的意义上; state and the, 189, 国家与
Individualism: 个人主义
in modern philosophy, 107—108, 在现代哲学中; political, 104—105, 政治的; religious and moral, 105, 宗教的与道德的; rugged, 243, 粗糙的; in Young China, 75, 在青年中国
Induction, 98, 归纳法
Industry: 工业
in China, 71—76, 254, 在中国; guild system in, 48, 249, 指导体系; labor in, 9—11, 75—76, 劳工; movements in, 100—106, 工业运动; science and, 100—101, 102, 103, 科学与; unjust institutions of, 8, 不公正的制度
Infinite, 117, 118, 无限的
Initiative, 105, 199—200, 主动
Inquiry: 探究
development of, 179, 265—277, 发展的; free and impartial, 163—164, 自由与公正的; mathematics as, 237, 数学; methods of, 89, 177, 270, 方法; scientific, 179, 262, 264, 266—268, 科学的
Instinct, 245—246, 本能
Institutions: 制度
claims of, 273, 主张; industrial, 249, 工业的; inquiry about, 192—193, 探究; meet psychological needs, 245—246, 满足心理学需要; states as, 247—248, 国家
Instrumentalism, xviii, 177—178, 工具主义
Intellet, 82—83; 理智; related to intuition, 227, 与直觉有关; somnambulism of, 160—161, 梦游症; *See also* Epistemology 也见: 认识论
Intellectualism, 147, 唯理智论
Intelligence, 99—100, 108, 智慧; defined, 134—135, 258—259, 定义; development of 208, 发展; fuctions of, 173—174, 226, 230, 功能
Interest, 191—92 利益
Internationalism, 14, 197, 国际主义
Introspection, 192, 227, 内省
Intuition, 227, 234, 直觉
Invention, 101, 103, 108, 149—150, 270, 发明
Investigation, 164—165, 调查、研究
Ipse dixit method, 174—175, 独断方法
Isolationism, xxi, 2—7, 孤立主义

James, William: 威廉·詹姆斯
basis of philosophy of, ix, xxv—xxviii, 205—220, 哲学的基础; compared with Bergson, xxx, 221, 222, 235, 与柏格森比较; compared with Russell, xxx, 236, 与罗素比较; contributions of, 249—250, 贡献; on experience, 217, 222, 关于经验; on individuality, 236, 论个性; on knowledge, xxv, 208—209, 215—216, 论知识; opposes dogmatism, 220, 反对教条主义; on philosophy as vision, 91, 206, 论作为视野的哲学; pragmatism of, 100—101, 实用主义; "radical empiricism" of, xi, 207, 217, "激进的经验主义"
Japan: 日本
army of, 22, 32—34, 军队; corruption of, 66, 68—69, 腐败; diplomacy of, 39—40, 外交; economic development of, 34—40, 74, 经济发展; propaganda of, 45, 63, 宣传; relationship of, with China, 22, 27, 29—40, 45—46, 63—68, 与中国的关系; and Russia, 60—64, 与俄国; as successor of Germany, 26, 29—30, 34—37, 作为德国的继承者; and U.S., 36—

on social arts, 133—134,社会技艺;on ultimate reality, 140—141,终极实在
Plotinus, 140,普罗提诺
Pluralism, 196—197, 207, 211, 236—237, 243,多元论
"Pluralistic universe", 208,"多元的宇宙"
Poetry, 15,83,84,139,201,228,234,诗歌
Political Ideals, 244,《政治理想》
Politics, 151—152,政治;changes in, 103—104,变化;in China,28—40,65—70,73—74,在中国的;corruption in, 66—69,74,腐败;morals and, 192—193,道德与;movements in, 105—106,运动;organization in, 104,组织;reform in, 69,改革
Pollock, Frederick, ix,弗雷德里克·波洛克
Portsmouth, Treaty of, 38—39,62—63,朴次茅斯条约
Po-shan, China, 37—38,中国(山东省)博山
Potentiality, 112,113,潜能
Practical and esthetic, 117,实践的与审美的
Pragmatism:实用主义
James on, x, 100—101,205,212,217,219,227,246,詹姆斯论
Prejudices, 238,268,偏见
Press,出版社;*See* Publications,参见:出版、出版物
Principles, 106,126,173,240—241,243,原则、原理
Principles of Psychology, xxv, 205,214,《心理学原理》
Principles of Social Reconstruction, 244,《社会改造原理》
Probability, 91,可能性
Problem, xviii,问题
Process, 260,过程
Process and Reality, xxx,《过程与实在》
Procrustes, 220,普朗克拉斯提
Production, 183,生产
Progress, 103,106,146,200—201,进步;Bacon and, 97,98,培根与;economic and moral, 151—152,经济的与伦理的
Proof, 91,证据
Propaganda:宣传
student, 69,学生;in U. S., 6,32—33,在美国
Property, 183—184,188,财产,特性
Protestantism, 105,新教(徒)
Proudhon, Pierre Joseph, 188,皮埃尔·约瑟夫·蒲鲁东
Prussian State, 188—189,195,普鲁士国家
Pseudo-time, 223—224,伪时间
Psychology, 157—158,心理学;as basis of Russell's theories, 245,作为罗素理论的基础;chang in, 128,变化;of crowd, 53—58,大众的;evolutionary hypothesis of, 208—209,进化论的假设;insufficiency of, 259,不充分性;malicious, 126—127,恶意的;in philosophy, 205,在哲学上;practitioners of, 210,实践者;as starting-point for Bergson and James, 221,作为对于柏格森与詹姆斯的起点;three components of human, 245—246,人类的三个组成部分;traditional, 206,209,传统的;*See also* Experience,也见:经验
Publications, 5, 10, 73,出版、出版物;in America, 12—14,在美国、美洲;Chinese language reform in, 24,中国的语言改革;suppression of, 46,69,抑制、镇压
Pure reason, 124—125,217,235,238,240,243,纯粹理性;*See also* Knowledge;Science,也见:知识
Purpose, 245,科学目的

Quest for Certainty, The, ix,《确定性的寻求》
Questioning,叩问、拷问;*See* Inquiry,参见:探究

Radical Empiricism, xi, 207,217,激进经验主义
Radicalism, 89—90,137,239,255,激进主义;aided by reactionaryism, 10—11,19—20,

审定后记

《杜威全集》中期著作第十二卷(1920 年)包括了杜威自 1920 年起除私人信件以外的全部论著。其中最重要的是著名的《哲学的改造》,还有 11 篇政论性论文和 6 次介绍詹姆斯、柏格森和罗素三位当代哲学家的讲演、2 篇杂记,以及有关文本注释的研究资料。

《哲学的改造》原是 1919 年他访华前访问日本时在东京帝国大学的 8 篇讲演稿,经整理后于 1920 年出版。这是杜威第一部比较全面和明确地阐释了他的实用主义哲学的基本哲学倾向的论著,其中最突出的,是他对轻视实践的传统哲学的批判,以及他对哲学要面向生活和实践的强调。虽然在本书中,他还只是提到要对传统哲学进行改造,而没有直接提出革命;但已为他后来在《经验与自然》中提出与传统哲学根本不同的经验自然主义、在《确定性的寻求》中提出在哲学中进行哥白尼式的革命作出了重要的理论准备。11 篇政论性论文中,大部分是他对五四时期中国的政治、经济和思想文化形势的评论,以及他对中国传统社会和文化的看法,从中可以看到他对"五四"和新文化运动的同情和肯定,对日本等列强侵略中国的批判,以及他对中西文化交融的倡导。他关于三位当代哲学家的 6 次讲演,不只是一般性地介绍了他们的理论;更重要的,从中可以看到三人在批判西方传统哲学、转向现代哲学上存在着的重要的共同之处。杂记部分的调查报告《布尔什维克主义在中国》,其实也是一篇与上述论文相似的、关于中国政治的论文;而《25 年之后看改造》,作为《哲学的改造》1948 年再版导言,与《哲学的改造》则是一个整体。

早在"五四"时期,中国的一些学者已经读到了《哲学的改造》,并对之作了相当肯定的评价，陆续有中译文发表。1933 年商务印书馆出版、1958 年修订再版的许崇清先生的译本，大概是本书在中国最为通行、影响也最大的译本。中国研究杜威实用主义的学者，很少不是从看这部书开始的。11 篇政论性论文是杜威在中国访问时写成并寄回美国发表的，较少为中国读者所知。6 次对三位当代哲学家的介绍，都是在演讲后立即在中国发表。它们作为 1920 年初版的《杜威五大讲演》一书的重要组成部分，后来一再重印，已为中国学界所熟知。

在安排本卷的翻译工作时，我们决定根据不同的情况作了不同的处理。许崇清先生译的《哲学的改造》虽然影响深远，我们很是尊重；但它毕竟是几十年以前的旧译，行文风格和译名都与现在有很大的不同，因此，我们决定重新翻译。后来，我们得知并设法找到了张颖先生于 2004 年的一个新译本，发觉它在借鉴许译本的基础上有不少进步，特别是文字比较流畅，值得我们借鉴；但同时发觉，它仍有较多可以改进之处。因此，我们还是决定在有选择地吸取原有译本优秀成果的基础上，出一个新的译本，争取能再有所进步，至少可以相互补充。关于“三位当代哲学家”部分，考虑到未能找到杜威本人的原稿，现有英文稿是根据当年胡适先生的中文口译记录稿再翻译成英文的，如果再辗转由这个英文稿译成中文，可能会更加偏离杜威的原意；于是，我们决定采用胡适先生的口译记录稿。但是，根据近年来通行的译法，我们对某些表述，特别是译名作了一定的修改；论文及文本校勘和注释等原来没有中文稿的，则全部重新翻译。

翻译工作最初由我安排已毕业的博士研究生刘华初和郑国玉来承担，由他们自己商量分工。刘华初翻译了本卷的绝大部分，郑国玉因忙于其他工作，只翻译了论文部分的 9 篇。其余 2 篇(《中国政治中的新催化剂》和《是什么阻碍了中国》)仍由刘华初译。他们的英文功底都相当好，博士论文做的又是关于杜威哲学的，应当说是有条件翻译好的；然而，毕竟缺乏翻译经验，又颇有些急于求成，他们最早几次交出的译稿，我发现有一些错误，特别是较多的表达存在不当之处；在借鉴许崇清先生的译本上，有的地方简单照搬，这必然引起学界和读者的非议。我一次又一次地退给他们，要求重新修改、甚至要求推倒重来。好在他们十分虚心，根据要求改了又改。刘华初在翻译过程中，考虑到读者可能来自各个不同的专业领域，针对有些专业术语和知识作了相应的注释，也是可取的。为了修改得更好一些，刘华初主动将部分译稿请尚未毕业的师弟马荣(他同样是研究杜威的)进行校订。马荣对这部分译稿动了大手术，其中对《哲学的改造》1948

年再版导言一文，可以说是重新翻译的。我发觉马荣的译校相当细致，文字表达也较为流畅，因此就要求由他来校订全卷（包括郑国玉翻译的部分）。马荣接受了这个任务。他每次校后又都返回给刘华初和郑国玉自己再校。他们合作得相当融洽。这样几经反复，我感到本卷译稿大体上合乎要求了，可以将译稿交给出版社进入编辑程序了。

作为本卷的审定者，我做的工作主要是挑毛病。书稿中罗斯撰写的导言、《哲学的改造》1948 年再版导言、正文中的第一、二章，以及论文部分的个别篇章，我都对照原文逐句核对过；对其余部分，我也抽样作过一些核对，但更多地是通读译稿，在发现疑点时再来核对原文。尽管这样，还是可能存在疏漏之处。我相信并期望，华东师大出版社的编辑在审校加工时还会纠正尚可能存在的错误和不当之处。在此，一并向他们表示感谢。最后，恳请专家和广大读者批评指正。

刘放桐

2012 年 4 月 8 日

图书在版编目(CIP)数据

杜威全集.中期著作.第12卷:1920/(美)杜威(Dewey,J.)著;刘华初,马荣,郑国玉译.—上海:华东师范大学出版社,2011.11
ISBN 978-7-5617-9085-4

Ⅰ.①杜… Ⅱ.①杜…②刘…③马…④郑… Ⅲ.①威,J.(1859~1952)-全集 Ⅳ.①B712.51-52

中国版本图书馆CIP数据核字(2011)第239580号

杜威全集·中期著作(1899—1924)
第十二卷(1920)

著　　者　[美]约翰·杜威
译　　者　刘华初　马　荣　郑国玉
校　　定　马　荣
审　　定　刘放桐
策划编辑　朱杰人
项目编辑　王　焰　曹利群　朱华华
审读编辑　凌　燕
责任校对　王丽平
装帧设计　高　山

出版发行　华东师范大学出版社
社　　址　上海市中山北路3663号　邮编200062
网　　址　www.ecnupress.com.cn
电　　话　021-60821666　行政传真021-62572105
客服电话　021-62865537　门市(邮购)电话021-62869887
地　　址　上海市中山北路3663号华东师范大学校内先锋路口
网　　店　http://hdsdcbs.tmall.com

印 刷 者　常熟华通印刷有限公司
开　　本　787×1092　16开
印　　张　19
字　　数　302千字
版　　次　2012年9月第1版
印　　次　2012年9月第1次
印　　数　1-2100
书　　号　ISBN 978-7-5617-9085-4/B·675
定　　价　78.00元(精)

出 版 人　朱杰人

(如发现本版图书有印订质量问题,请寄回本社客服中心调换或电话021-62865537联系)